1999 年 7 月 15 日在国务院新闻办公室记者招待会上再驳《考克斯报告》

1999 年 8 月 31 日会见《国际先驱论坛报》总裁查德·伍尔德里奇

1999 年 9 月 1 日在法国＂中国文化周＂展览会上

1999 年 9 月 1 日与联合国教科文组织总干事马约尔在一起

2000年8月23日在美国华盛顿林肯中心举行的"中华文化美国行"记者招待会上

2000年8月24日在联合国礼堂与安南出席"中华文化美国行"——中国音乐会

2000年9月25日在国务院新闻办公室记者招待会上谈中国电信发展情况

2000 年 8 月 24 日下午在纽约 21 街俱乐部与美国著名电视节目《60分钟》主持人麦克·华莱士会晤

2000年9月在华盛顿、洛杉矶、旧金山作题为《中国人眼中的美国和美国人》的巡回演讲

2000 年 6 月 19 日会见美国 AIG 总裁格林伯格

2000 年 10 月 25 日在国务院新闻办公室举行的记者招待会上

2001年9月在柏林亚太周
期间参加德意志银行举
办的研讨会

2002年4月13日在博鳌亚
洲论坛上作题为《中国与
亚洲媒体的合作》的演讲

2002年5月21日在日本东
京第八届"亚洲的未来"
国际交流会议上作演讲

2002 年 5 月 24 日会见
韩国外长崔成泓

2002 年 6 月 13 日在
香港"世界报业发
展论坛"上作演讲

2002 年 9 月 9 日会见
日本外相川口顺子

2003 年 8 月 20 日在圣彼得堡斯莫尔尼宫发表演讲

2004 年 12 月 12 日与原日本内阁官房长官野中广务（右一）
在 TBS 录制《时事放谈》节目

向世界说明中国

赵启正演讲谈话录

新世界出版社

图书在版编目(CIP)数据

向世界说明中国——赵启正演讲谈话录/外文局对外传播研究中心编. —北京:新世界出版社,2005.3

ISBN 7 - 80187 - 627 - X/G·293

Ⅰ.向… Ⅱ.赵… Ⅲ.中外关系 - 宣传工作 - 文集 Ⅳ.G219.26 - 53

中国版本图书馆 CIP 数据核字(2005)第 020963 号

向世界说明中国——赵启正演讲谈话录

作　　者:赵启正

责任编辑:周奎杰　钟振奋

封面设计:贺玉婷

出版发行:新世界出版社

社址:北京市西城区百万庄路 24 号(100037)

总编室电话:(010)68995424　　　(010)68326679(传真)

发行部电话:(010)68995968　　　(010)68328733(传真)

本社中文网址:www. nwp. com. cn

本社英文网址:www. newworld - press. com

本社电子信箱:nwpcn@ public. bta. net. cn

版权部电子信箱:frank@ nwp. com. cn

版权部电话: +86(10)6899 6306

印刷:北京外文印刷厂

经销:新华书店

开本:787×1092　　　1/16

字数:320 千字　　　印张:26.5

版次:2005 年 5 月第 1 版　　2009 年 1 月第 9 次印刷

书号:7 - 80187 - 627 - X/G·293

定价:48.00 元

致　　谢

本书从构思到资料的收集和整理得到了许许多多同事和朋友的大力帮助。

出书前除了出版者外，有三位挚友蔡名照、周明伟、黄友义通读了全部书稿，他们在新闻、外事、外语等方面有综合性的专长，他们提出过许多宝贵的建议。

又蒙许多位在各领域有丰富学识和阅历的同志和专家点评文稿，使本书顿生新的特色。

衷心感谢国务院新闻办公室各局，尤其是研究室和国际局，还有外文局的同志们。

与外国人思想上准确的沟通，同中外翻译们的辛勤努力密不可分。书中收录的照片，也得益于多位专业和业余摄影家的高超的专业技巧。

没有以上多方面的支持和帮助，本书的形成和出版是难以想像的。

谨以此书献给所有给予我慷慨帮助的同事和朋友们。

2005 年 3 月 18 日

出版者的话

"海内存知己，天涯若比邻"是1400多年前唐朝诗人王勃惜别友人时的希冀，如今全球化的浪潮已跨时空地将其变为了现实。

今天的中国比以往任何时期都需要沟通与交流，了解和理解。因此，如何向世界说明中国就更具有迫切性和现实意义。

融入开放的世界，构建和谐的社会，要求我们学习和提高交流与沟通的能力。工作在对外宣传战线上的同志更需要把握外宣规律，掌握宣传艺术。同时，创造良好的国际舆论环境，也是新时期加强党的执政能力的一项重要任务。

《对外传播理论与实践研究》丛书是中国外文局对外传播研究中心主持编撰的一套理论性和实用性兼备的系列丛书，主旨是探索新时期对外宣传工作的特点和规律，总结经验，供涉外工作系统的各级领导、从业人员、新闻工作者、高校相关专业的师生、研究机构以及对时政新闻有兴趣的人们参考。该丛书将由新世界出版社陆续出版。

该丛书的开篇之作为《向世界说明中国》及《智慧传播》两本。其中《向世界说明中国》精选了赵启正1998年任国务院新闻办公室主任以来的22篇对外演讲和41篇访谈。演讲一般是在对外公开场合进行的，其中多篇为即兴演讲，演讲和访谈的对象基本上是外国人。访谈是根据记录整理而成，经过作者本人同意，许多材料都是首次完整公开。囿于选编时间和本书容量产生的缺憾，只能有待本书修订再版时弥补。

《智慧传播》主要选编了由五洲传播出版社收集提供的赵启正在外宣办系统内各种活动中的演讲、访谈以及撰写的各类文稿等数十篇，以及中外媒体谈赵启正等内容。

这本书的完成还要感谢另外一些作者。他们或是从事外交、外宣工作多年的领导同志，或是资深的对外报道记者、翻译或编辑，或是相关学科领域的专家、学者。他们从亲身经历、工作实践和理论研究的角度，对本书作了很好的点评与解读。带给读者尤其是年轻读者以阅读启示。这也是本书有别于一般汇编的重要特点。

他们的解读不是官样文章或应对之作。通过这些文章，我们可以从多个角度领悟到赵启正是如何向世界说明中国的；学习如何将"坚持贴近中国发展的实际，贴近国外受众对中国信息的需求，贴近国外受众的思维习惯"的"三贴近"原则，灵活运用于对外传播与沟通之中。相信读过这本书的同志，可以从中学到很多东西，从而提高对外宣传意识、水平和技巧。

我们相信，该丛书的出版，将有利于推动对外宣传理论建设和队伍建设，使理论研究更贴近外宣工作的实践，从而把对外宣传事业不断推向前进。同时我们也期待更多的优秀的探索研究外宣理论的作品加入到《对外传播理论与实践研究》丛书中来。

2005 年 4 月

访日随记（代序）

蔡名照

　　赵启正自 1998 年 3 月担任国务院新闻办公室主任以来，每年都要率团出访数国，开展对外宣传工作。2004 年 12 月 6 日至 15 日，国务院新闻办公室代表团访问日本，赵启正任团长，我任副团长。这是在中日关系出现一些麻烦的情况下，为促进两国有关方面加强沟通和交流的一次重要访问。此行经历，令我获益匪浅。在《向世界说明中国——赵启正演讲谈话录》和《智慧传播——赵启正论交流艺术》两本书即将付梓之际，启正嘱我为之作序，我便不由得想起这次难忘的访日之行。为使读者近距离感受启正的智慧与风采，故追记此次访日的几个片段，以为序。

一、富士山下的夜晚

　　抵日第二天傍晚，在紧张的拜访座谈之后，王毅大使邀请我们去看富士山。富士山是日本的象征，我几次来日本，但一直没有机会走到它的近前。

　　到达山下住地时，太阳已经西落。收拾完行李，启正、王毅和我对坐窗前，窗外是一片染上秋色的树林，林子的边际就是高耸入云的富士山，夕阳把整个山体映得通红，山顶的堆雪闪耀着金色的光芒，飘在山腰的云带在夕阳的折射下忽隐忽现。只是，在周围辽阔的原野衬托下，富士山多少显得有些孤寂。

1

凝视着窗外的景色，我们开始议论起白天的会谈。当天上午，我们在东京会见了日本经济新闻社社长杉田亮毅、日本前驻华大使谷野作太郎，中午与日中协会会长野田毅、理事长白西绅一郎共进午餐，下午在总理官邸会见官房长官细田博之。自从小泉首相坚持参拜靖国神社后，中日两国政治关系受到严重损害。在会见中，大家讨论的一个共同话题，就是如何打破中日关系"政冷经热"的僵局。杉田先生是长崎人，亲身经历了原子弹爆炸的悲剧，他说："应该让日本人到中国的纪念馆去看看，这种做法比在教科书上学习要来得更加深刻。"七十多岁的野田毅显然精通中国的传统文化："己所不欲，勿施于人。年轻人不知道那场战争给中国带来的伤害，如果美国总统每年去参拜在长崎扔原子弹的美国兵，日本人能不反对吗？"细田博之也说，"1980年我36岁时，开始从事与中国的经贸工作，深刻体会到中日两国一衣带水的含义。"这使我们真切感受到，在日本，中日友好仍然有着深厚的根基。

吃完晚饭，夜色已遮住富士山的身影。启正召集大家围坐在餐桌旁，讨论他接受TBS电视台访谈的细节。与启正共事四年，这是我第一次与他一起出差。平时印象，启正是个粗线条的人，说话快言快语，为人随和，衣着随意，他办公室的桌子、沙发、茶几上几乎堆满了各种书刊，也从没见他整理过。但此时，他却表现得格外细致。对访谈中可能涉及的问题，他一一做成卡片，把我们当作观众，演示回答时的论据、论点、用词、语气，请大家评头论足。

启正曾从事核物理学工作二十多年，用他自己常说的话，搞外宣是"半路出家"。其实，他正是得益于自然科学工作的习惯，勤于积累数据、积累文献。他在对外交流中，往往能用朴素简单的语言，把事说清，把理说透，使外国人能听得进去，听得明白。尽管这次访日前，在国内已作了充分准备，但是根据白天与日方交流的情况，启正又引导大家对一些问题再作深入讨论。他反复说，这次来日本交流，既要充分表达我们的观点，又要入情入理，让日本普通民众能够接受。凑着昏暗的灯光，启正认真记录着大家的意见，一遍一遍地推敲，直到深夜。

天刚蒙蒙亮，王毅大使就叫醒大家看日出。我们走上楼顶的阳台，清新的空气中透着秋末冬初的寒气，极目远眺，辽阔的原野里升腾着一层水雾，托着新出的朝阳依在富士山旁。朝霞里的富士山映衬在蔚蓝的天空下，显得那么雅致和清秀。迎着朝阳，我们向东京出发了。

二、与国会议员座谈

接下来的访问异常紧张，我们的车队每天从早到晚在东京往返穿梭。看着东京街头幢幢崭新的建筑，使人感到日本经济确实开始复苏了。

三天里，我们先后拜访了日本外相町村信孝、经团联会长奥田硕、自民党总务会长久间章生、日中友好议员联盟会长高村正彦，以及共同社、时事社、朝日新闻社、日本放送协会（NHK）、朝日电视、东京放送协会（TBS）等日本主流媒体负责人。启正在担任上海浦东新区管委会主任和国务院新闻办主任期间，曾与这些人多次会面，从一些人见到启正时兴奋地拥抱的神情看出，他们是多年的老朋友。会谈中，启正坦率地对他们说，小泉参拜供奉着甲级战犯的靖国神社，严重伤害了中国人民的感情，东条英机等甲级战犯在中国罪行累累，中国政府和人民对参拜表示严重不满是理所当然的，这不能用所谓的日本文化传统去辩解，更不能说中国干涉日本内政。

9日上午，我们在新大谷饭店举行座谈会，邀请15位日本青年政治家以"促进中日友好"为题交换意见。这些青年政治家大都三四十岁，分别来自自民党、公明党、民主党、共产党、社民党等，都是日中友好议员联盟的成员。

大家围坐在宽大的会议桌两侧，桌上几盆插花，姹紫嫣红，为会场增添了柔和的气氛。出身政治家世家的自民党议员林芳正首先发言：

"目前的中日关系是'政冷经热'。最近有一种说法，'政冷'已经影响'经热'了。目前最大的问题是小泉参拜靖国神社。中国特别提到把日本与德国相比，但是大多数日本人不知道德国是怎么做的。"林芳正发言后，各位议员陆续作了简短的发言，态度友好但气氛略显严肃。这时，启正以轻松的语气接过一位议员的话题，说："中日两国是近邻，两国友好对双方有利。比如，日本历史上有很多遣唐使到中国学习，带回了中国的文化成果，日本的文字就受到中国汉字的影响，这只是一个方面。在近代，中国又从日本吸收了很多文化成果。比如，汉语中的俱乐部、混凝土、物理学、化学、干部、立场等等词汇，都来源于日语。上世纪初曾有人统计，汉语中来自日语的词汇有九百多个。还有，中国民主革命的先驱孙中山先生，中国现代文学大师鲁迅先生都曾在日本学习，从这里吸收了民主的思想……"启正的一番话，一下子把双方的距离拉近了，会场的气氛开始活跃起来。

启正的确是善于沟通的演说家，他总能在双方的差异中找到共同点，在距离之间找到桥梁。即使是严肃的话题，他也能轻松幽默地表达；即使是尖锐的挑衅，他也能使其为我所用。2001年美国"9·11事件"发生时，启正正在德国举办柏林亚太周活动。晚上我给他打电话汇报工作。他告诉我，下午举行记者招待会，德国记者问的第一个问题就是，美国遭到恐怖分子袭击后，世界上许多国家都表示了对美国的同情，但中国的年轻人却在互联网上幸灾乐祸。请问是否有这种现象？他回答说："我本人在上海工作时，建造了一座和纽约世贸中心几乎一样高的金茂大厦。金茂大厦在设计、管理方面与世贸中心有着良好的关系，现在它失去了一位好姐妹。至于你说到中国一些年轻人的反应，我想中国人口很多，在网上表达这种情绪的人不会超过千分之一。他们显然是联系到了中国驻南斯拉夫大使馆被炸和中美撞机事件，因此这只是他们一时的情感宣泄，不是哲学的思考，而你们德国人是有哲学传统的民族。"我问启正，德国记者什么反应，他轻松地说，"他们都笑了"，说完他自己在电话那头也大声笑了起来。

为了这次与日本青年政治家的座谈，我们作了详细的准备。启正手里拿着一摞卡片，记录着在网上查找到的各位议员的简历、爱好等资料，因此每位议员发言，启正都能对上话，显得亲切自然。共产党议员小池晃赞叹道："赵先生到底是一个广报大臣，我听了你的话十分敬佩。你对日中关系的担忧，我能理解。日本的侵略战争是事实，日本应该在承认侵略战争的基础上开展外交。"

在相互信任的氛围里，赵启正坦率地阐明了对待历史问题的态度。"对当代日本人，我们没有追究责任的意思，'江户的账不能让长崎来还'，"启正信手拈来一句日本成语，"但日本方面有人一再触动旧伤，中国人是很痛的。中国人对战争历史很敏感，我们并非鼓励仇恨，只是为了警惕今天和未来。中国人在别的问题上看法也许多种多样，但在战争历史问题上的观点是相当一致的。"赵启正接着说，"中国在近代约有一百多年的时间是贫穷、虚弱和受欺凌的。1894年的中日甲午战争，签订马关条约，中国赔偿日本2亿银元，这是当时中国两年的财政收入，相当于日本三年多的财政收入。大家可以想像，一个国家两年没有一分钱的财政收入会是什么局面？而日本用赔款发展了工业，改进了教育。日本孩子的教育普及了，而中国孩子失学了。1900年，八国联军侵入中国，中国失败了，又赔偿4亿5千万两白银。中国一时拿不出那么多钱，就一年一年分期给。后来美国老罗斯福总统提出，没赔的钱就不要了，美国还把一部分钱用于中国教育，一部分钱建了大学，其他六国也响应了美国。但惟独贵国没有少要分文。中国电影电视中，关于鸦片战争的、关于八国联军的也有一些，但关于日本侵略的最多，这是因为这一百多年来日本侵略中国的时间最长。仇恨不能遗传，历史却不能遗忘，过去的贫弱不能重复。"

启正说完，会场宁静了片刻。一位议员用缓慢的语调说，"我们确实不知道这些历史。受害者和加害者的感受是不同的。"

座谈大大超出了预定的时间，休息片刻，服务员端上西式午餐。经过半天的交流，大家已经熟悉了，气氛也热烈起来。在启正的提议下，大家举起杯来，几位会说中文的议员和我们一起用中文祝愿，为了中日两国世世代代友好下去，"干杯"。

三、TBS 电视访谈

2002 年，中日邦交正常化三十周年时，启正访日曾接受日本朝日电视台著名主持人田原总一朗的访谈。田原以提问尖刻著称，当时正巧发生了朝鲜难民闯进日本驻沈阳总领馆事件，有人劝启正，是不是另选一个平和一些的主持人。启正则说，田原的节目观众多，接受他的采访才有效果呀。果然，那次访谈在日本引起了较大反响。

借鉴那次经验，这次访日的一个重要日程是：启正与日本前官房长官野中广务先生在 TBS 电视台的"时事放谈"节目中接受著名节目主持人岩见隆夫的访谈。"时事放谈"是个名人汇集的节目，在日本有较高的收视率；野中广务是日本著名政治家，熟悉中日事务；启正也是在日本知名度较高的中国部长之一。著名的节目、著名的主持人、两位著名的政治人物，使得这次访谈格外引人注目。

10 日下午 4 点 45 分，我们来到 TBS 大厦，野中广务先生在会客室迎接我们。启正和野中广务是老朋友，一见面，两人就笑着拥抱起来。落座寒暄之后，启正就和野中广务商量如何应答访谈中可能涉及的敏感问题。年近八十的野中广务是位经验丰富的老政治家，身板笔直地坐在沙发上，一头白发梳得丝丝分明。他一边喝茶一边静静地听着启正的说明，启正刚说完，他即表示完全理解了启正的思路。

我们一起走进演播大厅，岩见隆夫、播音员小岛庆子和其他工作人员已经各就各位了。岩见隆夫大约六十岁左右，胖胖的身材，略微有些秃顶，神情内敛，话也不多，完全不像以说话为职业的人。他向启正和野中广务简要说明注意事项后，录制就开始了。启正小声对我说："你要注意我说的每句话，觉得哪儿不妥，节目录完后立即提醒我。"我也小声答道："好的，但还是要预祝你一次成功。"随后，一位副台长领着我们到楼上监控室，通过电视屏幕观看录制现场情况。

岩见的访谈是从启正的家事说起的，他一上来就拿出一张已经发黄的照片，问启正："听说您的祖父曾在日本法政大学留学，这里正好有当时的照片，哪位是您的祖父？"启正接过照片仔细看了看，摇摇头笑着说："我找不出来。祖父去世比较早，对他的印象，主要是从我父亲那里间接留下的。他说过一些对日本的印象，比如说，日本明治维新后，当时很多西方的词汇译成了日文，又传到了中国。"

岩见话锋一转，开始谈中国的状况："日本现在有相当强烈的中国威胁论，中国的发展将走向何方？"启正在简要解释了中国科学发展观的含义后说道："中国虽然 GDP 增长率比较高，今年达到 9.5%。但中国 GDP 的绝对值还很低，总量只有日本的三分之一左右，人口却是日本的 10 倍，人均 GDP 不过是日本的三十分之一。我们的目的是提高人民的生活，绝没有威胁别国的想法，我们的目标是和平。"

岩见终于谈到了靖国神社问题，他抬起头，面无表情地问启正："总理大臣去参拜，并不是对甲级战犯的祭祀，中方反对参拜，有些日本国民认为这是对日本内政的干涉，您怎样认为？"启正扶了一下眼镜，目视岩见，回答说："如果这些战犯的罪行发生在日本国内，没有越出国界，那当然就是日本国内的事情。但东条英机是受国际法庭审判的战犯，是在中国犯的罪行，是属于国际性的犯罪，那就不是单纯的日本国内的事情了。东条英机曾作为关东军司令，直接迫害和屠杀了许多中国人。既然是在中国犯罪，中国人对他表示不满，反对参拜靖国神社，这是理所当然的，更不能视为干涉日本内政。"启正说话时尽管语调平和，但掷地有声。岩见似乎并不完全同意启正的观点，说了句"这个话题恐怕还有很多议论的余地"，就转到下一个问题了。

四十五分钟很快过去了。岩见先后问了中国的发展方向、中国新的领导集体的工作目标、中国对美国的政策和态度、伊拉克战争、朝鲜绑架日本人、ODA、对中日关系的展望等十几个问题。岩见提问老到，启正回答从容，野中广务呼应得当，录像一次成功。

当天晚上，TBS 电视会长砂原幸雄率领 TBS 全体领导成员宴请我们代表团一行。餐厅是一个古色古香的平房院落，室内陈设简洁雅致，窗台上摆着几盆盛开的兰花，窗外灯影里隐约可见花草、小桥、流水。砂原幸雄已和启正多次见面，加上下午录像成功，大家显得格外高兴，频频举杯互相祝福。

启正问坐在对面的砂原幸雄："我记得，上次见面时，您还是一个人生活，不知现在情况有没有改变？"这时我才注意到砂原幸雄已是年逾七旬的老人了，尽管身板硬朗，声音洪亮，但仍是满脸的沧桑。启正小声告诉我砂原幸雄的夫人已去世多年了。砂原幸雄礼貌地抬了一下身子，说："谢谢您还记着，我还是一个人。"启正问："难道您没有遇到合适的人？"砂原幸雄说："当然有啊，但是我的夫人在天之灵不允许啊。"说完他就笑了，笑声里带着几分凄然。

启正拿出笔记本，撕下一张纸，写下了几句话，伸手递给了砂原幸雄。没想到，砂原幸雄看完后，立刻站了起来，双手把那张纸恭恭敬敬地捧在胸前，激动得满脸通红，声音也变得沙哑，他大声喊道："大家都听我说，这是中国的赵部长给我写的，是给我的批准书，我要把它装裱好，挂在我家的客厅中央。"接着他把那张纸递给翻译，让翻译念给大家听："您的夫人在天国看到您对她的恋情不移很受感动，但您长久这样，她很不安，她希望您快乐，她也就快乐。她真心希望您开始新的生活。"

餐厅里顿时洋溢起热烈的气氛。启正也站了起来，说："如果您要装裱，我的字不行。"他转身指着我说："蔡副部长的字比我好，请他重写吧。"我被他们的热情所感染，说："最好找一张好一些的纸。"砂原幸雄立刻吩咐餐厅老板娘去找纸。不一会儿，老板娘拿来了一个五十公分见方的漆板，一面裱好了宣纸，另一面装有挂钉。在大家的簇围下，我把那段话抄在漆板上，并署上了启正和我的名字。

砂原幸雄显得异常激动，他左手捧着漆板，右手端着酒杯，依次给在场的每一个人敬酒致谢。他走到我面前，双膝跪在榻榻米上，举起酒杯对我说："你们中国的部长对我个人生活的事情这么关心，你和我第一次见面，就给我写下这么感人的话，我终身难忘。"说着，老人的泪水夺眶而出，"今后你们在东京有什么事情要做，请尽管吩咐，TBS一定效力。"他站起来，大声对TBS在场的人员说，"你们都听到了吗？"大家齐声答应，他举杯一饮而尽。

从日本回国不几天，启正和我都分别收到了砂原幸雄的来信。他告诉我们，那天晚上回到家，他把那幅字挂在客厅中央夫人的遗像旁，倒上酒，和夫人的在天之灵通宵共饮，心中感到无比的慰藉。信的最后说，"我会把我们这份友谊作为一生的财富认真对待的。"

四、赠送孟子塑像

冲绳位于日本列岛以南，古称琉球国，气候温和，民俗独特，是日本的度假旅游胜地。我们飞抵冲绳首府那霸机场时，曾在日本驻华使馆任公使、现任日本驻冲绳担当大使的宫本雄二热情地迎候我们。

晚上，在参加了冲绳知事主持的正式会谈、宴请之后，宫本雄二表示，作为启正多年的老朋友，他要再请我们去那霸小酒馆坐坐，一来是尽地主之谊，二来是让我们了解一下冲绳的民俗。在那霸市中心国际大道的一间小酒馆里，我们坐了大约一个小时，看着身边的顾客伴着欢快的音乐忘情地又唱又跳，使人感到冲绳人的生活淳朴安逸，欢乐祥和。

第二天，启正推掉了东道主安排的活动，前往冲绳县和平纪念馆参观。1945年3月底美军从冲绳岛攻入日本，冲绳军民组织起来进行抵抗，直到6月23日冲绳被美军全部占领。这是二战中惟一一次在日本本土进行的战役，共死亡23.9万人，其中冲绳平民十多万人，邱吉尔曾将之称为"战争史上最激烈最著名的战役之一"。为了纪念冲绳战役，日本战后在美军最先登陆的冲绳摩文仁丘建立了和平祈念公园。

公园建在海边，临海处是陡峭的悬崖，峭壁上长满了枯枝乱草，崖下拍打着层层涌来的海浪，浪起浪落，一幅苍凉的景象。启正指着悬崖的最高处，对我们说，"以前看过一部描写冲绳战役的电影，很多妇女拿着棍棒与美军搏斗，最后就是从这里跳海自尽的。"我没有看过那部影片，但站在这曾发生悲剧的地方，眼前也自然浮现出一幅幅惨烈的画面。离海边百米左右，是一片黑色大理石纪念碑林，每块碑约半人高，每排有几十米长，一排排整齐地排列着，共有二十多排。我们走进碑林，发现上面密密麻麻刻满了死难者的名字、国籍、出生地，有日本人、也有美国人，有军人、也有平民，共计二十多万人。在碑林前面，有一块平面大理石，上面用日、英、中、韩四种文字刻着："我等冲绳县民谨向在冲绳战役中丧失宝贵生命的人士表达哀悼之意，希望将战争的惨痛教训正确地流传于后世，并向国内外广为宣扬冲绳历史及风土中所培育出的'和平之心念'，以祈祷世界永远和平暨纪念太平洋战争、冲绳战争结束50周年，特在此建立'和平之基石'"。看了这段文字，我和启正都感慨万千，日本人民也是战争的受害者，他们记住了自己遭受的苦难，但是，日本军国主义给其他国家造成的苦难难道就应该被忘记吗？

我们访日的最后一个日程是参观京都立命馆大学。这是一所日本著名的私立大学，前几年，启正得知该校招收不少中国留学生，特向学校图书馆赠送了六百多册图书。这次校方邀请我们就是为了表达对启正的感谢。

校园坐落在京都附近秀丽的琵琶湖畔，山水相连，碧草如茵。学校几位主要领导热情地陪同我们参观了教学楼、实验室，观看了最新科研成果的演示。在座谈时，学校理事长川本八郎介绍，立命馆成立于1900年，经过一百多年的发展，已经成为日本最著名的大学之一，在日本每年报考学生超过10万人的只有早稻田大学和立命馆。我对"立命馆"的校名感到好奇，川本先生告诉我，建校时，取中国古代思想家孟子语录"修身以立命"（《孟子·尽心下》："夭寿不贰，修身以俟之，所以立命也。"）而得名，因为这句话正好体现了学校工作的方针和原则。我随即向启正建议："既然如此，我们何不赠送他们一尊孟子塑像呢？"启正连连点头，说："好主意，好主意。"

与川本握手告别时，启正向他表达了赠送孟子像的建议，川本高兴地说："太好了，太好了，我们一定把他供奉在全校最醒目的地方。"启正说："在基座上刻上'孟子曰：修身以立命'。"川本接过话说："还要刻上中国国务院新闻办公室赠。"分手时，我们相约，孟子塑像做好后，我们将陪同孟子再访立命馆。

回国后，我们将制作孟子塑像的任务交给了孟子故乡的山东省新闻办公室。今年3月，山东已经绘出小样，立命馆副校长坂本和一先生来到北京，与山东方面敲定了塑像的细节。按照商定的日程，塑像将于今年5月启程运往日本。7月，我们将再访日本，为孟子塑像落成举行仪式。孟子，这位两千多年前的中国伟大思想家，将担负起传播中国人民友好情谊的新使命——也许，这是中日文化交流史上又一个佳话呢。

（编者注：本文作者蔡名照，原为新华社副社长、常务副总编辑，高级记者。2001年5月起任中央对外宣传办公室副主任、国务院新闻办公室副主任、中国外文局局长。）

目　录

演讲录

谈话录

演 讲 录

把你们的见解留下，
把我们的友谊带走

（1998 年 10 月 21 日在"面向 21 世纪的世界人权"国际研讨会① 闭幕式上的讲话）

各位贵宾，女士们、先生们：

中国人权研究会和中国联合国协会② 举办国际人权研讨会，这是中国人民与世界各国人民就人权问题的学术研究和实践，互相学习与借鉴、增进了解与友谊的一个难得的机会。中国政府完全支持这一十分有意义的活动。本人任职的国务院新闻办公室担负着向世界说明中国，让世界更加准确地了解中国的重大责任。向世界准确介绍中国的人权政策与实践，增进中国和世界各国在人权问题上的相互了解，自然也是我们工作的一个重要部分。因此，我首先代表国务院新闻办公室对这次会议的召开表示祝贺，对远道而来的各国贵宾表示热烈的欢迎。

20 世纪是世界人权取得重大发展的世纪，也是中国人民深刻改变自己命运的世纪。中国是在 1900 年八国联军入侵北京的枪炮声中带着巨大的屈辱进入 20 世纪的，也是在国家濒临灭亡、人权遭受空前劫难中步入 20 世纪的。

---

① 　为纪念《世界人权宣言》发表 50 周年，由中国人权研究会和中国联合国协会联合举办的多边国际人权会议，共有来自五大洲 26 个国家的近百名人权研究专家和学者参加。

② 　中国联合国协会是联合国世界联合会的创始会员之一，由热心联合国事业的中国公众、各界知名人士和社会团体组成，是中国人民支持和促进联合国和平与发展事业的非政府组织。联合国世界联合会于 1946 年 8 月 2 日成立于卢森堡，为非政府国际组织，其宗旨是通过非官方活动，争取公众了解和支持联合国，实现联合国宪章的宗旨和原则。

在此前后的 100 多年时间里，由于贫穷落后，中国先后被西方列强强加了大小数百次侵略战争和 1000 多个不平等条约，国家财富遭到洗劫，人民的生命和尊严遭到粗暴的蹂躏。饱受战乱、贫穷和没有人权之苦的中国人民，为争取和平、发展与人权，进行了长期的不屈不挠的斗争，付出了沉重的代价。直到 1949 年中华人民共和国建立，中国人民才结束了备受欺压的历史，赢得做人的起码尊严和权利。

建国后，尽管由于各种原因我们在建设国家过程中产生过失误，甚至遇到过非常巨大的挫折，但是，总的说，中国政府和人民为实现享有充分人权的目标，作出了坚持不懈的努力，取得了举世瞩目的成就。特别是改革开放以后，中国政府将人权的普遍性原则与中国的具体国情相结合，坚持将生存权、发展权置于首位，在改革、发展、稳定的条件下，加强民主与法制建设，全面推进人权，深刻地改变了中国社会的面貌。在短短 20 年内，不仅使贫困人口减少两亿多，全国人民普遍实现了丰衣足食，正在迈向小康生活，而且民主法制建设取得长足进展，极大地提高了人民依法行使和享受公民政治权利的水平。可以说，一个世纪以来，中国的人权状况发生了翻天覆地的变化。

今年，中国遇到了历史上罕见的特大洪水。在与洪水灾害作斗争的过程中，中国政府始终把保护两亿多灾区人民的生命安全放在首位，保证受灾群众有饭吃、有清洁的水喝、有住处、有地方看病，保证灾区学生都能上学读书，使灾区人民的生活得到了妥善的安置，使他们的生命财产损失减少到最低程度。1931 年中国水灾的规模比今年小得多，却造成了 14 万多人的死亡，与现在的情况形成了鲜明的历史对照。这也从一个侧面说明，中国政府使人民的基本权利得到了有效的维护和促进。

当然，与世界其他国家一样，中国的人权状况也远非完美无缺。中国受自然、历史和经济发展水平的限制，要实现现代化，使人民享有充分的人权，还有相当长的路要走。去年，中共十五大在总结经验的基础上进一步提出了依法治国、建设法治国家的目标，强调共产党执政必须尊重和保障人权，并将依法治国和保障人权纳入到中国跨世纪发展战略之中，这为中国人权事业的跨世纪发展开辟了广阔的前景。

为了向世界说明中国人权的真实情况，我们国务院新闻办公室从 1991 年以来，先后发表了十个有关人权的白皮书。但是，中国人权的真实情况并没有被国外广泛了解，而一些关于中国人权的不正确信息却被广为传播。

今年 6 月克林顿访华时带了一支庞大的新闻队伍，使美国民众有了一个比较广泛地了解中国发展变化情况的机会。用法新社的话来说，克林顿访华的报道，才"使'新中国'的形象首次深入到美国的千家万户"。至丁美国的政治家和新闻媒体则对所接触到的中国实际情况大感"意外"。究其原因，主要是西方有一些人习惯于用政治化、意识形态化的眼光看待人权问题，习惯于把一种社会制度看成是人权的化身，而把其他社会制度和发展模式看成是侵犯人权的表现，因此，总是把共产党领导的中国想像为是一个反人权的国家。这种思维方式，使他们深深地陷入类似英国哲学家弗朗西斯·培根[①] 所说的"洞穴假相"[②] 之中。由于受固有的"洞穴"所蒙蔽，他们无法正确认识中国人权的真实情况，看不到中国的积极变化和发展，甚至把中国促进人权的努力都误认为是侵犯人权的表现。

和平、发展与人权是世界各国的共同要求，更是一个多世纪以来中国人民矢志不渝的奋斗目标。中国当前正在致力于建设富强、民主、文明的国家，这是一项使全世界五分之一人口彻底摆脱贫困、充分实现人权的跨世纪的伟

---

① 弗朗西斯·培根（1561～1626）：英国哲学家。他认为要追求新知就得先清除头脑中原有的一切错误的意见、偏见或幻想。

② "洞穴假相"是假设一群人一直生活在某个洞中，他们从未出过洞，从未见别的人，也不知道自己长什么样子，只能从洞壁上的影子来幻想自己的模样。直到有一天，他走出那个洞，见到了别的人，通过水或镜子看到了自己的模样，才知道自己原来的想法完全不是那么回事。

大事业，也是世界和平、发展和人权事业的重要组成部分。开放的中国需要吸收人类一切优秀文化成果和有益经验，也需要得到各国的最大理解和支持。

两天来，各位专家就人权问题进行了热烈的讨论，发表了很多很好的见解，增进了中国与世界各国在人权方面的相互了解。相信这有助于中国学习和借鉴世界各国在促进人权方面的有益经验，也有助于促进国际人权的健康发展。希望把你们的见解留下，把我们的友谊带走。

谢谢大家！

一篇特殊背景下的特殊讲话

中国人权发展基金会常务副会长、中国人权研究会副会长　杨正泉

　　这是一篇特殊背景下的特殊讲话。1998 年 12 月 20 日是《世界人权宣言》发表 50 周年。为此，中国人权研究会和中国联合国协会联合举办"面向 21 世纪的世界人权"国际研讨会，借此表明我对《宣言》和国际人权的积极态度和立场，介绍中国人权的进步和发展状况，说明中国的人权观点，主动开展人权对话、国际交流与合作。这是我国在复杂的背景下召开的第一次国际人权研讨会，事先对会议能否开好存有疑虑：联合国系统和一些国家已在开展一系列大型纪念活动，许多要员和国际人权人士忙于各种活动，能否应邀赴会？西方有人对我国人权存有误解、偏见，他们会不会借此发难？人权本身就是一个十分敏感的问题，东西方的人权理论和观点存在严重分歧，会议能否顺利进行？会议筹备过程中对各种可能出现的问题作了反复研究。会议于 10 月 20 日至 21 日在北京召开，有来自五大洲 27 个国家的 80 多名中外专家、学者和高级官员（外方 30 人）与会，代表发言踊跃，讨论热烈，气氛友好宽松，与会者普遍认为"会议开得非常成功"。

　　会议是由中国两个非政府组织举办的，但开好会的重要因素是政府官员的参与。代表官方出席并讲话的，一是钱其琛副总理在开幕式上代表中国政府致辞，积极评价《世界人权宣言》的历史地位和作用，从面向 21 世纪的高度阐述了中国在人权问题上的基本立场；一是赵启正主任以中国国务院新闻办公室领导人的身份在闭幕式上的讲话，借机介绍中国人权状况的历史性变化和跨世纪发展前景，并回应会议讨论中的涉外倾向问题。两个讲话受到普遍好评。

　　赵启正这篇讲话的主旨是"向世界说明中国"。目的是主观的，效果是客观的，由目的到效果的转化因素是针对性和艺术性。赵启正经常说："做外宣

工作，要内知国情，外知世界。"目的与效果、共性与个性的统一是通篇"讲话"的特色，具体分析有以下特点：

一、宏观着眼，精心选材。这是一篇就敏感问题、面对敏感对象的讲话，一些外国代表对中国和中国的人权状况"了解很少，误解很多"，有的甚至有政治偏见。如何"让世界更准确地了解中国"，首先在选材上着眼宏观，以求公认共识。"讲话"选择了一个半世纪中国历史的三个阶段，对比说明"中国的人权状况发生了翻天覆地的变化"。"讲话"精心选择八国联军入侵北京为开篇，概述其前后100年"西方列强强加了大小数百次侵略战争和1000多个不平等条约"，造成了中国的贫穷、"人民的生命和尊严遭到粗暴的蹂躏"，这是人所共知、共识的历史事实，有无可争辩的说服力。"讲话"重点突出了当代中国，新中国的成立使中国的历史和人权保障发生了根本性的转变，中国赢得了独立，人民"赢得了做人的起码尊严和权利"，中国国情决定了"将生存权、发展权置于首位"；改革开放"全面推进人权"建设，中国共产党的十五大纲领"为中国人权事业的跨世纪发展开辟了广阔的前景"，这都是有目共睹的事实。另外，"讲话"列举美国媒体对克林顿总统的访华报道，在说明真实情况中指出西方一些媒体和人士"习惯于用政治化、意识形态化的眼光看待人权问题"的政治偏见，并强调中国"共产党执政必须尊重和保障人权"，有一石二鸟之效。

二、善于用事实"向世界说明中国"。"讲话"始终坚持用事实说话，用典型事例说话。列举1900年八国联军入侵北京、1998年的抗洪救灾和美国媒体对克林顿总统访华的报道等典型事件和事例，说明中国的历史沧桑、对人权的维护，指出西方一些人出于政治目的有意对中国人权的歪曲，陷入了英国哲学家弗朗西斯·培根的"洞穴假相"之中。其鲜明特点，一是在一篇短短的讲话中，这么集中地、完整地用实例说明问题，在政府官员的讲话中不多见；二是引用的典型事例都是最近发生、人所共知共识的重大事实；三是提出和回答问题主要引用外国主流媒体的报道和言论，用名人名言，不是直接发表议论；四是讲两面，以正面为主不回避负面，以成绩为主不回避不足，实事求是地客观说明中国，令人信服。

三、个性化的思维方式和表达方式。政府官员要讲政府的话，但又有个性特色。一是典型选材，突出最主要最典型的事实，不求面面俱到。二是短。"讲话愈短，记住的愈多"，这是赵启正的思维逻辑和讲话风格。这篇讲话只有2300多字（按照现在的播音速度只可播10分钟）。三是说自己的话，有自己的语言特色。"把你们的见解留下，把我们的友谊带走"就是一例。据我所知，"讲话"是按照他的授意起草后，他字斟句酌四改其稿，力求达到目的与效果、共性与个性的和谐统一。

这篇讲话稿只是赵启正众多讲话中的一篇。文如其人。赵启正的演讲、谈话、文章都有鲜明的个性，形成赵启正艺术特色。这与他的经历有关。赵启正是1998年4月担任国务院新闻办主任的，在这之前他是学实验核物理的，养成了注重实际、注重科学的学风。后来他长期担任上海市副市长兼浦东新区管理委员会主任，天天与外国各界人士打交道，参与国际活动，在做实际的外宣工作。他熟悉外国人，喜欢和善于与外国人交朋友，谈话务实，懂得如何有效地与他们对话。他反应敏捷，能迅速捕捉到对方谈话的要点，找准回应切入点，用对方最容易接受的方式对话。他有一种独特的"跳跃式"思维方式，善于捕捉最重要最有特点的事实，讲最需要最应该讲的话，不求面面俱到；他善于形象思维和反向思维。他的语言表达含蓄、简洁明快、幽默风趣，他喜欢说自己的话，很少讲官话、套话，很少有定式的表达方式，容易说服和打动对方。这些特点在以上这篇讲话中都有所体现。他的讲话似乎信手拈来、轻松自如，表现为举重若轻，而背后却总是举轻若重。每次讲话他总是精心构思，搜集核实大量资料，反复推敲。他是一个勤于学习的人，他多年积累了大批资料卡片，建有个人资料库。

美炮制《考克斯报告》① 是煽动反华情绪 破坏中美关系的一出闹剧

（1999 年 5 月 31 日在国务院新闻办公室记者招待会上的讲话）

以考克斯为代表的美国一些反华政客，经过半年多的精心策划，炮制了一份冗长的所谓调查报告，于今年 5 月 25 日公开出笼。这篇报告把中国自力更生、独立自主发展起来的国防尖端技术和关系到国民经济发展的重大科学技术都污蔑为从美国"窃取"或非法"获得"。对这种捏造事实、颠倒黑白、无中生有、捕风捉影的攻击，中国政府和中国人民表示极大的愤慨。

《考克斯报告》断言，"中华人民共和国利用各类人员、组织机构和手段获取美国的敏感技术，中国的科学家、学生、商人和官员以及职业情报人员对美国国家安全构成威胁"。这是对中华民族的极大污蔑，是典型的种族偏见。中国是有着悠久文明历史的大国，中华民族是勤劳智慧的民族，中国历来依靠自己的力量办自己的事情。中国过去没有、现在没有、将来也不会依赖"窃取"别人的技术来发展关系到国家安全和民族利益的重大国防尖端技术。中国国防科技的发展立足于自主开发，这是中国一贯坚持的基本方针。

众所周知，在美国对中国进行全面封锁和核讹诈的年代，中国依靠自己的力量发展了"两弹一星"等国防尖端技术。在中美建交前 15 年，1964 年 6

---

① 以美国众议员考克斯（Chirstopher Cox）为首的美国政客发起的旨在煽动反华情绪、借此捞取政治资本的恶劣事件。该报告于 1999 年 5 月 25 日公布，诬蔑中国"窃取"美国的导弹及核武器技术。

月 29 日中国就成功发射了第一枚自行研制的地地导弹，同年 10 月 16 日中国又成功爆炸了第一颗原子弹；在中美建交前 12 年，1967 年 6 月 17 日中国就爆炸了自己的第一颗氢弹；中美建交前 9 年，1970 年 4 月 24 日中国成功发射了自己的人造地球卫星。这些事实表明，中国完全有能力自主开发任何国防尖端技术。考克斯等美国一些反华政客无视这一事实，极力贬低并否定中国人民开发国防尖端技术的创新能力。

《考克斯报告》攻击中国长时间广泛"窃取"美国的各种军事技术，但通篇从头到尾都用"似乎"、"大概"、"如果"、"可能"、"或许"、"将来或许会"等猜测性语言。没有任何实质性证据，没有任何确凿的具体事实，竟然就判定中国有组织地广泛"窃取"美国敏感技术、危害美国国家安全，这是十分荒谬的。这种耸人听闻的结论是站不住脚的。《考克斯报告》还把调研公开资料和进行国际学术交流这种正常的学术活动，说成是"窃取"美国技术情报，这是十分可笑的。它所采取的方法是先认定中国有"窃取"行为，然后主观臆造、东拼西凑甚至蓄意捏造。我顺便在这里告诉大家一个事实，《考克斯报告》提到的激光模拟核爆炸，本来依据的是中国科学家王淦昌先生 1964 年提出的惯性约束核聚变思想，中国从来没说其他国家使用这一思想是窃取。中国核武器是独立自主开始研制的，核武器的发展也是依靠自己的力量进行的。中国从来没有像《考克斯报告》中所说的那样，从美国核武器实验室"窃取"机密。实际上，《考克斯报告》中所说的 W56、W62、W70、W76、W78、W87、W88 这七种核弹头的性能数据早已在美国公开出版物上发表，不是什么秘密，更谈不上"窃取"。例如，1984 年托马斯·B·科克伦等著的《核武器手册》第一卷《美国的核力量和能力》，1988 年丘克·汉森撰写的《美国核武器秘史》等，对上述几种核弹头的威力、重量、长度、直径、所用材料、圆概率偏差等性能数据以及研制单位、配备的运载系统、装备的军种均有详细介绍。该书作者还特意说明，书中引用资料均来自美国国会听证会记录、美国能源部三大核武器实验室和国防部，以证实其权威性和可靠性。而且，近几年来，在国际互联网上随时可以看到美国从早期的 MK－1 到最新装备的 W88 核弹头的性能数据。

《考克斯报告》称，美国进行了约 1030 次核试验，而中国只进行了 45 次核试验，却研制出在技术上与美国相近的先进的热核弹头，报告在这里闪烁其词，暗示中国是因为"窃取"了美国核技术，才做到这一点，否则是不可能的。这种逻辑是十分荒谬的。按照这种逻辑推论，世界上任何其他国家取得的每一项科技进步，特别是比美国发展快的科技进步，都是靠从美国"窃取"技术来实现的。这是极其狂妄的。从第一颗原子弹爆炸到第一颗氢弹爆炸，中国仅用了两年零八个月时间，中国这一成就是在美国进行严格封锁情况下取得的。这一事实恐怕是美国某些反华政客无法否认的。

《考克斯报告》对中国的航天事业也进行了大量的歪曲。中国航天事业开始于西方国家禁运和封锁的时代。中国航天事业完全是依靠自己的力量发展起来的。中国的中近程导弹、远程火箭、潜艇水下发射固体燃料火箭、返回式卫星、一箭多星、地球静止轨道通信卫星都是在没有任何外国帮助下独自完成的。1985 年，中国宣布进入国际商业卫星发射市场时，已经具备了高、中、低三种轨道各类卫星的发射能力，积累了 20 次成功发射的经验。1990 年，中国首次进行国际商业卫星发射，长征三号运载火箭发射休斯公司制造的亚洲一号卫星，其入轨精度是该公司 31 颗同类卫星中入轨精度最高的。上述事实均表明中国航天技术已跻身于世界航天先进行列。

商业卫星发射是空间技术的和平运用，是互惠互利的正常商务活动。《考克斯报告》诬称，中国通过商业发射"获取"了美国的制导技术并推进了中国导弹的发展。这完全是一种移花接木、欺世惑众的说法。尽管中国早已拥有高精度的导弹制导技术，但稍具科技常识的人都知道，商业卫星发射决定了只需要采用精度适中、经济合理的制导系统，而没有必要采用弹道导弹那样高精度的制导系统。通过商业发射能提高导弹制导精度，如果是外行人这么说还可以理解，但出自美国国会专门委员会的所谓调查报告，就太令人惊诧了。《考克斯报告》用大量篇幅渲染 1995 年和 1996 年中国两次商业卫星发射故障，认为故障原因的判定都是在美国专家指点下完成的，中国因此改进了运载火箭技术并用于导弹。这简直是无稽之谈！火箭是中国自行研制的，各种飞行数据在中国人手里。中国人有自行研制火箭 30 多年的历史，经历过无数次成功与失败，难道排除故障还需要别人指点吗？况且中国人的火箭设计细节，当然也不能轻易向外人泄漏，美国人不知底里，又如何指点？中国既然有能力独立成功地研制运载火箭，当然有能力解决飞行中的技术问题。中国从来没有、也没必要通过故障调查"获取"美国敏感技术。

中国发射美国卫星是严格按照两国政府间协议进行的，美制卫星的安全完全由美方实行每天 24 小时严密监控。而《考克斯报告》却称，"当美国制造的卫星、相关设备和文件都在中国时，如果中国不利用美国监控的某些疏漏，这是令人奇怪的"。找不到任何证据说明中国通过商业发射"窃取"美国敏感技术，就采取这种主观臆断的方法妄加推测，才是真正怪事！

《考克斯报告》不仅污蔑中国"窃取"美国核武器和导弹技术，而且还攻击中国将美国高性能计算机、民用航空、精密机械等先进技术用于军事目的，并据此建议要全面加强对中国两用商品和技术出口的控制，甚至无理要求中国建立所谓的公开和透明的制度，能使美国指定的美国国民在不事先通报的情况下，对最终用户进行就地检查。这是无视中国主权、违背国际关系基本原则的霸权行径！中国绝不会答应！

不久前，以美国为首的北约用导弹袭击中国驻南使馆，遭到中国政府和人民以及国际社会的强烈谴责。《考克斯报告》选在这时出台，完全是别有用心的，是美国一些人近年来制造的一系列反华事件后又一股反华逆流，他们的目的是转移视线，煽动反华情绪，诋毁中国形象，试图把中美关系拉向后退，遏制中国发展。这是注定要失败的。

中国将坚定不移地坚持以经济建设为中心，坚持改革开放，坚持独立自主的和平外交政策。中国是个爱好和平的国家，中国发展自己的科学技术事业，发展自己的国防力量，是为了捍卫自己的国家安全和民族利益，维护国家主权，维护世界和平。中国反对霸权主义，中国永远不称霸。

有理何须声高

新华社对外新闻编辑部国内新闻编辑室主任、主任记者　黄燕

1999年5月美国发表的《考克斯报告》（以下简称《报告》），将中国描述成一个窃贼，偷的不是别的什么而是美国的国防尖端技术。这注定了报告一面世，就引起了各方的密切关注。

作为"当事方"的中国显然不能保持沉默。但是，如何抗辩却值得细细考量。毕竟是一件大事，不是小孩子拌嘴，几句"你偷了""我没偷"就完事了。

5月31日，即《报告》发表不到一周之后，被海外媒体称为"中国内阁发言人"的赵启正出面了。他召集在京的中外记者，代表中国政府就这份报告发表谈话，中心内容是美国炮制的《考克斯报告》是煽动反华情绪、破坏中美关系的一出闹剧。

赵启正是核物理工程师出身，从事科技工作达20年之久，属于西方惯常谓之的"技术官僚"，其身份和个人背景使他成为当时代表中国政府批驳《报告》的最佳人选。

说他是最佳人选，还有另外一个重要的原因：他是媒体眼中的"News maker"（新闻人物）。赵启正非常善于跟记者沟通，不论是国内的还是海外的。他的讲话富有个性和亲和力，让人觉得是在跟一个生动的人而非机器人交流，非常受记者欢迎。我们，确切地说是我们的读者，不喜欢千人一面、千篇一律，而赵启正大大地帮助了我们。

此外，他总能巧妙地向记者提供一些我方希望传达的信息，却不至于引起记者的"反感"。这一点听起来有点不可思议，但若跟海外记者接触多了，就会深有感触。跟国内的有所不同，海外记者和读者不愿听说教，更喜欢自己得出结论。说得形象些，跟他们打交道需要"疏导"而非"堵截"。从这一

点上讲，赵启正可谓对外宣传方面的"大禹"。

那天的记者会，我作为新华社记者参加并作了报道。虽然过去了5年时间，当时的一些镜头仍历历在目。

赵启正的讲话不算太长，约3000字，若用播音的速度类比，大概只需20分钟就讲完了，可以留下更多的时间给记者提问（这一点非常重要）。

他开门见山，表态干脆。其实，中国政府的态度记者是完全可以推测到的，因此确实也无需多费口舌。

紧接着，他用中国依靠自己的力量发展"两弹一星"的事实说明，《报告》极力贬低并否定了中国人的创新能力。话锋一转，他抓住《报告》通篇使用猜测性语言，没有任何实质性证据，重拳反击这一"十分荒谬"的报告。

然后，赵启正用他理工科的思维方式，给在场记者说理：《报告》提到的激光模拟核爆炸，本来依据的是中国科学家王淦昌30多年前提出的惯性约束核聚变思想，但中国从来没有说其他国家用这一思想就是窃取。孰君子孰小人，不言自明了。

看得出，赵启正是有备而来的，他在讲话中援引美国的证据说明，《报告》所谓的"机密"其实是早就公开的资料，甚至从互联网上就能轻易搜索到。言外之意，哪里犯得着到什么核武器实验室"窃取"呢?!

通过简要介绍中国航天事业的发展状况，赵启正再次用事实说话，并借用《报告》的"逻辑推理"方式，推出明显站不住脚的结论，以此证明《报告》的荒谬，这样批驳它对中国的无端指责当然令人信服，而且有效得多。

顺便提一句，中国的一些领导常常是以低头念稿子的刻板形象出现在大大小小的会议上，而赵启正是打开一台便携式电脑开始发表讲话的，在当时是令人耳目一新的，容易使人产生好感。

赵启正通常给记者多留一些时间提问，是他胸有成竹的表现，也说明他懂得如何与媒体打交道。记者喜欢提问，而赵启正就势为我所用，用贴近海外读者思维习惯的方式，从中国与世界发展的实际出发，尽量满足海外读者对中国信息的需求，最终达到宣传中国的目的。而这正是我们从事外宣工作努力要做到的"三贴近"原则。

记者会后，赵启正与几家国内媒体的记者交谈，他建议其中一家媒体采写会议花絮。未等他人应答，我主动向赵启正提出，新华社可以写。他略感意外，大概认为这不是新华社的强项吧。但是，从外宣效果的角度看，新华社的优势是显而易见的。

获得他的首肯，我马上着手写了一篇《赵启正笑斥〈考克斯报告〉》，用他的直接引语：建议考克斯把自己的报告送到好莱坞拍电影，并在片头注明"情节纯属虚构"的字样。稿件不足 500 字，调子轻松、易于接受，在雅虎等网站迅速流传开来。与此前播发的《国务院新闻办主任赵启正指出：美炮制〈考克斯报告〉是煽动反华情绪破坏中美关系的闹剧》一稿一道，形成了批驳《报告》的强大声势。当然，这"正剧"、"喜剧"相结合的报道正是得益于赵启正"软硬"兼施的外交技巧。

7 月 15 日，赵启正再次召开中外记者会，用更多详尽的事实进一步批驳《报告》，堪称此篇的姐妹篇。新华社对那场精彩的记者会作了同样精彩的滚动式报道，包括首次公开披露中国已掌握中子弹制造技术这一爆炸性新闻，垄断了海内外几乎所有媒体的版面、时段，将批驳《考克斯报告》的声势推向高潮。

在中方强有力的批驳攻势之下，《考克斯报告》最终自取其辱，考克斯本人也因其《报告》而蒙羞。1999 年底，美国《时代周刊》把《纽约时报》等炒作《考克斯报告》列为全美十大丑闻之一，这是后话了。

附：用互联网揭露《考克斯报告》

《解放日报》驻京记者　狄建荣

本报北京 5 月 31 日电：今天，82 家外国新闻机构、150 多位中外新闻记者、几十架摄像机把北京长富宫饭店底层大厅挤得满满的。国务院新闻办公室主任赵启正在这里举行记者招待会，就美国炮制的《考克斯报告》发表谈话。赵启正在谈话中用无可争辩的事实，对《考克斯报告》捏造事实、颠倒黑白、无中生有、捕风捉影的手法予以严厉驳斥。

赵启正在谈话中特别指出，W 56 等核弹头的性能数据早已在美国公开出版物上发表。近几年来，在国际互联网上随时可以看到美国从早期的 MK－1 到最新装备的核弹头 W 88 的性能数据。这一点引起了与会记者的极大注意。

为了证实这一点，赵启正的谈话结束后，国务院新闻办公室的电脑技术人员当场作了演示。电脑打开，接通国际互联网，电脑屏幕和与之相连的大屏幕上立即出现了有关美国核武器的材料。"当前美国的核力量"、"美国核武器的持续打击"、"W 88 弹头"等等，材料一份接着一份。中外记者立即围上前去，一时间，几十架照相机、摄像机一齐对准了电脑屏幕。这个演示，使中外记者们看到，美国煞有介事地污蔑中国"窃取"了的美国核弹情报，原来从国际互联网上可以随手拾来。

《考克斯报告》中尤其可笑的是说中国通过发射美国的商业卫星，获取了美国的制导技术，提高了中国的制导技术。这遭到了曾在航天部门工作过的赵启正的讥讽。他说，如果是外行人这么说还可以理解，出自美国专门委员会的报告就令人惊诧了。不过，记者们心里也明白，美国的专门委员会这么做，并不是因为无知，目的是为了蒙骗美国的普通老百姓，挑起他们对中国的不满。

（原载 1999 年 6 月 1 日《解放日报》）

再驳《考克斯报告》

（1999 年 7 月 15 日在国务院新闻办公室记者招待会① 上的讲话）

女士们、先生们：

欢迎各位出席今天的记者招待会。

一个多月以前，也就是 5 月 31 日，我曾就《考克斯报告》发表过谈话，指出美国炮制《考克斯报告》是煽动反华情绪、破坏中美关系的一出闹剧。为澄清事实、说明真相，在进一步调查的基础上，国务院新闻办公室今天将发表《事实胜于雄辩，谎言不攻自破——再驳〈考克斯报告〉》一文，列举大量事实说明《考克斯报告》的荒谬性，指出这份报告的结论不仅毫无事实根据，报告在许多方面甚至违反了基本的科技常识。

《考克斯报告》攻击中国"偷窃"美国所有最先进的热核弹头机密情报，这是毫无根据的。我在上次的谈话中已经指出过，这是对中国人民和中国科学家的极大诬蔑，是明显的种族歧视。这里，我还要告诉大家，中国在七八十年代就已先后掌握了中子弹设计技术和核武器小型化技术。②

《考克斯报告》十分武断地臆测中国"窃取"美国设计热核弹头的计算机软件，以便发展新的核武器，称中国已经得到美国的计算机软件程序 MCNPT、DOT3.5 和 NJOYC。事实上，这三个程序是国际上近几十年来在核反应堆工程

---

① 参加这个招待会、回答记者问题的还有中国工程物理研究院院长朱祖良教授和中国航天科技集团公司研究与发展部部长张丽辉教授。

② 这是中国政府第一次正式宣布掌握了中子弹技术。

设计、核反应堆辐射屏蔽安全分析等核能研究领域中广泛应用的标准程序①，与热核武器弹头的设计毫无关系。为了促进中国核电建设的发展，与其他成员国一样，中国在80年代从国际原子能机构无偿获得了这三个计算机软件程序。中国科学家的科研成果和计算机软件，也经常提供给国际原子能机构，供各成员国分享。《考克斯报告》的炮制者把这几个计算机程序诬蔑为中国为了发展核武器"非法"获得的，这只能暴露他们对科学技术常识的无知。

《考克斯报告》诬蔑中国"窃取"美国微聚变核爆炸试验的机密，这纯粹是无稽之谈。中国著名核物理学家王淦昌院士早在中国第一颗原子弹爆炸成功的1964年就提出激光核聚变的初步概念，这在国际上也是属于最早的独立提出者之一。中国著名理论物理学家于敏院士和他领导的一批中国科学家在70年代中期就提出了激光通过入射口，打进重金属外壳包围的空腔，以X光辐射驱动方式实现激光聚变的概念，并提出了在柱形黑腔中心放置靶丸的结构设计。70年代末到80年代，中国建造了自己的用于激光核聚变研究的激光器——神光装置。

《考克斯报告》攻击中国通过商业发射"窃取"或"非法获得"美国导弹技术，用于提高中国的导弹能力。稍有科技常识的人都知道，运载火箭和导弹对制导精度的要求是不同的。火箭制导主要是控制卫星的入轨精度，而导弹制导需要控制动力飞行段、自由飞行段及再入段这三大段的偏差，最终满足弹头落点的命中精度。显而易见，导弹制导精度高于运载火箭的要求。商业卫星发射精度越高，成本越大。一般情况下，出于经济合理的考虑，商业发射不需要采用过高的制导技术，怎么会用火箭的制导技术来提高导弹的制导精度呢？

《考克斯报告》称，中国通过商业卫星发射得到了美国运载火箭整流罩技

---

① 这正好是赵启正曾经从事过的科研领域。

术，"有助于中国设计、改进未来的多弹头再入大气层导弹和潜艇发射弹道导弹及其可靠性"。事实上，中国有成熟的整流罩设计经验。早在 1992 年前，中国已研制成功两种整流罩，多次在冬季高空风条件下发射成功。更需要指出的是，运载火箭整流罩的设计技术与导弹多弹头整流罩设计技术存在显著的不同。多弹头导弹整流罩要求全天候、全方向的工作环境，一般采用整体式设计技术，而运载火箭通常采用横向分离式设计技术。因此，不存在利用火箭整流罩设计技术来改进多弹头整流罩设计技术的问题。

对 1996 年 2 月 15 日长征三号乙火箭发射国际 708 卫星的故障调查，《考克斯报告》也进行了大量歪曲，称出于独立评审委员会中美国专家的指点，中国才找到此次故障的最终原因，从中"非法获得"了美国技术。事实上，故障的原因完全是由中国专家独立查找出的。确定的最终故障是火箭惯性平台随动环回路中电子器件的焊接质量问题，这种低层次的问题根本不涉及火箭的设计改进问题。中方的故障调查过程持续了 5 个月，做了大量试验验证。在独立评审委员会实际工作的 4 天，当时"2.15"故障调查尚处于故障模式分析验证阶段，大量分系统、部件和元器件的试验尚未进行，怎么能预知细化到元器件的最终故障点呢？

《考克斯报告》中最荒唐的莫过于第七章，即《关于中国的发射场安全问题》。考克斯等人收集、罗列了大量所谓的材料和细节，试图证明中国"偷"了美国技术，但最终又找不到任何证据，只好用了大量"如果"、"可能"等推测性语言来误导视听。这里，我可以举一个例子说明美方对美制卫星控制之严：在卫星测试厂房、卫星加注厂房、卫星控制室和发射塔架上的卫星操作平台，美方配置了 18 台由美方控制的摄像机，对卫星及其测试设备进行 24 小时监视。仅卫星测试厂房的卫星工作区，就配有 4 台摄像机，从不同角度对准卫星。来而不往非礼也，由于美方对美制卫星加强监控会涉及到中国运载火箭的技术安全，中方不得不采取措施，对中国火箭实行每天 24 小时监控。

《考克斯报告》把中国发展科学技术的国家政策和方针，在中美两国间从事正常科技交流活动的科研机构和科研人员，从事两国经贸往来正常活动的商务机构和商务人员，在美从事正常工作的官方的、民间的驻外机构和驻外人员，在美华裔人士，留美中国学生等，都与所谓的间谍活动联系起来。这是一种典型的种族偏见，是对中华民族的极大诬蔑。这是美国 50 年代麦卡锡主义① 幽灵的重现，是美国一些反华政客仇视中国发展和强大的变态心理的表现。

《考克斯报告》罗列了不少材料，但这些材料或是蓄意编造的，或是经过极力歪曲的，尽管一时可以起到制造舆论、蒙骗视听的作用，但毕竟不可能骗人于长久。一段时间以来，美国一些政客抱着过时的冷战思维不放，在国内政治斗争中借中美关系大做文章，煽动反华情绪，试图以此捞取政治资本。多年的实践证明，中美两国关系的健康发展符合中美两国人民的根本利益。美国一些政客采取编造谎言的手法试图破坏中美关系，实在是不光彩，这种企图也是不可能得逞的。

---

① 20世纪40年代末到50年代初，以美国威斯康辛州参议员麦卡锡为首的反华反共政客发起了一场声势浩大的反共、排外运动，在美国国内大范围地清除所谓的"共产主义意识形态"，打击进步势力。这场运动涉及到了美国的政治、教育和文化领域的各个层面，极大地玷污和破坏了中美关系。

智批考克斯种族岐视

《解放日报》驻京记者　狄建荣

还是像上次一样，长富宫饭店的新闻发布厅内坐满了中外记者。国务院新闻办公室主任赵启正今天在这里再次发表谈话，用经过调查后的大量事实再批《考克斯报告》的荒唐，并同两位航天和核武器专家一起回答记者的提问。

招待会将要结束时，有位外国记者问赵主任：刚才你在评论《考克斯报告》时谈了好多事实，使我明白了许多情况，但是你为什么说《考克斯报告》反映出种族岐视呢？能否请你作深入的说明？

赵启正回答说：举个例子来说吧，《考克斯报告》中说，美国掌握先进的核弹头技术，共做了1030次试验，中国只做了45次就掌握了。为什么会这样？必定是"偷"了美国的技术。在考克斯先生看来，像中国这样的人种，不可能那样聪明，只能是靠"偷"。这不是种族岐视吗？没有经过美国的法律程序，考克斯先生就指名道姓武断地说，在美国的某些有中国血统的美国人是间谍或有间谍嫌疑，这不是种族岐视吗？

赵启正接着说：《考克斯报告》描述的手法也表现出他的种族岐视。我打个比喻来说明。这位赵先生有一副很好的眼镜，极其漂亮、精巧，镜片是树胶的，并且是变焦的，镜架是镀金的，这是事实。推论是，他赵先生有这么多钱去买这副眼镜吗？他是"偷"的。这么精巧的工艺中国人做得出来吗？也是"偷"的。但赵先生的眼镜很好是事实。那么，赵先生大概是既"偷"了钱又"偷"了技术。讲到这里，只听得记者席中发出一阵笑声。

这时，应邀参加记者招待会的中国航天科技集团公司研究与发展部部长张丽辉教授，接着赵启正的话头补充说，《航天报》上载文，翻开世界航天史，第一个发明古代火箭的是中国人，第一个提出星际航行概念的是俄国人，第一个研制成功现代弹道火箭的是德国人，第一个提出地球静止轨道通信卫星设想的是英国人，第一个成功发射卫星的是苏联人……那么，按照考克斯的逻辑，结论应当是，美国在别人之后掌握了这些先进的技术也是偷来的。记者席中又发出一片笑声。

附：中国十几年前就能造中子弹

黄燕

据新华社北京7月15日电：国务院新闻办公室主任赵启正今天在一次新闻发布会上说，中国早在七八十年代就相继掌握了中子弹设计和核武器小型化技术。

他说："中子弹在一般人看起来似乎很神秘，实际上它是一种特殊的氢弹。中国作为掌握了原子弹、氢弹技术的国家，经过不太长时间的努力就掌握中子弹技术，是顺理成章、水到渠成的事情。"

赵启正说，中国著名核物理学家王淦昌在1964年就提出激光核聚变的初步概念，成为国际上最早独立提出这一概念的科学家之一。此后，中国开始了有系统的激光核聚变研究。

1973年，中国科学家采用一路激光驱动氘[①]冰，在实验中观察到了中子；1974年采用一路激光驱动聚氘乙烯靶发生核反应，并在实验中观察到氘氘反应产生的中子。

1986年，中国采用直接驱动方式使氘氚玻璃靶球出中子，接着在1990到1992年间通过实验，用间接驱动方式事先热核聚变反应，观察到了热核中子。

中国著名物理学家于敏及其领导的一批中国科学家在七十年代中期就提出了激光通过射口，打进重金属外壳包围的空腔，以X光辐射驱动方式事先激光聚变的概念，并提出了在柱形黑腔中心放置靶丸的结构设计。中国在七十年代末到八十年代建造了自己的用于激光核聚变研究的激光器——神光装置。

赵启正指出，从美国后来解密的资料来看，中美科学家几乎同时在各自

---

① 氘和氚是氢的两种同位素，都可以应用于热核反应。

的研究中提出了类似概念。这说明，科学规律是客观存在的，人类不管用什么方法迟早都会掌握。

他说："如果考克斯等人能够认真请教专家，学一点科学知识，就不会闹出这种缺乏科学常识的笑话了。"

（原载 1999 年 7 月 16 日《北京青年报》）

面向 21 世纪的中国人

（1999 年 9 月 2 日在巴黎联合国教科文组织总部的报告）

我很高兴有机会和大家谈谈中国人。

理解一个人不容易，理解一个民族就更难。颇受中国人尊敬的戴高乐将军曾说过，人和人之间的距离比地球和月亮的距离还大(Going to the moon isn't very far. The greatest distance we have to cover is still between us.)，但我希望世界上不同国家，不同民族，能够克服地理上和文化上的距离，走得更近，走得更亲密。

最先使欧洲人了解到中国的真实存在的，是意大利旅行家马可·波罗，他描述富足、强盛、美丽的东方古国的游记，引起了无数欧洲人的向往和好奇。到 18、19 世纪，法国形成了"中国热"。19 世纪法国著名作家戈蒂耶有一首诗就叫《中国热》，诗的大意是，"我心爱的姑娘在中国，住在细瓷塔中，在那鱼鹰出没的黄河畔。小脚可握在手中把玩，黄皮肤比铜灯还亮，每晚，她如同诗人一般，将垂柳和桃花咏叹"。这首诗向读者展现出一幅温馨的中国画。但戈蒂耶的诗有一句是错了，"小脚"是不能入诗的。戈蒂耶可能并不知道，当时中国妇女的小脚是"缠足"，它给中国妇女带来了极大的痛苦。

中国有 56 个民族，人口最多的汉族占 92%，人口最少的民族只有 2000多人。今天我向大家介绍的中国人，只能就这许多民族的共性而谈，要讨论这些民族的区别，应当另外开一场演讲会。

我打算以说明中国人在本世纪的 100 年中的变化，来说明当代面向 21 世纪的中国人。中国和中国人在这一世纪的巨大变化，是中国自有文字以来的3500年中，任何一个世纪都不曾有过的，今后任何一个一百年恐怕也难有能与之相比的变化。这些变化不仅是巨大的，而且是极其重要的。今天我想着重说明中国人思想观念的变化。

这是因为中国在这一世纪有过两次革命，才给人们的社会地位、生活习惯和思想带来了突飞猛进的变化。这两次革命，第一次是孙逸仙先生领导的1911年革命，他推翻了统治中国近300年的清朝，结束了中国封建主义社会。此后由于中国的军阀战争和外国侵略，特别是1931年至1945年日本的侵略，加剧了中国半封建和半殖民地社会的程度。第二次革命是毛泽东领导的新民主主义革命，中国由此进入了新民主主义社会和社会主义社会。

邓小平所领导的改革开始于1978年，邓小平自己说过，这次改革具有革命的性质。这次改革确定了中国以发展经济为中心任务。本世纪的中国历史，使中国人认识到"坚持自力更生、艰苦创业"与实行"改革开放"不仅没有矛盾，而且是应当同时坚持的。中国由此进入了经济高速发展的时期，这20年来中国GDP的年平均增长率为9.7%。大家知道，对中国命运有重大影响的邓小平等多位中国领导人，曾受到法国文化的影响。这一点是我应当提及的。

中国人是以落后与屈辱的面貌进入1900年的。本世纪初的一本荷兰字典《标准范德字典》将中国人解释为愚蠢的人，精神有问题的人。在1950年以前，也有人称中国人为东亚病夫。

那时的中国人可以用小脚女人来代表，中国人正是用这样一双畸形的脚挪入1900年的。在那时妇女缠足的恶习在中国相当普遍，无论富人和穷人妇女都是如此。

今天中国人将以健康、坚实的步伐跨入2000年。中国人在世界运动场上能取得几项冠军，这在 50 年前是不敢想像的。有人说中国妇女的进步超过了中国男人，这也许是事实，排球、足球、体操、游泳都是中国女子跑在了前面。

我想由中国家庭和妇女的变化谈起，进而谈谈中国人的几个重要观念的变化。

中国的旧式家庭往往兄弟结婚之后仍住在一起，女孩子结婚之后自然就离开家庭。越是富裕人家，人口越多，并认为多子多孙是福分，一家有 20 ~ 30 口人也颇为多见。中国的儒家学说强调克制"个人主义"，鼓励"集体主义"，而家庭也是一种"集体"。儒家学说强调家庭的重要性，强调对家庭的忠诚至高无上，也强调家长的统治。因此，这样的大家庭中缺乏民主性，家长占有统治地位，往往也发生各种悲剧。年轻时留法的中国大作家巴金的小说《家》、《春》、《秋》对封建大家庭的破落有深刻的描述，这三部书已有法译本。1950 年之后这样的大家庭已较少见，现代则没有了，目前中国家庭平均人口为 3.63 人。但中国人对家庭的重视没有改变，家庭成员对家庭的责任感没有被削弱。中国平均家庭人口的减少，也和中国政府号召的家庭计划有关，中国目前的人口增长率为 9.5‰。有的大城市已出现负增长率。

随着时代的发展和进步，中国人的观念也在发生变化。过去中国青年男女结合主要靠父母包办，由此出现种种爱情的悲剧故事。现在，婚姻则完全由当事人决定。还出现了电视征婚、广告征婚、婚姻介绍所等方式。在二十多年前，跨国婚姻是不可想像的，1977 年在中国留学的法国小姐奥迪尔与中国学生田力要求结婚，当时中国民政局竟不敢批准他们结婚。最后是邓小平先生点头，这对有情人才终成眷属。现在，中国有专门的跨国婚姻条例，保护中国公民与海外公民的婚姻。人们对婚姻质量的要求越来越高。长期以来，妇女必须从一而终等传统的婚姻观念如同一根根无形的纽带，牢固地维系着千千万万个家庭。改革开放以来，人们的生活方式趋向多元化，独立意识增强，夫妻双方在观念、需求、生活方式、感情等方面出现严重分歧时，往往会毅然解除婚姻关系。

在1966年开始的所谓"文化大革命"期间，中国教育事业受到空前的摧残。中国的全部大学居然在6年内没有招生。但是中国家庭重视教育的传统并没有因此而中断，许多由于"文革"而没有上大学的父母表现出更强烈的让子女上大学的愿望。中国教育的缺点在于过分重视考试分数，中学和小学的校长为了争取更多的学生考取名牌大学和名牌中学，不惜减少学生的课余时间也要给他们讲解更多的知识。由此，可以追溯到中国历史上长期存在的科举制度，那种制度注重死记硬背，而缺乏对学生的全面培养。中国政府已大力进行改革，将应试教育转变为素质教育，特别是加强培养学生的创造能力。

中国在1900年只有不足10所小规模的大学，现在有大学1022所。人们对子女能否上大学甚为重视，每年暑假对有孩子考大学的家庭来说，都是紧张的时刻。今年基于这种要求上大学的压力，中国政府要求大学招生数比去年扩大47%，达到153万名。中国大学绝大多数是国立的，民营的大学将会大有发展①。

中国实行改革开放以前，多数学生选择自然科学，而学习经济、法律、政治的学生较少。年轻人的观念正在改变，今天大学招生中学习经济、法律、政治、文学、外语的学生，对今后中国公务员的知识结构改变会有好处。择业观的改变，是由于中国市场经济发展引起的，在中国儒家典籍中，反复强调"君子喻于义，小人喻于利"（《论语·里仁》）。过去中国社会阶层的排列顺

---

① 2004年初中国有国立大学2003所，私立大学（民营大学）1335所（含具有高等学历教育资格的学校133所）。

序是：士、农、工、商，商人是最没地位的。对商业和商人的轻视，导致中国社会长期以来市场经济不发达，阻碍了社会发展和进步。今天，随着市场经济的发展，中国人不但不轻视商业和商人，而且有很多优秀人才投身商海。

50 年来，中国 GDP 增长了 30 倍，人均 GDP 增长了 10 倍。如今 12 天的国民生产总值相当于 1952 年全年的总值。改革开放 20 年来，城乡居民收入成倍增长。农村居民人均纯收入由 1978 年的 133.60 元（16 美元）提高到 1998 年的 2162 元（260 美元），城镇居民家庭人均可支配收入由 343.30 元（42 美元）增加到 5425.10 元（660 美元）。城乡居民储蓄余额近 6 万亿元（7300 亿美元），这大体上接近中国一年 GDP 的总值。人们比过去有钱了，生活质量乃至生活习惯也开始变化了。

过去由于经济发展水平的制约，中国人的消费支出中，食物消费所占比重一直非常大。现在，这种状况发生了明显转变。农村居民的恩格尔系数①（Engel Coefficient）由 1978 年的 67.6% 降低到 1997 年的 55.1%，城镇居民的恩格尔系数由 1978 年的 57.7% 下降到 1997 年的 46.6%。城镇居民食品逐渐开始讲究营养和风味的多样化。

我在 1996 年主持过法国达能（Danone）集团总裁吕布（Riboud）先生在上海的演讲，他提出了"口味的国际化"问题。这在饮食保守的中国尤其是一件很难的事。但今天，喝法国葡萄酒，已成为很平常的事情。顺便说一下，达能酸奶也已征服中国城市人的口味。

20 年前，与其说中国人都喜欢穿一身蓝，不如说是由于收入的限制使然。当然也有思想观念方面的原因，特别是对于女装而言，有封建意识的残

---

① 1857 年，世界著名的德国统计学家恩格尔阐明了一个定律：随着家庭和个人收入的增加，收入中用于食品方面的支出比例将逐渐减小，这一定律称为恩格尔定律，反映这一定律的系数被称为恩格尔系数。其公式表示为：恩格尔系数（%）＝食品支出总额/家庭或个人消费支出总额×100%。

余影响。1896 年罗丹的《吻》① 问世时，中国人是不可能欣赏的。上海一位画家在 1914 年第一次以模特教学生绘画时，引起了一场严重的社会风波。1982 年一支已签了合同的法国服装表演队的中国之行没有成功。如今，西装、T 恤、套裙、超短裙、牛仔服等，千姿百态。中国的时装已开始引起世界的瞩目，中国的服装模特也开始获得世界大奖。"一季多衣"取代了过去的"一衣多季"。此外，美容化妆品在改革开放以前被认为是奢侈品，今天，巴黎香水、口红等外国高档化妆品在城市中随处可见。

中国城市居民的住房从 1949 年开始一直是由国家无偿分配的，居住者所出租金约为工资的 5%。10 年前中国开始试行住房制度改革，开始鼓励私人购买。由于建房资金多元化，人均居住面积成倍提高。城市居民人均居住面积由 1978 年的 3.6 平米提高到 1998 年的 9.3 平米，增长了 1.58 倍。农村居民人均住房面积由 1978 年的 8.1 平米，增加到 1998 的 23.7 平米，增长了 1.92 倍。现在，购买私有住房开始成为新的消费热点和经济增长点。家庭装修普遍风行，住宅功能日趋完备，朝着舒适、美观、协调的方向发展。10% 的城市家庭有了电脑，中国互联网的用户去年为 250 万户，今年 6 月为 400 万户②。

在中国这个大改革的时代，许多观念同时发生变化。这些新的观念彼此又发生影响，例如：中国人环保意识的提高，引发了由环保问题引起的诉讼，工厂甚至地方政府成了被告也屡见不鲜。

本世纪即将结束，中国人已有与全世界各国人民并肩前进的思想基础和物质基础。中国人将以完全不同于 1900 年的观念与姿态进入 2000 年。

法国 18 世纪著名的启蒙运动思想家伏尔泰，毕生对中国文化抱着浓厚的

---

① 罗丹（1840～1917），法国雕塑家。他的作品大都以人体表达他的信念，从身体的行动姿态表现出美学意蕴，以达到对个性的探索。《吻》是罗丹极负盛名的作品，取材于但丁《神曲》中的保罗与法兰斯卡的悲恋故事，深刻表达了热恋中的青年男女悸动心荡的激情。

② 2003 年末，中国互联网用户达 7800 万户。

兴趣，并对中国文化给予高度赞美，他在促进欧洲人对中国文化的了解方面功不可没。19 世纪法国著名作家巴尔扎克也是有名的"中国迷"，对中国文化的偏爱和欣赏，在他的小说中经常流露出来。如在长篇小说《幻灭》中，他大段叙述了中国的造纸和印刷术所用的原料、它的工艺产品及其优于法国同行之处。他还撰写了洋洋万言的论文《中国，中国人》，表现了他对中国文化的热忱和欣赏。同样，中国人民对巴尔扎克的作品也非常喜爱，巴尔扎克的作品在中国的印行量远远超过了法国。

"全球化"已成为当今世界时髦的名词之一。大型喷气式飞机、通讯、互联网的发展使地球变小了。特别是全球贸易量和跨国界的直接投资的快速增长，使经济"全球化"成为不可避免的趋势。人们都开始感受到"全球化"将深刻地改变自己和周围人的生活。于是人们会问，不同民族的文化差异对"全球化"是起推动作用，还是阻碍作用？或者反过来问，"全球化"会对人类的不同文化有什么影响？

"全球化"无疑会加强世界各地人与人之间的相互依存。我确信人类文化的相互影响是有益的，不同文化的互补是主要的，而它们的冲突是次要的。面对 21 世纪，中国人愿意在人类的进步中与全世界携手前进。中国人期待着与法国人、欧洲人进一步开展更加卓有成效的合作。

希望我的演说能引起大家对中国和中国人更多的兴趣。（热烈鼓掌）

谢谢。

一篇对外介绍中国的杰作

外交学院院长　吴建民

1999 年 9 月 2 日，我国在巴黎举行"中国文化周"活动，内容丰富，形式多样，有中国文物展览，有演出，有报告会，有研讨会。《面向 21 世纪的中国人》这篇文章是启正同志 1999 年 9 月 2 日在联合国教科文组织的一个大会议厅所作的演讲。这是启正同志 1998 年就任国务院新闻办公室主任后首次在如此规模的国际会议上亮相。与会听取启正同志演讲的不仅有很多法国人，而且有各国驻联合国教科文组织的代表。会场里大约有 500 人，座无虚席。我当时作为中国驻法大使坐在主席台上，亲眼目睹了启正同志演讲的全过程。说这篇讲话是介绍中国情况的杰作是毫不夸张的。演讲过程当中，听众聚精会神，对演讲中的精彩片段往往报以赞同的笑声和掌声。演讲结束后，听众热烈鼓掌。这篇演讲之所以成功，在我看来主要是由于以下几点：

一、用事实说话

1999 年是 20 世纪行将结束的时候，世纪之末，全世界都在总结 100 年的变化。中国在 20 世纪的变化和进步是前所未有的。启正同志用了很多事实：譬如，过去二十几年来中国年均 GDP 增长为 9.7%，连续二十多年这么高的增长速度在世界上是罕见的。

在报告过程中，启正同志还用多媒体，通过图像给听众留下深刻印象。当时给我印象最突出的是 20 世纪初小脚女人的照片和 20 世纪末中国女足获世界杯亚军的场面。对比是鲜明的，也是最有说服力的。

启正同志在介绍中国所取得的成绩的过程中，没有大话和套话，内容翔实，用事实来说明中国的变化和进步，令在场的听众信服。

二、知己知彼，注意拉近同听众的距离

法国是一个文化大国，法国的文化在近代史上对人类文明的贡献是巨大的。许多进步思想是在法国诞生的，这些思想不仅影响法国、欧洲，而且影响世界。在20世纪初，中国的一批革命家为了寻找救国真理去了法国。启正同志在演讲中指出："大家知道，对中国命运有重大影响的邓小平等多位中国领导人，曾受到法国文化的影响。"这既是事实，又拉近了同听众的距离。法国人对自己的文化十分自豪，同时，法国人又特别强调世界文化的多样性，这是很有道理的。希拉克总统在全世界的国家领导人中第一个指出："全球化不是单一化。"单一化是什么含义是不言而喻的。

毛泽东和邓小平是中国的两位伟人，但毛主席没有提出改革开放，而小平同志却提出了改革开放，这绝非偶然。两个人的经历不同是一个重要原因。毛主席一生仅去过两次苏联，他对西方世界不太了解，而小平同志在1920年10月19日抵达法国，1926年1月7日离开法国，他在法国生活了5年两个月零19天。他目睹了工业革命给欧洲国家带来的变化。小平同志去法国时年仅16岁，离开时21岁，正是他世界观形成的时候。法兰西文化对小平同志后来提出的对中国的一系列政治方针不是没有影响的。启正同志强调了这一点，在当时、当地是十分贴切和恰当的。

三、语言生动，一听就懂

我们经常看到有些对外宣传的东西，外国人看不懂，不爱看。你送给他，他随手就扔进纸篓。而启正同志这篇演讲却别开生面，语言生动鲜活。句子短，一听就明白，没有拗口的长句。所以，听众的注意力紧跟报告人的演讲。我当时在会场深切地感到，听众的情绪与启正同志是一致的。要做到这一点，绝非一日之功。重读启正同志这篇演讲，大家可以看到，他为了撰写这篇讲话查阅了大量资料，而且表达上有自己的风格，而这种风格有很强的感染力。这是值得我们一切从事外交外事工作的同志学习的。

世界要加强对中国观察的准确性

(1999年9月30日在时代华纳董事会早餐会上的即席讲话)

我很高兴尼德姆先生给我10分钟而不是原定的5分钟的讲话时间。

我现在的工作是如何让外国人认识中国。认识中国是一个比较困难的任务，原因是中国是一个大国，各地发展的程度很不同。中国不仅大，而且处在一个变化的时代，每天都有新的进展，这不仅表现在我们会议所在的浦东的大楼的增多，而且还表现在中国人的观念和思想的发展。这种发展既基于中国的传统文化的延续，也受到世界文化的影响。

大家来到中国有两周之久，实际上是考察了中国，加强了对中国的认识。反过来说，中国人认识世界也是不容易的。就本人而言，在1981年以前没有到过外国，1981年第一次到美国，被美国的高速公路、那么多的汽车所震动。今天的中国人再到美国，就不会被高速公路所震动，却会被信息公路和无处不在的计算机所震动，但这种震动不那么巨大，因为中国也开始有了信息公路。可以说，美国和其他的国家都在发展中。但是由于中国改革开放只有20多年，大门刚刚打开，从历史的观点看，中国刚开始和世界接触，因此，在和中国的交往过程中会有些困难。你会发现一些中国人能够和外国人很好地沟通，但也会发现一些中国人做不到这一点，因此会时时发生一些障碍。作为个人之间，交朋友需要时间，作为政府之间能够相互理解就更费周折了。

中国人认为，最理解中国文化的是日本人，他们距离中国很近，文化史上有很多沟通。虽然如此，中日之间也时常有些问题和误会，但也有许多随时能够解决。我觉得国家与国家的交往不能只依靠政府，要有很多个人的朋友，特别是有较大影响的人物之间的朋友是非常重要的，这样可以迅速地沟通。我去过世界上 20 多个国家，发现许多外国人对中国的理解总体上说还是比较初步的，对中国的误会很多。到中国来的欧洲人和美国人，一直到最近还有人问，我到中国以后是否能够给家里打国际电话。这不是玩笑，这是现实。甚至有的外国人以为，每个中国人都会功夫，还有人留着辫子。因为电影中的中国人就是这种形象。但那是上个世纪的中国人。

我在负责浦东开发期间，大量地接触各国的首脑和许多如在座的一样的大企业家。我大概每年要接待 300 个以上的代表团，光日本人的名片就有 3000 多张，能熟悉的日本朋友有 100 多人。认识美国我是通过 GE①、GM②、福特、柯达等等，认识欧洲是通过西门子、阿尔斯通等等，认识日本是通过三菱、三井、夏普等等。中国人同外国人交朋友，外国人同中国人交朋友对双方都不是困难的事情，难就难在国会之间、政府之间存在着许多难以解决的问题。以中美关系为例，刚才格林伯格先生说大多数美国议员没有来过中国，因此他慷慨地提供一些基金支持他们访问中国。我也知道每年由中国到美国访问的人数是由美国到中国访问人数的 8 倍之多，也就是说慢慢地了解美国的中国人多了；而美国了解中国的人确实比较少。另外还有 10 万多名中国留学生在美国，还有一些华裔的美国人，他们起了很好的桥梁作用。但相反美国人在中国长期居住的却极少。大家这次到中国来，了解中国，这是非常有益的。刚才有人问中国的经济潜力有多少？很多人作了多种估计，李光耀先生估计 2040 年中国会超过日本的 GDP 的总值，大家知道日本的 GDP 的总值是中国的 4 倍，但是日本的人口是中国的十分之一，也就是日本人均 GDP 是

---

① GE：美国通用电气公司（General Electric）的简称，是世界上最大的多元化服务性公司，同时也是高质量、高科技工业和消费产品的提供者。

② GM：美国通用汽车公司（General Motor）的简称。

中国的 40 倍。因此，到 2040 年能不能超过日本，我本人还没有完全的信心。但是，中国显然还要保持一段比较高速的发展，有很多商业机遇可提供给大家，最典型的例子就是中国计划中要修建由北京到上海的高速铁路。

日本人告诉我说，他们的高速铁路从来没有出过事故，他们的速度是每小时 280 公里。我也乘坐过他们的列车，他们政府的第二号人物野中广务先生对我说日本将有政府的贷款。我本月初到法国，法国人请我乘坐他们的高速铁路，说速度比日本的快 20 公里，是每小时 300 公里，地铁也没有发生过事故。最近，日本朋友说他们的机车速度现在也是 300 公里，并且他们的会便宜一些。法国是世界第四经济大国，但是，它对中国的投资和贸易数字都很低，是排在对华贸易的第 10 位之后了，希拉克访问上海的时候提到过这个问题，我说法国人比较喜欢文学，不太善于国际贸易吧！他们当时正在争取上海第三条地铁项目。我们提出两个建议：第一，第三条地铁如果用法国的技术，那么上海就不能用第一条和第二条的德国的技术为它服务，中国人为了维护法国的地铁必然增加成本，法国政府要降低价格弥补。第二要给优惠贷款。他们确实这样做了，所以在上一周与法国签订了合作修建第三条上海地铁的协议。可见中国投资也存在着竞争，而在这种竞争中了解中国人的习惯，了解中国人的文化是很重要的。

我今天很高兴地戴了一条新的领带，这是特纳先生送给我的有 CNN[①] 标志的领带，上面有一个世界地图，我想中国要加强对世界观察的准确性，世界各地要加强对中国观察的准确性，而这种观察最重要的是直接的观察。欢迎大家再到中国来。

好，谢谢大家。

---

① CNN 的全称是有线电视新闻网（Cable News Network），创办人为特纳（Ted Turner）。

话语平实　贵在具体

北京周报社总编辑　黎海波

这篇即席讲话约 2000 字，给人留下的印象是话语平实、内容具体。据悉会前曾有一篇准备好的讲话，但讲话者听了前面外宾的发言，为了有所呼应，决定放弃原稿（虽然也是一篇很好的文章）。

讲话者很懂得与外国人交流的门道，那就是要让他们一听就明白，基本不用再作解释。所以他自始至终使用通俗、平易、实在的语言，不让受众有任何理解上的困难。

关于语言通俗易懂，文中所提到的 8 个地名很能说明问题。这其中有 5 个是国名——中国、美国、日本、法国、德国，可谓人人皆知；另外 3 个中国地名依次是浦东、北京和上海，这是任何有点中国常识的西方人，尤其是工商界人士都清楚的。以浦东为例还有一个考虑，即讲话者本人曾在那里工作过，熟悉情况，听者如有问，可用浅显语言作答。

平实通俗的讲话常被说成"像拉家常一样"。不过，像拉家常一样的讲话与拉家常还是有区别的。主要区别就在前者往往并不需要说明一个什么道理，下某种结论，而后者则常有此必要。这种说理不是经院式的抽象讲学，不是以理说理，而是以例说理。这例子就是鲜活的事实与数字。比如，讲者有这样一个结论："许多外国人对中国的理解总体上说还是比较初步的。"怎么得出来的？说了一个典型的例子："一直到今天还有人问，我到中国以后是否能够给家里打国际电话。"又比如，用数字来说明，了解美国的中国人慢慢增多，而对方了解中国的人则相对较少。

中国的文人、官员常常喜欢在讲演中引经据典。用典没什么不好，然而不用典也照样可以讲得精彩，并无定式，关键要看对象。所谓到什么山唱什么歌，量体裁衣，因人而异。董事会的人常有军人之风，讲效率，重实际，喜欢短平快，直来直去。对他们，还是少用典为好。这篇讲话既不用典，也不引诗，一"通"（俗）到底，实话实说。再加上一头一尾颇有人情味，其效果可想而知。

语气的平实与内容的具体往往是孪生兄弟。内容具体，语言必然实在，华丽铺陈的词句自然多余，矫揉造作之风也就无可乘之机。这里有一个小统计，足见讲者如何讲究具体。全篇有15处用了数字，提到10家西方大公司，涉及人名、地名各8个，9次举例。

和工商界人士谈话，少不了用数字。然而值得讨论的并不在于是否用了数字，而在于用得是否恰当、准确、说明问题。讲者在比较中日两国的GDP时，用了倍数，也用了分数，最后表示，对李光耀所作的2040年中国的GDP会超过日本的预言并无"完全的信心"。在这里，数字对理解讲者的结论有着决定性的作用，不可或缺。由此而论，运用数字的诀窍在"非用不可"，只有这样才能保证使用得当。至于举例，可说是一个接一个，直至最后，也不忘拿领带说事，讲者对事例的看重，可见一斑。

讲话实在，作文具体，既可以说是一种个人风格，也可以说是许多对外交流高手的共同经验。这里当然有技巧的问题，它只能通过学习、实践去掌握、提高。但核心点恐怕还是态度，即心中有没有谈话对象，有没有受众。替受众着想，作者、讲者就比较容易找到正确、有效的交流传播途径与手段。

新的世纪在向我们招手

(1999 年 9 月 30 日在北京国际俱乐部早餐会上的讲话①)

女士们、先生们:

早上好! 非常高兴能有这么一个机会与诸位作面对面的交流。根据主办者的命题,要我简要讲讲"中国与国际关系"。这个题目很大,很难用三言两语说清楚,何况我学的专业是核物理,对国际政治和世界形势虽然十分感兴趣,但没有专门作过深入的研究,因此,在这里只能谈谈我个人的一些看法。

在人类即将迈入新的世纪之际,世界正在经历着重大而深刻的变革。国际形势总体缓和,但局部动荡不断。前不久结束的科索沃战争严重冲击了现存的国际秩序,对国际形势和国际关系产生了重要影响,使地缘政治、军事安全因素在国际关系中的作用突出,不少国家加强军备的倾向有所发展。但是,这场战争并没有改变时代的大趋势,和平与发展依然是当今时代的主题,维护和平与发展经济仍是大多数国家特别是广大发展中国家的主要政策取向,寻求合作、避免对抗成为国际关系的主流。概言之,当前形势具有以下几个鲜明的特点:

一、美国霸权主义有了新的发展。美国为了实现其全球扩张战略,确立全球霸主地位,竭力加强军事实力,强化军事同盟,力图在政治、经济、军事、意识形态等领域取得全面优势,并控制战略要地。为推广西方的"人权"、"民主"等所谓普遍价值观,建立以西方意识形态为主导的"国际新机制",美国实施"新干涉主义",动辄干涉别国内政,并首次以人道主义等意识形态

---

① 这是一篇事先准备好的讲话,但讲话者听了客人的发言后,为了有所呼应,发表了即席讲话而舍弃了此稿。

问题为由，纠集北约国家对主权国家南斯拉夫大打出手，其霸权主义的进攻性、侵略性和冒险性明显增加，已成为世界和平与稳定的主要威胁。

二、多极化趋势是不可逆转的历史潮流，但其进程复杂而曲折。本世纪末，国际力量对比严重失衡，美国在经济、科技、军事领域中的"一超"地位有所上升。美国主导制定的"北约战略新概念"和"新日美防卫合作指针"，使西方集团的强权政治有新的发展。世纪之交的大国关系正经历着新一轮的调整，各大力量之间既有矛盾斗争，又有共同利益，不会形成全面对抗。美国与其他国家之间称霸与反霸的斗争不会止息。世界上绝大多数国家都不主张由一个国家垄断国际事务，因此，多极化的趋势不会改变。但多极化进程可能比人们预料的要复杂、曲折。相对平衡的多极格局的形成，将经历一个漫长的历史过程。

三、经济全球化使南北矛盾趋于尖锐，差距进一步拉大。一方面，发达国家在经济、科技领域占有明显优势，继商品、资本输出之后，现又采用金融等手段掠夺财富，转嫁危机。它们按照自身意愿和利益，积极推进经济私有化和全球经济一体化，企图实现资本主义的一统天下。发达国家还通过控制主要国际经济组织，巩固对世界经济的主导地位。而广大发展中国家则要求扩大对世界经济的发言权，改变现有的不公正、不合理的国际经济秩序。这使双方在一系列问题上不可避免地出现矛盾和斗争。经济全球化趋势使国际竞争空前激烈，金融风险增加，贫富差距拉大，两极分化状况更趋严重。

四、联合国的地位和作用面临新的挑战。冷战后，国际社会要求联合国改革的呼声渐高。以美国为首的西方力图推动联合国改革朝着对它们有利的方向发展。它们声称"联合国宪章已经过时"，提出"人权高于主权"、"人道主义干预"、"为价值观而战"等谬论，公开挑战主权平等、不干涉别国内政、和平解决国际争端等国际关系准则。对联合国采取能用则用、不能用则甩开的实用主义态度，企图以所谓"八国集团"①或"民主国家联盟"弱化联合国。但是，联合国仍是世界上最有代表性的政府间国际组织，联合国宪章的宗旨和原则得到大多数国家的赞同。可以预料，今后围绕建立国际安全体制和国际新秩序的斗争将更趋激烈。

中国作为世界上最大的发展中国家，坚定不移地坚持以经济建设为中心，深化改革，扩大开放，目前国内政治稳定，经济发展，综合国力不断增强。我们作为国际社会负责任的一员，一贯奉行独立自主的和平外交政策，高举和平与发展的旗帜，坚决反对霸权主义和强权政治，致力于世界和平，推动世界多极化，参与经济全球化进程，使整个世界朝着有利于维护和平、促进共同发展的方向发展，以最终建立和平稳定、公正合理的国际政治经济新秩序。

中国重视发展同所有国家的平等互利、和平友好合作关系。在中美关系方面，双方既有共同利益，又存在矛盾和分歧，两国领导人虽已成功实现了互访，扭转了 1989 年之后中美关系的严重困难局面，而且，两国元首在最近的奥克兰会晤②中，还就台湾问题、中国加入 WTO 问题等达成了重要共识，但中美关系的改善与发展仍是一个长期、曲折的过程。在对俄关系方面，中俄建立了战略协作伙伴关系，双方在重大国际问题上加强磋商与协调，努力充实经贸、科技合作内涵，使中俄关系继续保持健康稳定的发展，但我们坚持不结盟的政策。在对日关系方面，两国本着"以史为鉴、面向未来"的精神，宣布建立致力于和平与发展的友好合作伙伴关系，努力扩大共同利益，加强经贸合作，在许多领域取得了明显进展。但在历史问题、日美安全合作

---

① 八国集团成员包括德国、加拿大、美国、法国、意大利、日本、英国和俄罗斯，欧盟也派欧盟轮值国主席和欧盟委员会参加八国集团的会议。八国集团既不是一个机构，也不是一个国际组织，它不具备法人资格，也没有常设秘书处。

② 指 1999 年 9 月 11 日江泽民主席和克林顿总统在新西兰的奥克兰参加亚太经济合作论坛会议前夕的会晤。

涉台问题等方面，双方还存在矛盾和分歧。在对欧关系方面，我们支持欧盟在国际上发挥有利于和平与发展的作用，注意加强同欧盟国家的高层互访，扩大各个领域的互利合作。我们还特别重视与周边国家以及广大发展中国家加强团结与合作，坚持睦邻友好，积极开展平等互利的经贸、科技合作，在重大国际问题上，注意加强磋商和协调，在国际和地区事务中，主持公道，伸张正义。

朋友们，20 世纪发生了两次世界大战、数百次地区冲突，它给人类造成了太多的灾难，也留下了诸多遗憾。新的世纪在向我们招手，让我们携起手来，为创造一个更加和平、稳定、繁荣的世界而共同努力！

短话、实话、真话

新华社对外部中国特稿社副社长、高级编辑　熊蕾

时下，官场上很多人擅讲长话、空话、套话。面对这样的讲话者，如果听众只是他的部属，倒也罢了，再不耐烦，也要硬着头皮听，给上司捧场。但是如果听众与演讲者没有这样的关系，他们对那些长而空的讲话，就会毫不客气地表示出厌烦，甚至嗤之以鼻。所以，讲话要想人爱听，就要尽力做到简短、实在、真实可信。以外国受众为对象的国际传播，或者照我们习惯的说法"对外宣传"，更要注意这一点，传播才能收到实效。

赵启正同志1999年9月30日在国际俱乐部早餐会上的讲话《新的世纪在向我们招手》，就是短话、实话、真话的一个范例。

如启正同志自己所说，"中国与国际关系"这个题目"很大，很难用三言两语说清楚"。启正同志这篇讲话虽不是"三言两语"，但也只有2300字，对于这样一个"很大"的题目，依然是简短至极。然而他却以区区不到3000字的讲话，把这个题目讲得清清楚楚，而且很有意思。短短一篇讲话，不仅显示出启正同志对国际问题的精辟见解，也展示了他国际传播的深厚功力。

话讲得短，如果没有内容，依然达不到传播的功效。所以，要想使传播有效果，不仅要讲短话，还要讲实话，讲有内容的话，讲直截了当的话。

启正同志这篇讲话，就体现了这个特点。特别是他对当时形势的几点概括，实实在在，内容充实，而且直截了当。美国霸权主义的发展、多极化的趋势、经济全球化引起南北矛盾的尖锐化、联合国地位受到的挑战，每一点，都旗帜鲜明，又言简意赅。

我尤其欣赏启正同志讲话中对美国霸权主义的批评。有一个时期，不知为什么，我们有些同志，包括一些主流媒体，在讲霸权主义的时候，喜欢兜圈子，不直接点美国的名，而以"有的超级大国"来泛指。其实，这种闪烁

其词的文字游戏在国际传播中并不可取。美国称霸世界，既然是有目共睹的事实，有意回避美国和霸权主义的联系，就不免让人感到疑惑，以为这种回避是出于对霸权者的畏惧。有了这样的疑惑，传播的效果当然会打折扣。也可能不点美国的名，尤其不当着美国人的面点美国的名，是给人家"留面子"、"讲客气"。问题是，美国人一般没有中国人那样的弯弯绕，你给他留面子，他未必领情；你跟他客气，他跟你未必客气。何况在美国人的词典里，霸权主义是实力的象征，并不一定是一个贬义词，更用不着在这里躲躲闪闪。因此，启正同志直率地批评美国霸权主义，对非美国的听众，会引起共鸣，对美国听众，会引起震动。这才是我们的国际传播所期待的效果。

直截了当，不是意气用事。启正同志作这次讲话四个月前，发生了美国在科索沃战争中轰炸了中国驻南斯拉夫大使馆，导致我三名记者死亡的严重事件，引起了中国公众的强烈义愤。中美两国的关系又经历了一次严重危机。但是，启正同志在直接批评美国的时候，只字未提炸馆事件。这是很高明的。炸馆当然是中美两国关系上的一个严重事件，但也是一个非常具体的事件。相信当时听启正同志讲话的外国客人中，并没有对这一具体事件负责的决策者。如果在一个短短的早餐会讲话中，纠缠一个和听众并无关联的具体事件，那么演讲者与听众的距离就会拉大，讲话的力量也会削弱。借这样的场合宣泄情绪性的民族情感，既不符合讲话者的身份，更不会赢得听众的心。

讲实话，当然要实事求是，不能一厢情愿。一厢情愿，也是我们国际传播中一个司空见惯的通病。有些局面，是我们期待的，但并不是既成事实，但我们有些人，总喜欢把期待的局面当成既成事实来描述，来宣传，这也很容易引起受众反感，造成传播上的反效果。比如世界政治格局的多极化，就是我们乐观其成的一个趋势，曾经有一个时候，一些"专家"、媒体很为它鼓吹了一阵子，仿佛这是前苏联解体后国际政治已经出现的新局面。但是由于它并没有成为事实，照这种调门做的宣传当然没有效果。

启正同志在这篇讲话中，对多极化的趋势作了简洁而冷静的分析，指出"多极化的趋势不会改变"，"但多极化进程可能比人们预料的要复杂、曲折"，其形成"将经历一个漫长的历史过程"。这是实事求是的估计，因而自然是令人信服的结论。这样的讲话，听众才能听得进去，而听众能听进去，正是国际传播的首要前提。

按理说，实话本身就应该是真话。这里，之所以在实话以外还强调"真话"，除了指讲话的道理要真，要实事求是外，还主张讲话者要真心实意地相信自己的讲话，能够以真情打动听众。

有人可能会问，还有人会不相信自己的讲话吗？当然有！在很多披着共产党员的外衣却没了共产主义信仰的人当中，在很多白天道貌岸然晚上醉生梦死的人当中，不相信自己讲话的，或者对自己的讲话没有真心实意的感情的，大有人在。这种人，对自己所讲的内容当然不可能有真情。而没有真情的讲话，怎么能感染他人呢？

启正同志这篇讲话，没有华丽的辞藻，但是有发自内心的真诚。这种真诚，正是讲求实效的国际传播所必须的。

亚洲的发展与中国

（2000 年 6 月 8 日在东京第六届"亚洲的未来"论坛① 上的演讲）

（主席先生：今天正好是小渊先生的葬礼，想到他生前对中日关系的贡献，在此表示追悼之意。）

尊敬的鹤田卓彦社长先生，女士们、先生们：

首先，我要感谢鹤田卓彦社长邀请我参加这次交流会，使我能有机会和各位一起来探讨亚洲未来发展这样一个具有重大现实意义的主题。

在开始谈论这个话题的时候，我们不能不回顾一下即将过去的 20 世纪。对于 20 世纪的评价，美国前国务卿基辛格曾说："这是一个充满混乱的世纪。"日本前首相中曾根康弘也认为，它是人类历史上战争最多，最悲惨的世纪。在这个世纪里，尽管出现了许多矛盾与冲突、曲折和坎坷，但是世界经济的高速增长和科学技术的飞速发展是令人鼓舞的，特别是亚洲的崛起更是不争的事实。在亚洲金融危机爆发三周年之际，这个地区的经济已扭转了下滑的预势，正走向全面复苏。1999 年，亚洲发展中国家国内生产总值平均增长了 6.2%，高出 1998 年 3.9 个百分点，工业生产已恢复到了金融危机爆发前的水平，在金融危机重灾区东南亚，去年平均增长率也达到 3.2%，而 1998 年却是 7.5% 的负增长，预计今年可望达到 4.6% 的增长率。这是亚洲各国共

---

① "亚洲的未来"论坛由日本经济新闻社主办，参加者有亚洲各国现任或前任总统、总理、政要及各国学者。每年举行一次。

同努力的结果。

大家都记得，当亚洲金融风暴来临之时，亚洲以外有不少悲观舆论，认为亚洲经济难以在短期内恢复，甚至认为除非是学习欧美的经济模式，包括管理方式，亚洲经济就难以再现昔日光辉。我记得 1997 年秋天，李光耀先生在参加上海浦东水族馆奠基时对我说，亚洲各国情形不同，少则二三年，多则四五年都会得到恢复。今天的事实证明了他的预言十分正确。经过风暴的考验和危机的磨炼，亚洲人对自己的智慧和力量更充满了信心。

中国经济在实行改革开放后 20 多年来取得了很大成就，20 多年（1978～1999）的 GDP 平均增长值超过了 9.7%，中国经济总量由 70 年代末的世界第 11 位上升到第 7 位，进出口总额由第 32 位上升到第 9 位。1990 年前后，中国经济也曾一度出现过热，但中国政府果断地提出了实施宏观调控，使经济软着陆①的措施，从而使后来发生的亚洲金融危机对中国的影响较小。当亚洲金融剧烈波动之时，中国保持人民币不贬值，并尽量以有限的财力支持困难较大的国家。中国在稳定自身经济的同时，也为亚太地区经济和世界经济的稳定作出了自己的贡献。

中国作为亚洲一员，自然十分关注它同亚洲各国的经济关系和友谊的发展。过去 20 年以来，中国与东亚各国的双边贸易额大规模增长。在 70 年代，中国与日本、韩国、东南亚诸国的贸易额还很小。1972 年，中日贸易额仅为 11 亿美元，至 1999 年，中日贸易额迅速增长到 661 亿美元，中韩贸易额为 250 多亿美元，中国与马来西亚贸易额为 52 亿多美元，中国与新加坡贸易额为 85 亿多美元，中泰贸易额为 42 亿多美元，中国与印度尼西亚的贸易额为 48 亿多美元，中国与越南的贸易额为 14 亿多美元。由此算出，中国对亚洲的

---

① "软着陆"在经济新闻中是一种形象比喻。"软着陆"一词最早频繁出现于 50 年代末一些航天杂志上，用来形容安全的月球着陆。它首次被用作经济用语是在 1973 年，开始流行则是在 1990～1991 年的经济衰退期间。它的意思是指国内生产总值增长率在 2% 到 4% 之间的经济缓慢增长。

贸易总额分别超过了对美洲和对欧洲的贸易总量。在这些双边贸易中，中国获得了很大利益，同时也为亚洲诸国提供了较以前更广泛的市场，有力地促进了亚洲经济的发展。

目前，中国加入 WTO 的进程正在加快，加入 WTO 后中国对外开放将达到一个新水平。目前中国已成为吸引外资最多的国家之一，1978 年以来我国批准设立外资企业已达 30 多万家，实际利用外国直接投资 2500 多亿美元。在中国经济加入世界经济的过程中，我们还加大能源、交通、通讯、环保、金融、保险、旅游、商贸等领域的对外开放，并积极以多种方式吸引外资参与国有企业的改革。当然中国要按 WTO 规则，对现有的涉外经济法规进行完善，并在迎接 WTO 的挑战中改善国内的经济结构，使中国经济更健康地发展。

加入 WTO 是中国积极参与经济全球化的重要体现，也将为经济全球化的进一步发展注入新的活力。虽然不同的国家对经济全球化有不同的认识，甚至褒贬相去甚远，但它毕竟是一种客观趋势，是无法改变的世界经济潮流。正视挑战，趋利避害，努力建立公正合理的国际政治经济新秩序则是我们面临的共同课题。

由于亚洲各国与中国地理和文化的接近，亚洲各国更能利用中国加入 WTO 的机会更多地进入中国市场，中国也十分愿意与亚洲各国建立更密切的关系。

在此，我想强调的是，经济发展必须要有和平的国际环境，中国多年来一直致力于维护世界的和平与稳定，并为此作出了积极的贡献。早在 80 年代，冷战结束之前，邓小平先生就提出了"和平与发展是当今时代主流"的论断，认为只要各国共同坚持国际关系准则，世界大战是可以避免的。因此，中国果断地实行了工作重点的转移，并把维护世界和平、促进共同发展作为对外开放政策的根本目标，把和平共处五项原则作为外交政策的基础，还明确提出发展国家关系应该超越社会制度和意识形态——我们应当记住，和平共处五项原则是我们亚洲人的创造。正是在这样的认识指导下，中国进一步发展了与亚洲各国的关系，例如与印度尼西亚恢复了中断23年的外交关系，同新加坡、文莱、韩国建立了正式外交关系，同蒙古、老挝、越南实现了关系正常化，这使中国同亚洲所有国家都有了良好的关系。以此为基础，中国将与各国一起，继续为建立一个公正合理、平等互利的国际新秩序而努力。

中国政府为了实现国家的统一，提出并实行"一国两制"的原则，并已在香港和澳门成功地实践，使这两个地区获得了繁荣发展的更好的条件。我们相信，只有按照"一国两制"的原则解决台湾问题，才有利于海峡两岸和整个亚洲的稳定。在台湾地区选举新领导人之后，中国政府再次表达了反对台湾独立和努力争取以和平方式完成中国统一的愿望，我们希望台湾的新领导人能把眼界放宽一点，放远一点，彻底摒弃分裂主张，走和平统一的光明大道。也希望所有的国际朋友能真心地支持和促进中国的统一。

今天的会议在日本举行，我要顺便表达：中国一贯重视发展与日本的关系，珍视与日本人民长期的睦邻友谊。综观中日关系史，尽管也有过挫折和不幸的过去，但50年来两国人民的睦邻友好是主流。中日关系发展到今天来之不易，这要归功于两国人民，归功于两国具有远见卓识的政治家和各界人士的努力。今天中日两国的友好合作关系，不仅凝聚了两国人民的情谊，也成功体现了建立在和平共处五项原则基础上的健康发展的国家关系，我们应当站在跨世纪的高度来看待中日关系，以史为鉴，面向未来，顺应历史潮流，排除各种干扰，不断推动中日关系稳步向前发展。

各位朋友：

随着人类即将步入新世纪，世界进入了以普遍使用互联网为标志的信息时代。在以往的蒸汽机时代、电力时代、无线电时代、原子能时代、计算机时代（虽然这些不算是科学的划分），没有一个时代亚洲不是落后几十年的。而现在亚洲各国已开始进入信息时代——但更准确地说，只是在应用互联网方面落后不多而已，亚洲国家并不掌握有关硬件和软件的核心设计技术。

信息技术的发展和新经济的挑战，使亚洲各国在一个与几年前不同的新环境中重振经济。我们不仅要防止因信息技术的落后而拉大亚洲各国与世界其他国家之间经济增长的差距，也要防止亚洲经济在复苏后不久又因同样原因而降低增长速度。我们增加抵御今后金融危机的能力的最好办法是推动亚洲高科技产业的成长，特别要包括高科技的研发（R&D）力量的成长。这包括不失时机地把互联网作为基础设施来建设，有选择地发展信息技术（IT）产业，使其发挥动力作用；对传统产业进行高技术化改造；发展电子商务，促进经济结构的合理性；通过努力建设新经济，实现亚洲的可持续发展。亚洲各国必能对信息时代作出应有的贡献，并能借此机遇弥补以往几个时代的落后。

风暴过后必定是亮丽的晴空。在经历了金融危机的严重考验之后，在新世纪全球经济发展中一定会出现更为璀璨的亚洲之光！

祝会议成功，谢谢。

（演讲后回答问题）

问：请您谈谈关于亚洲的区域合作问题。

赵启正（以下简称赵）：欧洲在 50 年代就说"我们欧洲人"，经过 50 年的努力，有了欧盟，有了欧元，可以说欧洲的区域合作达到了高级阶段。亚洲比欧洲的地域和人口多 3～4 倍，各国经济发展程度还有很大的差距，日本 GDP 占世界 GDP 的 16%，中国只占 3.5%。东盟的发展也是令人鼓舞的。中国当然希望对亚洲的经济发展作出贡献，但实践要一步一步走。

问：我是台湾的金美玲。中国为世界和平作出了贡献，但也有挑衅发生，如解放台湾，如果台湾不同意统一，大陆就用武力，这是强制性的。台湾将来会怎样将由台湾自己决定，如果台湾选择独立大陆就用武，和平只是口头上的。

大会主席：能否解答一下？

赵：中国在台湾问题上的原则是"和平统一，一国两制"。中国是包括台湾在内的一个整体，犹如一个人。我当然不同意将我的胳膊砍掉，这是由我的大脑作出的决定。1978 年，邓小平先生说过，解放台湾要用两只手：和平和武力，但力争用右手争取和平，不行才用左手。我的体会是右手是写字、握手、签约的手，但不承诺不用左手。

问：我是 HB 研究所的桥本。我想请您谈谈关于能源问题。我们担心，到 2020 年，中国的石油进口量与今天的日本相同，中国将从哪里进口，如以中东为主，原油用海运，亚洲的能源安全不只是中日问题。

赵：中国的能源政策首先是尽可能多地自给。好消息是中国西北地区发现了大量的天然气，中国政府已决定从新疆到上海建设一条 4000 公里的天然气管道，也欢迎各国积极参与。中国还有一个困难是北煤南调，铁路的压力很大，污染也很大。中国必须发展少量的核电站，目前，核电只占中国总电量的 1.2%。现在中国从中东进口石油的数量不如日本。我们也考虑到中国能源利用率很低，仅是印度的二分之一，我们希望技术得到改善，这要依靠自己的努力和国际合作。

问（日本共同社）：中国是联合国常任理事国。今早知道，在联合国对关于审讯红色高棉中国持反对意见，是真的吗？

赵：这事我第一次听说，不能证实，我想，主权国家的事由其自己决定为好。

深入浅出　清新自然

中国驻文莱大使　杨燕怡

讲话是一门综合性艺术。在外交工作中，讲话艺术尤其重要。高超的讲话艺术和辩论技巧，对外交工作取得良好效果，是必不可少的。

在运用讲话艺术进行国际交流方面，赵启正赢得交口称誉。我曾拜读赵启正不少演讲和接受境外媒体采访的问答，包括他在 2000 年 6 月 8 日在第六届"亚洲的未来"国际交流会议上题为《亚洲的发展与中国》的演讲。赵启正的演讲内容丰富、观点鲜明、简朴通俗、入情入理，在增进中国与其他国家人民的相互了解和理解方面，收到良好效果。我本人为他演讲的说服力、感染力和鲜明的风格所深深吸引。对从事外交工作的人员来说，赵启正的演讲对我们改进和提高对外宣传的质量和水平，是不可多得的好教材。

以《亚洲的发展与中国》这篇演讲为例，赵启正从中展示了他演讲的风格和魅力。

第一，有的放矢。演讲包括对外演讲效果的大小，很重要的一点就是目的明确。尤其是我们的对外演讲，不仅要关注我们想讲什么，更要关注外国人想了解什么。要针对国际社会普遍关心和特定外国受众头脑中的问题，阐述我们的看法和主张。我们有些演讲的毛病是，不注意也不下功夫了解问题、掌握受众心理，泛泛而谈，大而化之，让人如坠云雾，不得要领。

《亚洲的发展与中国》这篇演讲的特点之一，就是有很强的针对性。这篇演讲的大背景是，在千年交替、人类社会进入 21 世纪之际，国际社会对经历亚洲金融危机后的亚洲十分关心，其中不乏对亚洲发展前景的悲观看法。此外，中国在新世纪，在亚洲乃至世界事务中扮演什么角色，发挥什么作用，是国际社会普遍关心的一个问题，这在这篇演讲的东道国——日本也受到高度关注。面对中国的迅速发展壮大，日本国内消极看法在上升，"中国威胁论"在抬头。此外，中日关系应如何发展，也是人们讨论的一个热点话题。针对国际上和邻国的疑惑，赵启正在《亚洲的发展与中国》这篇演讲中，集中就亚洲在新世纪的发展前景、中国的发展与亚洲发展的关系以及中国的发展方向和作用谈了他的看法。演讲给人们以十分强烈的印象：第一，亚洲的崛起是不争的事实。第二，中国与亚洲相互依存、相互促进。第三，中国的发展、稳定、统一，符合和平与发展的时代主题，中国是维护世界和平和促进共同发展的重要力量。第四，中日关系要持久稳定发展，就要以史为鉴，面向未来，顺应历史潮流，排除各种干扰。可以说，演讲从大处入手，抓住要害，对症下药，篇幅不长，但答疑解惑，起到很好的收效。

第二，言之有物。外交演讲要抓得住人，不但要目的明确，还要言之有物，言之在理，否则，即使目的性很强，也难达到预期效果。目前，我们对外演讲存在的一个普遍问题是，言之无物，死板生硬，空话、大话、套话多，很难吸引人、打动人。在这方面，应该说，赵启正的演讲给我们提供了一个学习的榜样。用事实说话，用数字说话，旁征博引，以理服人，是赵启正演讲的又一特点。在《亚洲的发展与中国》这篇演讲中，赵启正引用一些权威数字说明"亚洲的崛起更是不争的事实"，如1999年亚洲发展中国家国内生产总值平均增长率、工业生产恢复的数据，以及今后的增长趋势等。在谈到中国与亚洲关系时，赵启正也引用大量数字和事实，如中国与东亚各国双边贸易额从70年代到90年代的变化，中国加入世界贸易组织后将在各个领域对外开放的情况。透过这些鲜活的材料，人们可以看到，中国作为亚洲的一员，同亚洲各国的经济关系和友谊十分密切。中国的发展离不开亚洲，而中国的发展也为亚洲诸国提供着更加广泛的市场，有力地促进了亚洲经济的发展。

第三，语言简朴。对外演讲内容丰富、事实准确还不够，要取得最佳效果，还要有自己的语言特色。尤其是外交演讲，不但要逻辑严密，条理清晰，还要语言简朴，上口入耳。常常看到的现象是，许多演讲都似曾相识，老话多，新意少，不善于用自己的语言来表达，缺乏鲜明的个性和独特风格。还有，演讲也好，文章也好，形容词用得太多、太滥，翻译成外文后，尤其显得画蛇添足。

赵启正的演讲之所以受到欢迎，一个重要原因在于他是用自己的语言讲话，朴实无华，亲切自然。《亚洲的发展与中国》这篇演讲，没有重复别人讲的话，没有刻意罗列词句或华丽的辞藻，但思想和观点却在简洁朴实的语言中深刻地表达出来了。赵启正的语言风格，符合外国受众的文化和心理，让人感到亲近、实在、可信，起到了表达思想、传递信息、交流感情的作用。赵启正也经常在演讲中使用比喻。他说："风暴之后必定是亮丽的晴空。在经历了金融危机的严重考验之后，在新世纪全球经济发展中一定会出现更为璀璨的亚洲之光。"在谈到台湾问题时，他说："中国是包括台湾在内的一个整体，犹如一个人。我当然不同意将我的胳膊砍掉，这是由我的大脑作出的决定。"这样的表述生动形象，增强了政策宣示效果，给人以深刻印象。

赵启正的演讲给人的启示是很多的。我以为最重要的一点是，要提高综合素质。毕竟，高超的对外演讲艺术，是一个人思想理论修养、政策水平、生活阅历、知识积累、表达技巧等因素的综合体现。

中国人眼中的美国和美国人

（2000 年 8 月 30 日在华盛顿全美新闻俱乐部的演讲）

女士们、先生们，各位来宾：

谢谢黑格曼先生的邀请，我很荣幸在这里发表演说。

我在这个新的工作岗位有两年多时间，从此开始注意美国媒体对中国的报道和美国人对中国人和中国的感受。我深感中国和美国这两个大国之间需要加强沟通，这包括政治、经济、文化等各个方面，但首先是媒体要加强沟通，因为它往往引导人们的思想并影响人们的情绪。为了做这样一种交流，我首先在美国讲《中国人眼中的美国和美国人》，只是想直率地把中国人或者说大多数中国人对美国和美国人怎么看向大家作一介绍，以促进两国人民的相互了解。

中美两国开始交往到现在，大约有 220 年左右，一个初学中文的美国人会惊讶地发现，中义"美国"两个字的意思从字面上理解是"美丽的国家"。当然，我们不在这里讨论复杂的词源学。其实中国人刚刚知道太平洋彼岸的广袤之国 The United States 时，有过几十种译法，但最终定为"美国"——一个最好的中国式名字，这会使一个不了解美国的中国人对她自然产生好感。

两国人的正式交往始于 1784 年。这一年，美国商船"中国皇后"号从纽约港起航，穿过大西洋，绕过好望角，8 月 28 日到达中国广州的黄埔港，揭开了中美关系的序幕。19 世纪中叶之后，双方商业往来激增，由此开始了对于彼此都日益重要的相互了解的漫漫历程。

中国清朝以禁烟著名的重臣林则徐主持翻译了《四洲志》一书，首次比较具体地介绍了美国。但总体上看，19世纪末大多数中国人对"远在天边"的美国并不了解。1872年中国政府派遣的首批幼童赴美留学时感到既兴奋又新奇：穿着土著衣服的印第安人，就像中国京剧中的演员。

19世纪开始，中国文化特别是以孔子为代表的儒家文化，开始传入美国，对美国文学，主要是以爱默生和梭罗为代表的超现实主义者产生了重要影响，美国现代诗歌之父华尔特·惠特曼在他所著的《只言片语》中就两次提及孔子。悠闲的中国老人的形象频频出现在美国现代诗人史蒂文斯的诗作中："在中国，一位老人坐在松树的阴影里。他看到飞燕草，蓝的，白的，在树荫的边上，被风吹动。他的胡子也在风中飘动，松树也在风中舞动。"只是他不太明白，为什么"那些中国老人，不是坐在山池边整理衣衫，就是在扬子江上仔细端详自己的胡子"？

文学是中国人民了解世界的一个重要渠道，与此同时，大量美国文学作品被翻译成中文，使我们听见了太平洋对岸的沉思共鸣和各种各样的声音。用惠特曼的话来说，我们"听见美利坚在歌唱，我们听见各种不同的欢歌，听见他们放开喉咙高唱有力而优美的歌曲"。是的，通过大量译作，中国读者听见了杰克·伦敦在《荒野中的呼唤》，听见了福克纳的《喧哗与骚动》，听见了海明威的钟声——虽然他自己也不知道这《钟声为谁而鸣》。

我们还听见在密西西比河上领航员的呼唤（Two fathoms or Mark Twain）——后来它成了Samul Clemens在中国家喻户晓的笔名马克·吐温（Mark Twain），他的《哈克贝利·费恩历险记》等书在中国广为流传。

通过这些作家，中国读者了解了美国民族乐观、务实、坚强的性格特点，这也许就是"美国"（America）的中文全称被译作了美（beautiful）、利（profit）、坚（solid）的原因，这三个字都有很好的含义。

18世纪一位美国船员第一次到中国，他说中国人当时这样区分美国人和英国人：他们都说英语，但做生意时盯着秤杆的一定是英国人。1900年发生过八国联军攻入北京的事件，北京的皇家建筑圆明园再次被毁，珍宝文物被掳一空，中国还被迫签订了屈辱的条约。但是中国人对这八国中首先记住的是英国、法国和日本。因为此前不久他们都对中国进行过侵略战争，而美国后来又退还了中国部分赔款，中国人并没单独记恨美国。

清朝末年，许多优秀的中国人在探索救国救民道路的过程中参考了美国。近代中国革命的先行者孙逸仙博士，多次公开重申要以美国为师，他提出的"三民主义"在很大程度上是受林肯的"民有"、"民治"、"民享"思想的影响。孙中山在1904年曾正式向美国政府和人民呼吁支持中国革命派，推倒满清，但是没有得到美国的回应。

中国共产党的领袖毛泽东在少年时代阅读过一本《世界英豪传》，被书中华盛顿、林肯等人的事迹感染，他说："中国也要有这样的人物。"

自从中国人知道华盛顿，他作为美利坚民族的象征，作为美国"国父"，无论中美关系如何变化，他一直深受中国人的尊敬，受到这样尊敬的另一个美国人就是林肯。

在二次世界大战期间，中国战场吸引了大部分日本陆军，中国军民进行了艰苦卓绝的战斗。罗斯福总统领导的美国政府和人民对中国的抗日战争给予了有力的支持。1942年日军切断中缅公路时，美国空军开辟了跨越世界屋脊喜马拉雅山的"驼峰航线"[①]，向中国供应抗日武器。由于山高路远，气候恶劣，不少飞机失事。据统计，当时共损失600多架 C - 46 飞机。前几年，

---

① 1942年夏，日军切断了中缅公路这条盟军与中国联系的最后通道，一切物资运输被迫中断。美国总统罗斯福下令：不惜任何代价，开通到中国的路线。由于海陆已无通道，只能开辟空中航线。"驼峰航线"西起印度阿萨姆邦，向东横跨喜马拉雅山脉、高黎贡山、横断山、萨尔温江、怒江、澜沧江、金沙江进入中国云南省高原和四川省。航线全长500英里，地势海拔均在4500～5500米上下，最高海拔达7000米，山峰连绵起伏，犹如骆驼的峰背，故而得名"驼峰航线"。该航线为打击日本法西斯作出了重要贡献。

在中国的西藏、广西等地仍能发现"二战"期间美国飞机的残骸，1500多名中美飞行员为中国人民的抗日事业献出了生命。两国人民在这场反法西斯战争中并肩战斗，结下了难忘的情谊。中国人民至今没有忘记这段历史。在中国的南京市，就有美国飞行员烈士墓。

中国现在开始实施西部大开发战略，中国人自然会想到美国西部开发的历史。众所周知，横贯美洲的中央太平洋铁路①的修建是美国经济起飞的发射台。人们较少知道这条大铁路动脉是与华工的巨大作用连在一起的。19世纪40年代，在寒冷的冬天，当别的队伍撤下落基山脉②的时候，华人继续勇敢西进，在美国广袤、荒凉的西部修筑铁路，他们当中有许多人献出了生命。为了表彰中国铁路工人的业绩，美国的伊利诺斯州政府于1991年在中国上海用3000枚铁路道钉塑造了纪念碑，碑上刻着：中国建路工人所作的贡献是连接美国东西海岸并促成其国家统一的一个重要因素。在这个纪念物旁边逗留的中国人，会有感而发：100年前曾大规模排华的美国人今天是知恩了。

从1941年太平洋战争爆发到1945年反法西斯战争胜利，中国人民对美国的友好和感谢的心情达到高潮。象征着美军胜利的吉普车也受到欢迎，"Jeep"这个词第一次进入英汉词典，并成为汉语中的外来语。

可转眼间，这些吉普车上美军载着中国女郎在街上横冲直撞，1946年圣诞之夜又发生了美军公然在北京市区广场上强奸北京大学女学生的事件。人民由亲美转而反美竟是在这么短时间内发生了。美国政府在中国内战爆发前和内战中公开偏袒腐败的蒋介石政府使"美国失去了中国"。

---

① 1863年美国内战期间，林肯总统为了打通东西部，决定修筑一条连接太平洋和大西洋的铁路。铁路工程极为艰巨，先后有1.5万华工参加筑路，"横贯美国东西部大铁路的每一根枕木下面都卧着一名华工的尸体"。工程完工后，负责铁路西段的总工程师朱达由衷地说："这条铁路亏欠中国工人很多，那些值得尊敬的中国人将被永远牢记在美国人的心中。"

② 落基山脉（Rocky Mountains）：北美洲西部主要山脉。从加拿大艾伯塔省和不列颠哥伦比亚省向南延伸，经美国西部至墨西哥边境，全长3000英里，最宽处达数百英里。中央太平洋铁路经由此山。

历史发展并非一帆风顺，短短数年，时过境迁。由于文化的差异、意识形态的不同和战略利益的冲突，1945 年之后中美由"二战"时的"盟友"变成了势不两立的敌人，后来在朝鲜半岛兵戎相见、流血厮杀。今年是朝鲜战争爆发 50 周年，全美将举行一系列纪念活动。在这场战争中，中美两国士兵伤亡众多，许多人死于严寒和肉搏。大多数美国人认为他们是为自由而战。

但中国人有不同看法，他们认为中国战士是为保卫祖国而战。中国百年以来遭受外国侵略和列强蹂躏。民族再次受辱，侵略的威胁即在国门：美军舰队游弋于台湾海峡，美国陆军临近鸭绿江中国一侧，美国炸弹已经扔到了中国领土上。中国为此战国力损失重大。虽然事情已过去了几十年，但丝毫不能期望双方的意见有任何变化。我最近知道美国一家公司和中国一家电视台合拍了一部名为《38°线》的反映朝鲜战争的历史巨片。这部片子的中国导演认为，既然中美要在 21 世纪成为和平的伙伴，就应该回头审视 20 世纪我们曾经是敌人的那个时代。它将生动再现交战国家的各式人物——决策人与普通战士。50 年前谁能够想到这样的事发生呢？昔日战场上的敌人，今日合拍记录那场战争的故事？

此后，中美关系进入长达 20 多年的对峙时期。"打倒美帝国主义！"是中国的口号，而美国公民的护照上则盖上了"去中国无效"的印章。长期的隔绝和敌对状态，使两国人民都很难得到对方的准确信息，以至基辛格博士 1971 年第一次秘密访华前，尼克松总统和他本人都担心到中国后是否要按中国古代礼节下跪磕头。

但是，在国际关系中，没有永远的敌人。中美之间更没有成为永远的敌人的理由。世界上的人们都没料到，在响着反美口号的"文化大革命"当中，中美关系会有一个突然的大变化。60 年代末、70 年代初，中美领导人都感到有必要接近和改善关系。1972 年 2 月，尼克松总统正式访华，在北京早春的寒风中，周恩来握住了从世界最辽阔的海洋伸过来的尼克松的手，毛泽东在他那间堆满了书籍的书房里会见了尼克松，畅谈国际大事和哲学问题。从此，一个时代结束了，另一个时代开始了。

美国歌曲——30年代的和当代的，在中国广泛流行，包括那首《扬基进行曲》。讲到这里，我想起了一件有意思的事。1979年中美刚刚建交的时候，上海市一家著名的西式点心店，特意制作了一个大蛋糕，顶上的一层站着两个糖做的小孩，一个是中国孩子，一个是美国孩子，各执自己国家的国旗。蛋糕的底部用果酱裱了四个字：中美友好。表达了中国人民的良好愿望。爱喝茶的中国人对茶杯是讲究的，也曾有印着中美国旗的茶杯出售。

中美正式建交是在1979年，这时离"文化大革命"的十年动乱结束才三年，当时中国的大学停止招生，知识分子下乡，经济发展停顿。而1979年初，正着手中国改革长远计划的75岁的邓小平先生访问了美国。中国的媒体对遥远而陌生的美国作了广泛报道。中国的报纸还在显著位置刊登了邓小平头戴牛仔帽的照片。此后，中国媒体开始大量报道美国的政治、经济、文化、社会等各个层面，把活生生的美国呈现在中国公众面前。

中国人民对美国人民的实干创新精神印象至深。早在1944年，中国著名作家萧乾访美归来后就由衷地感叹："在夜总会里的美国人，拼命玩；在田纳西水利区看到的美国人，连总工程师也挽起了袖子，拼命干。值得一学的是美国人那种说干就干的精神。"

中国人对美国的科学技术，对阿波罗计划[①]，对硅谷都很钦佩。如今，麦当劳、肯德基开设在中国大小城市，留学美国是许多大学生的向往。1978以来，仅在中国教育部门办理登记手续的，到美国留学的中国人就有12万多

---

① 阿波罗载人登月工程是美国国家航空和航天局在二十世纪六七十年代组织实施的载人登月工程，或称"阿波罗计划"。

人，到中国留学的美国人则为 1 万多人。

然而，中美关系的发展充满曲折，中美之间也存在很多分歧，如贸易逆差、达赖喇嘛、台湾、人权等问题。虽然中国媒体对美国对华政策也常有尖锐的批评，但对美国社会发展的全面报道保持了热情和很大的篇幅。中国人发现与中国媒体对美国报道的热情场面相反，美国媒体关于中国的信息很少、也不准确，其中不少报道带有明显的偏见。不久前，华盛顿的一位电台总裁访问中国国际广播电台，还携带了大量的方便食品，他十分担心在中国吃饭有困难。由此可见，美国公众对中国的误解有多么严重。

还有一种情况，就是过分渲染中国的实力，夸大中国的军事力量，为所谓的"中国威胁论"寻找理由。（编者注：此时的幻灯片上是《波士顿环球报》1996 年 1 月 7 日的内容，一对巨长的筷子夹住几个美国国旗做成的小纸片，旁边文章的标题是《我们应当怕中国吗?》）这是一张很典型的漫画，文章在导言中提到了我本人，说记者访问了上海市副市长、浦东新区负责人赵启正先生，他介绍了野心勃勃的发展计划。这个计划可能在他有生之年实现，到那时中国不仅是政治大国、军事大国而且还是经济大国，所以全世界都应该怕她。那么，中国的筷子就会把美国的国旗当菜吃了。事实上，中国从来没有能力也没有这种想法，把任何一个国家当菜吃掉。恰恰相反，中国 100 多年以来被别人当菜吃过。我给《波士顿环球报》写了信，我说："编辑先生，你所说的我不能同意，中国没有这种打算。"感谢这家报纸把我的信刊登出来了。

美国的有些舆论为"遏制中国"制造了一些借口，形成了对中国不友好的舆论。这种做法不但改变了美国人对中国的看法，长此以往也改变了中国人对美国的看法，使一批 1972 年后成长的知识分子由亲美转为反美。许多中国人，包括那些看上去在价值观上与美国趋同的青年学生们提出了一个又一个令人困惑的问题：美国主流媒体为什么对中国充满偏见和对公众有意误导？

美国为什么每年都要发表指责中国等发展中国家的《国别人权报告》，几乎每年都要在联合国人权会议上提出反华提案？美国为什么总是对中国自己的事情指手画脚？美国为什么坚持并逐年扩大对台湾的军售？美国究竟会不会成为中国的朋友？等等。1996年，几位年轻的知识分子写了一本书《中国可以说不》。这本书并不代表中国政府的立场，但却反映了中国知识分子的思考。

去年以美国为首的北约对中国驻南联盟使馆的轰炸，激起了中国人民的强烈愤慨并爆发了大规模的抗议游行，这是老百姓爱国激情的一次自然流露。

回顾历史，我们看到，中美关系虽然历经波折起伏，在一些问题上也有严重争执，但中美关系的方向是友好合作，中美之间找不到不合作的理由，如果有，那也是人为制造的。中美两国人民的友谊应当像落基山上的红杉树一样万古常青。最近我还发现中国一个地方卷烟厂生产的香烟就是以"红杉树"（Sequoia）命名的。我并不主张抽烟，但我喜欢这个牌子。中国决心加强中美友谊。就在现在，中国还拍摄了表现中美友谊的多部电影和电视剧，如《黄河绝恋》表现了美国飞行员在中国参加抗日的故事，这些影视片在中国大受欢迎。顺便说一句，中国人也很喜爱美国电影，《泰坦尼克号》讲述的优美、凄婉的爱情故事，它说爱情高于金钱，在中国受到了热烈的欢迎。而由美国人拍摄的中国故事《花木兰》更是受到中国儿童的喜爱。

中国人民是成熟和理智的人民，中国人民深切地认识到，随着世界政治多极化和经济全球化向纵深发展，世界各国在政治、经济、军事、文化等各个方面的相互依赖性进一步加强。毫无疑义，美国是世界上最大的发达国家，中国是世界上最大的发展中国家。中美两国作为具有建设性战略伙伴关系的国家，虽然在意识形态、战略利益和文化传统方面还存在很大的差距，但是为了双方在许多方面拥有共同的重要利益，两国已经建立了有效的、建设性的、广泛的伙伴关系。让我们在以下方面共同努力：在世界政治中提倡独立自主与求同存异；在全球经济中促进增长，共同发展；在国家社会之间发扬平等与相互尊重；在发展科学技术中加强交流，为人民造福；在文化领域则鼓励欣赏对方的优秀和多样性。很显然，中美两国和则两利、"双赢"，斗则两败俱伤。两国加深了解，加强合作，对推动世界的和平发展具有重要的意义，而改善和发展中美关系则是两国人民的共同要求。中美之间的合作已经取得了很多成果，并将继续取得成果。我在浦东新区工作时，在那里建筑了一座中美合作的摩天大楼，420.5 米高，属于世界第三高度，但它的美丽被公认为世界第一。这个大楼是中国宝塔的外形，美国的钢结构，从里面看金碧辉煌，从外面看就是一个中国的宝塔。我想，这样的中美合作还有许多新的领域。

面对下一代，面向新世纪，我们只有努力发展中美关系的责任，决没有阻扰和破坏两国人民交往的权利。绝大多数中国人赞成中国国家主席江泽民提出的中美之间应"增进了解，扩大共识，发展合作，共创未来"。中国人也欣赏克林顿总统提出的"21 世纪将成为美中两国最美好的时期"的预言。

我知道我选择了一个困难的题目，我今天不是讲中美关系史，那是学者的课题；也不是讲眼前的中美关系，那是外交官的领域。我只想讲普通中国人对美国和美国人的看法，这些看法丰富但又复杂，矛盾又富有变化；既没有回避历史，也不超脱现实，更着眼于未来。

我是一个乐观主义者，我希望我的演讲能使诸位多少了解中国人对美国人的友好愿望，是把它当做"美丽的国家"而不是"美丽的帝国主义"。今天我报告了"中国人眼中的美国和美国人"，希望明年或者什么时候能在中国举行"美国文化中国行"活动，并听到在座的哪一位在中国作"美国人眼中的中国和中国人"的报告。衷心希望在中国见到各位。

谢谢！

追求沟通的最高境界

新华社副总编辑　周树春

读了赵启正同志的这篇演说，一种夹杂着兴奋和期盼的复杂心情与感慨油然而生——假如所有美国人、特别是同中国打交道的美国人都有机会听到这次演讲或读到这篇讲话，假如所有中国官员、特别是从事对外工作的人员都能这样和美国人沟通与交流，中美关系一定会大为改观！

无论是作为一篇演讲，还是作为一篇对外宣传的文稿，《中国人眼中的美国和美国人》都堪称典范。演说字里行间所体现的不仅仅是策略与技巧的水准，更是一种沟通与传播的境界。

在受众心中引发共鸣，是传播与沟通的基本目标，对可能存在隔阂、成见乃至偏见的特殊传播环境，这更具有至关重要的意义。面对华盛顿全美新闻俱乐部这个特殊场合，讲演者显然有着清醒的认识、明确的目标和有效的应对。

首先，作为一种"大手笔"，演说开篇即"一鸣惊人"。我们知道，不管是阅读还是视听，受众的期望值和好奇心在起始阶段往往比较高。所以，吸引人的开端是成功的一半。可以想像，关于"美国"和"美利坚"的平实而巧妙的阐释，一定让那些心怀"看这个中国高官有何高见"的问号的美国人稍感意外。从一开始，演说就把"矛头"直射听众心窝，把他们的注意力钉牢。我想，即便演讲的其他内容后来为人淡忘，关于他们"美丽的国家"的美誉一定恒久地同中国联系在一起。对外宣传并不需要一味地投其所好，但话不投机、语不到堂往往是影响有效沟通的重要障碍。既然要做工作，首先要调动起好感。这是一个显而易见的道理。

其次，演讲站在人文精神的高度上，以富于理想主义色彩的语言，通过对历史纵深的挖掘和对现实横阔的开拓，营造出一种超凡脱俗的氛围和意境。

通篇闪烁的思想火花和哲理光芒，不时让人眼前一亮，听过读罢更觉意犹未尽、余味无穷。立意高远，不就事论事，是这篇演说的一大特点，也是对外宣传应该普遍遵循的基本要求。

听众和读者一定感到，从演讲者心中流淌出来的真挚与坦诚产生一种强烈的震撼力。只有感动自己，才能打动别人。这应该是传播与交流的一个基本规律。显然，启正同志在这篇演讲中倾注了奔放的激情，也倾注了炽烈的热情。本来，这样一种场合的演讲完全可能处理为某种不需要多少情感投入的"例行公事"或"照本宣科"。如果是那样，结果自然是完全不同的。真诚的意义在于感动人，但我理解，这种热情和激情绝不是为了博取信任和好感的"技术秀"。其间的重要启示是，从事对外宣传需要有一种自我感染和自我感动的能力，而从本质上讲，这种感受力源于内心深处的使命感和责任感。那就是，把我们说与写的每一句话、想和做的每一件事同整个国家的形象、利益乃至命运联系起来。事实上，如果没有发自内心的强烈意愿，真诚与感人都无从谈起。可以说，对外宣传的有效性，主要来自于用"心"，而非口、笔。通过这篇讲稿，我们看到中国最高外宣官员的身体力行。

当然，任何对外宣传，都是一个特殊的交心论理的过程，也是一个更具有挑战性的说服与被说服的过程。这就需要逻辑的力量。可以看出，为了有效地展开逻辑攻势，演说者首先把被说服对象可能并不乐于接受自己的观点这样一种假设作为"说服"的起点，同时把相信他们的理性判断能力这样一种估计作为"说服"的落点。这恰恰是我们在对外宣传中征服人心所应采取的战略姿态。

具体讲，演说所瞄准的"靶心"是这样一种情况：在"妖魔化中国"的背景下，美国人认为中国人不会正确评价美国。沿着中美关系的历史轨迹，通过选择重要的事实细节，演讲令人信服地说明：从林则徐主持翻译介绍美国的书籍，孙中山受林肯"民有、民治、民享"思想的启发提出"三民主义"，少年毛泽东研读华盛顿和林肯事迹，经解放战争间接交手和朝鲜战争直接交恶，到毛泽东与尼克松的历史性握手，再到邓小平访美后中国媒体对美国的广泛报道，中国人对美国和美国人的印象是全面、客观的，甚至可以说总体上是正面的。

不过，揭示"中国人眼中的美国和美国人"，用意绝不在于让美国人知道他们"属于中国人比较喜欢的外国人之列"。这也正是演讲整体构思的巧妙所在。演说的第一句话即提及"美国媒体对中国的报道和美国人对中国人和中国的感受"问题，后面则通过不露声色的比较，含蓄而深刻地分析美国媒体对中国的报道"信息很少、也不准确"，甚至"不少报道带有明显的偏见"的现象。这种批评不露刀痕斧迹，入情入理，水到渠成。

斯大林评价列宁演说时说，是一种逻辑力量"紧紧地抓住听众，一步一步地感动听众，然后把听众俘虏得一个不剩"。并不是作简单的类比，但可以肯定，通过内在的逻辑力量寓宣于理，形成沟通学所追求的"思想上的迫人力"，既是这篇演说的动机，也是可以预料的效果。

最后，贯穿始终的丰富意象和配合的 40 余幅投影图片，极大地增强了演说的感染力。从 1784 年漂洋过海的"中国皇后"号到 1942 年跨越喜马拉雅上空的"驼峰航线"，从 3000 多枚道钉制成的华工纪念碑到反思朝鲜战争的《38°线》，从《黄河绝恋》的悲壮到《泰坦尼克号》的凄婉，从中国筷子夹食美国星条旗的暗喻到上海浦东由中国宝塔和美国钢结构融筑成摩天大楼的象征意义——这一串串闪亮的珍珠，使晦涩的概念形象化、具体化，让浅显的道理入耳、入心。

美国人赞誉里根为"伟大的沟通者"。在中国崛起的历史过程中，我们更需要杰出的沟通者。从这个意义上说，透过《中国人眼中的美国和美国人》的表层魅力，我们更应该挖掘蕴含其中的价值理念。

用朴实的叙述架起沟通的桥梁

新华社副社长　马胜荣

我听过赵启正同志的讲话，给我最深的印象是：他的讲话平实但不失深刻、具体而又具有宏观的意义。启正同志在华盛顿全美新闻俱乐部的演讲《中国人眼中的美国和美国人》可以说是他演讲的代表作。启正同志的这篇演讲贵在实，通篇以朴实的文字、真实感人的故事、丰富的信息量和易为美国人理解的语言，向美国人传达这样一种信息：中美两个大国之间需要加强政治、经济、文化等方面的沟通，只有这样才能促进中美两国的相互理解。启正同志的这篇演讲不仅是对美国人发表的演讲，而且是我国对外宣传报道的范文。

对外宣传实际上是一种信息传播，而且是一种跨文化的信息传播。中美两国的文化作为东西方两种不同的文化的代表，其差异是明显的。要在这两种文化之间架起一座交流和沟通的桥梁，必须首先拉近作者与受众的距离，而要达到这一目的，重要途径之一就是平实。启正同志正是以客观而朴实的手法，以中美两百多年的交往史为主线，精心选择了二战期间美国人民给予中国人民的无私支持、华人在建设美丽的美利坚中的历史贡献、朝鲜战争中两国的交手、50年代后的对立和最近20多年的友好而曲折交往的片断，中间穿插美国人民引以为荣的代表人物和美国人熟悉的中国文化经典人物事件对两国文化的影响。这些朴实的描述，使听众了解到在中美两国人民两百多年的交往中，有友好的合作，有因缺乏交流而形成的偏见，也有文化的相互碰撞、相互影响，最后达到相互交融，相互理解。沟通和交流有助于两国消除误解，增进友谊。两国人民应该是朋友。

事实是最有说服力的。但是，对于事实的叙述有着巧妙的艺术。启正同志的这篇演讲，舍弃了大道理的堆砌，只用白描的手法，娓娓道来，连电影

《泰坦尼克号》也成了他演讲的素材，使美国听众感到很亲切。

我们的对外宣传并不是西方一些人所讲的"宣传"。我们的任务是要以朴实的语言、实在的内容、生动的描述，把那些最精彩、最新鲜、最能引起兴趣的故事，介绍给国外的受众。如果外国人能从我们的介绍中加深对中国的了解，那我们的对外宣传就是成功的。

（原载《对外宣传参考》2001 年第 5 期）

架起增进理解和沟通的桥梁

（2001年9月17日在柏林亚太周① 开幕式上的讲话）

尊敬的施罗德总理先生，

尊敬的丁关根先生，

尊敬的沃维莱特市长先生，

尊敬的各国使节，

女士们、先生们：

在美国遭到恐怖分子袭击不到一周的今天，我们通过这个文化交流项目来促进世界的和平与友谊具有特殊的意义。此时此刻，我和美国人民、德国人民具有同样的心情。我在上海工作期间，在那里也建立了一座与纽约世贸中心同样高的大楼——金茂大厦，其设计、建筑和管理有许多相似之处，两座大楼曾有许多交往，如今她失去了一个好伙伴。现在，我们不仅正在体验这次恐怖事件所带来的直接的灾难和痛苦，还要关注人类社会对维护未来世界和平与国家安全，需要进行什么样的思考和采取什么样的行动。

本次亚太周活动得到了中德两国政府的高度重视。中国国家主席江泽民和德国总统约翰内斯·劳欣然为文化周题词。

中国与欧洲，中国与德国的文化交流源远流长。15世纪70年代，《马可·波罗游记》在德国出版，将中国第一次展现在德国人面前。当时，中国的四大发明之一的造纸术曾对德国产生重要影响。最早接近中国的德国人是出生

---

① 柏林亚太周是柏林市政府发起的两年一届的大型国际性综合活动。第三届柏林亚太周于2001年9月17日至30日举行，中国是这一届的主宾国。国务院新闻办公室牵头，组织有关部委和省市区推出了文化类、经济类和地方性项目30多个。这次活动对德国各界了解中国、增进中德之间友谊和合作起到了积极作用。

在莱茵河畔科隆城的冯·贝尔，他曾为中国朝廷设计数学、光学、力学仪器而受到三位中国帝王的赏识。被德国人称为中国文学翻译大师的库恩，曾因翻译中国的《红楼梦》、《三国演义》、《金瓶梅》等多部古典文学名著，被德国联邦总统授予中德文化交流勋章。两国的文学名著相互翻译和出版，促进了两国人民的了解。

中国人民对德国哲学、文学、音乐和科学成就十分钦佩。提起德国，不仅使人想到康德、黑格尔，也会使人想到贝多芬、巴赫、歌德、席勒、海涅，还会使人想到爱因斯坦、伦琴①、莱布尼茨②。不言而喻，对中国最有影响的两位德国伟人是马克思和恩格斯。

中德两国人民在长期的文化交流和交往中，不仅推动了两国人民的友好合作，同时也结下了深厚的情谊。正如中德文化交流的开拓者和奠基人之一莱布尼茨在出版他的《中国近事》时所说的那样，在中德两国人民之间建立了真正的伟大文化情感的交流。

中德的经济往来也堪称楷模。近20年，德国在中国的投资项目，以高技术、规模大、产品质量高、售后服务好而著称。

我们希望这次文化周能向德国人民再打开一扇了解中国文化的窗口，通过这样的文化交流架起增进中德两国人民相互理解和沟通的桥梁，推动两国友好合作关系在新世纪里取得更大的进展。

最后，预祝柏林亚太周圆满成功。

谢谢大家。

---

① 伦琴（Roentgen，W.K.，1845～1923）：20世纪最伟大的物理学家之一。1895年发现了X射线。这一发现，开创了人类探索物质世界的新纪元。伦琴因此于1901年荣获首届诺贝尔物理学奖。

② 莱布尼茨（Leibniz，G. W.，1646～1716）：德国自然科学家、数学家、哲学家。

贴近是接近的前提

中国外文局副总编辑　林良旗

　　这是赵启正同志在柏林亚太周开幕式上的讲话，当我阅读时，我特别注意到演讲时间是 2001 年 9 月 17 日，离"9·11"恐怖袭击事件不到一周，当时全世界的关注眼光都集中在美国纽约曼哈顿，而活动必须按原计划开幕，怎样吸引人们的眼光？启正同志的演讲告诉我们，不但不必为了自己的活动刻意去转移人们的眼光，而且要贴近人们当时关注的中心话题，拉近人们相互之间的距离。演讲开门见山，第一句话就进入全世界人民关注的共同话题："在美国遭到恐怖分子袭击不到一周的今天，我们通过这个文化交流项目来促进世界的和平与友谊具有特殊的意义。"而且深情地说道："此时此刻，我和美国人民、德国人民具有同样的感情。"接下来讲述了他对于失去上海金茂大厦的伙伴——纽约世贸中心双子楼的痛切感情。这些简洁却饱含真情的话语，一下子就把活动组织者与德国人、美国人乃至各国人民的感情拉近了，拉到一起了，让人感受到人们在同呼吸共命运了，没有距离了！亚太周活动于是被赋予了新的生命力，获得成功是毫无疑义的了。

　　启正同志的这篇演讲从头至尾加上标点符号总共不超过 1000 字，但纵横穿越了 7 个世纪的时空，先后涉及了文化、经济、政治各领域，文化方面包含了哲学、文学、音乐、翻译、出版、数学、光学、化学、力学，演讲中点到的有名有姓的人物有 20 余位，但读者（首先是听者）绝无枯燥乏味之感，原因就在话题贴近受众，运用上述素材都是服务于此的。

　　贴近是接近的前提，贴得越紧，走得越近。这是赵启正同志的演讲传递的一条重要经验。

中国与亚洲媒体的合作

（2002 年 4 月 13 日在博鳌亚洲论坛上的讲话）

到了博鳌后，我拿到了英文会议手册，发现这场讨论的题目中英文本大有不同，中文的题目是《媒体的全球化和产业化》（*Media Globalization and Industrialization*），而英文的题目是 *Global News，Local Views：Examining the Role of Media*（《全球性的新闻，地方性的观点：对传媒作用的检讨》）。我征求了主持人船桥洋一先生的意见，他建议我在限定的时间内对两个题目都评论一下。

"媒体的全球化"在中国是一个比经济全球化还要时髦的名词，它的定义比经济全球化还要众说纷纭，在定义不清的前提下，就提倡媒体全球化是危险的。有专家们讨论，意见很不一致，如果是指信息传播的全球化，随着卫星技术和互联网技术的发展，信息传播全球化日趋发展确是事实。在这当中各国都从中受益，但也要防止外来文化逐步淹没本国的传统文化。

有数据说明，当今世界新闻信息流中，三分之二的内容来源于只占全球人口七分之一的发达国家，在发展中国家报纸新闻中来自发达国家的信息占 60%，在 91 个传播西方节目较多的发展中国家，广播、电视和西方通讯社的信息和节目占总量的 55%，有的高达 75%。信息来源与经济实力大有关系。

亚洲国家的声音比其在全球中应有的声音实在是太小了，亚洲不能依靠外国的媒体来表达自己。新闻比起经济来，与国家的利益、文化传统、价值观、宗教更加密不可分。在新闻传播的全球化趋势中我们应提倡新闻和信息的多元化。我曾与 CNN 的特纳先生谈论过，一个摄影师在采访一个国家时，假使这个国家七处鲜花，三处垃圾，摄影师用七分钟拍垃圾，三分钟拍鲜花，受众就会认为这个国家充满垃圾。他同意我的看法。因此亚洲各国表达自己就要建立自己强大的新闻媒体，报道本国的真实情况和发表维护本国利益的评论。亚洲各国还没有英国的 PEARSON PLC① 和美国 AOL②，TIME-WARNER③，也没有 NEWS GROUP④、CNN，也没有 VIACOM⑤，今后会有，我们期待着。回忆 1997 年亚洲金融危机时，有些西方媒体将一切过错归罪于亚洲各国的价值观和发展本国经济的独特方法。今天已经得出结论，当时他们的很多观点是错误的，其原因在于那些建议并不符合受援国的国情。

谈到媒体的发展，就不能不谈到互联网。中国政府对互联网的发展持积极态度。近年来，对互联网建设大量投资，全国大部分地区已经铺设了光缆。中国上网用户已达 3300 万，WWW 站点数约 28 万个，中国国际出口带宽 7.6G。而用户集中在北京、上海、广州，上述地区的使用人数占 25% 以上。这些数字表明中国互联网发展的潜力巨大。

在亚洲互联网的发展也是不平衡的。在亚洲互联网较为普及的是韩国、新加坡和日本，他们的使用者已达 40% 到 57%。我们还注意到全世界互联网 95% 的使用者在经合组织国家（OECD）。我们还注意到互联网的总内容中，英语占 68.4%，而汉语只有 4%。亚洲其他国家的文字所占比例也很有限，这正是我们所需要努力的。亚洲在 IT 时代要争上游，不要像在蒸汽机、电力、无线电、原子能、航空时代那样落后几十年乃至上百年。因此亚洲国家要加强 IT 技术的合作，包括努力掌握其核心技术。亚洲国家的第二个迫切任务是，增加本国文字的内容，为本国使用者服务，在互联网发展中保留和发

---

① 皮尔森集团（又称培生集团）：英国传媒和教育集团的简称。
② 美国在线（American on-line）的英文简称。
③ 美国时代华纳集团。
④ 澳大利亚新闻集团。
⑤ 维亚康姆：美国传媒公司。

展本国文化。当然，我们也需要用英语向西方介绍本国发展，为建立亚洲良好的舆论环境服务。中国已建十几种外语网站，38 种外语广播，外国使用者的点击率与日俱增。

优先发展与亚洲各国经济合作关系，是中国的一贯政策，优先发展与亚洲各国媒体合作，也是中国长期的方针。我们欢迎世界各国传媒客观公正地报道中国情况，中国必将为推动亚洲乃至世界的新闻传媒事业发展作出贡献。

（演讲后回答问题）

问：你希望看到亚洲媒体是什么样？你们有什么计划？政府部门是否有能力？怎样做？

赵启正（以下简称赵）：在观察亚洲电视台新闻节目时，你会发现，大部分国际新闻节目购自外国，中国亦然。以前，中国没有跨行业（Cross media）的媒体集团，现在中国刚刚开始组建这样的媒体集团。中国欢迎外国媒体与中国传媒开展合作，中国政府将对国际间媒体合作的政策作进一步的研究和调整。

中国每年出版十几万种图书，有大量外文图书被翻译成中文。2001 年，中国出口图书 1600 万美元，进口图书 5700 万美元，中国政府积极推动文化交流并给予赞助。

问：中国的新闻检查程序是什么样？有什么模式？是否可以模仿国外某一种模式？

赵：我们没有专门的新闻审查制度，对媒体只有管理，更多地是靠媒体以新闻工作者应有的道德自律，中国不会选择某一种外国模式。

问：你们老是封堵某一个网站，怎样决定它是不好的？

赵：宣扬暴力、色情的网站，难道我们应该欢迎吗？对于以敌视中国为主旨的网站，我们也理所当然地不欢迎。

问：提到媒体集团，看到 TIME-WARNER、BBC，你们是否受到某些启发？

赵：它们都是成功的新闻集团，各有优点，TIME-WARNER 把传播手段和内容生产结合在一起，1 + 1 = 3。BBC 是将电视、无线电和网络相结合，资源利用率高，成本低。中国媒体的经营和管理同它们的距离很大，他们体制和营运的某些经验，我们可以参考。

主持人问：我对论坛有了初步印象，令人印象深刻。你们能否更开放市场，发起媒体特区，使人们获得更强的辨别能力。

赵：船桥洋一先生有丰富的想像力。我想，事实上，在中国的广东省已有分享外国媒体的机会。

问：您对香港媒体如何评价？

赵：香港是中国的一部分，实行的是一国两制。我只希望香港媒体的新闻加强准确性。

在交流时如何表达意见

林良旗

对这个问题有很多答案。举三种常见者：一曰"旗帜鲜明，针锋相对"，将对方当对手，狠批一通，痛陈其危害性，置其于"不得翻身"之地，然后将自己的观点和盘托出，"得胜回朝"；二曰"模棱两可，不置可否"，既不表示赞同，又不表示反对，假作深沉，"今天天气哈哈哈……"；三曰"藐视对手，不屑一顾"，根本不与对方过招，双手反剪，扬长而去，以为对对方的轻视。那么这三种做法的效果如何呢？第一种"战术"看似很具战斗性，也颇"酣畅淋漓"，但是对手一般并不服输，旁观者也必定很不以为然，甚至会觉得你有点"曲高和寡，不可接近"，须知"谩骂和恐吓决不是战斗"。第二种战术实际是逃避战术，貌似要弄"外交手腕"，其实连个"空手道"都没有使出来，既不让对方难看，也不使自己难堪，你好我好大家好，结果听者不知什么正确，什么错误，稀里糊涂地听讲，稀里糊涂地"中招"（我就不用"中毒"这个词了）。第三种战术我们也就"不屑一顾了"，鲁迅笔下的阿Q"精神胜利法"是也，但其后果却不可小视，其必使谬种得不到鉴别与批评而任意流传，贻害无穷。此三项战术虽常见于日常工作生活中，窃以为我们对外宣传工作者所不取也！

我赞赏赵启正的对外交往战术。什么战术？我把他称之为：正面接触，不避锋芒，只谈事实，不供结论，明修栈道，暗渡陈仓。且看他在博鳌的演讲《中国与亚洲媒体的合作》，主持人让他就"媒体的全球化"和"全球性新闻"表示意见，分明前者是一含义明确的概念，而后者是一个十分含混的概念，需要澄清的地方太多又不是那么容易。启正就是启正，他一点不回避，一点不含糊，谈就谈，就正面接触直接谈这两个概念，这就是"正面接触，不避锋芒"，这样做，需要勇气，"狭路相逢勇者胜"嘛！谈问题怎么谈？启正只是列举了一系列事实与数字，并在不同国家和地区间进行比较，这需要平时大量的积累，需要"底气"！通篇演讲没有就"全球性新闻"下任何褒贬结论，就是事实、数字与比较，因为西方受众的习惯和对媒体的要求是：你提供事实，结论我自己下。但是，听完启正演讲，任何人心中都已经知道启正的看法，他们也都已经作出了自己的结论，他们的结论多多少少已经受到启正的影响。启正表达自己的意见，娓娓动听，既可入耳，又能入心，这不正是"明修栈道，暗渡陈仓"吗？

互联网：中日交流的新渠道

（2002年5月13日在东京新闻协会俱乐部"中日媒体研讨会"上的讲话）

尊敬的各位朋友，女士们、先生们：

在1260多年前，中国唐朝的僧人鉴真经历了5次失败后，用了数月时间才踏上日本这个美丽的岛国。而现在，从北京到东京乘飞机只需两个半小时，这就是现代科学技术给人类带来的便捷。到了21世纪的今天，人们谈论更多的是信息化、数字化、地球村等新词汇，而这正是互联网技术所带来的变化。互联网之所以如此迅速地成为人们生活的重要内容，在于它对人类的意义远远超出了技术和经济本身，它为我们带来了广泛的新的机遇和挑战。虽然人们仍难充分想像这种机遇和挑战最终有多大，但目前一个不争的事实是：互联网打破了地域和时间界限，把我们每个人联系得更加紧密，使得国际交流更加方便和有效，人类的生活也因此更加丰富多彩。

今天在中国，人们不再争论互联网到底有多少泡沫，而是踏踏实实地建设它、学习它、使用它。中国人从1987年开始利用互联网收发电子邮件，1990年委托德国的一所大学运营中国的域名服务器。1992年在日本神户的国际互联网年会上，中国正式提出要求连入国际互联网，到1994年得以实现。中国一连入国际互联网就开始了面向全社会的商业化服务，中国新闻媒体也从1995年就进入互联网，与国外媒体几乎同时起步，从此新闻媒体的网络化热潮逐步升温。特别是近两年，一批新闻媒体建设的网站快速发展，例如，人民网、新华网、中国网、中国日报网、国际在线、央视国际网等等，它们依靠传统媒体的支持，已逐步成为广大中国网民获取新闻信息的主要渠道，同时也成为众多其他网站的新闻来源。这些网站还可以提供多种语言的权威信息，有的网站还在日本、美国等建立了镜像站。到目前为止，在全国2000多家报纸、8000多家期刊、290多家广播电台和近400家电视台中，已建立了3000多个网站或网页，互联网传播新闻的作用与影响与日俱增。

在中国新闻媒体网络化的过程中，也曾有人担心，电视的收视率是否会降低，报纸的发行量是否会下滑，广播听众是否会减少。事实证明，人们的担心是多余的。新媒体不仅没有完全替代传统媒体，而且形成了相互补充和促进的形势。超出人们预料的是，传统媒体进入互联网之后，反而使其知名度大大提高，有的传统媒体还因此改善了经营状况。同时，我们也看到，中国传统媒体利用互联网的过程中还存在一些问题，主要是从业人员还不能改变传统媒体的某些习惯，不善于在互联网的屏幕上充分展现新闻信息，以更好地适应网民的需求。这说明，我们还需要培养更多的新型专业人才。

中国新闻媒体的网络化进程与中国互联网产业的发展是紧密联系的。中国政府认为，以互联网发展为主要标志的全球信息化趋势，对中国来讲是宝贵的发展机遇。中国政府和人民一直在积极探索如何利用互联网推进中国的现代化，实现国民经济和社会的信息化，其中一项明确的重点就是支持新闻媒体的网站建设。中国已为互联网基础设施投入了巨额资金，全国各城市之间都铺设了光缆，总长度达到179万公里，今年头三个月就增长了33万公里。在今天的中国，只要是有电话线，就可以通过当地电话公司接入互联网。据中国互联网信息中心（CNNIC）的统计表明，到今年初，中国的上网用户已达3370万，WWW站点数量超过了28万个，国际出入口带宽7.6G。而另据美国著名的尼尔森－联网（Nielsen/Net Ratings）的最新调查说，中国在家上网人数已高达5660万，居世界第二位。看来对于中国互联网的发展形势，美国人比我们有更乐观的估计[1]。

但中国的互联网发展也存在着地区不平衡问题，或者说存在"数字鸿沟"[2]。中国的互联网用户多数集中在北京、上海、广州等几个大城市，上述三个城市的用户都超过了当地人口的四分之一。我对消除中国的"数字鸿沟"充满信心。理由是：中国政府和人民有强烈的信息化意识，中国互联网用户每月增长率为5%，中国已有较完备的电信基础设施，中国的固定电话和移动电话用户已分别达1.85亿和1.55亿[3]，都是潜在的互联网用户。预计，到2005年，中国的互联网用户将达到1亿以上。

互联网发展的不平衡是世界现象，"数字鸿沟"的存在也是世界性的难题。根据美国IDC公布的研究报告，到去年底，全球互联网用户已达4.977亿，其中美国占了29.2%，西欧占29.8%，亚太地区（包括日本）占22.5%，世界其他地区只占12.5%。目前，亚洲国家之间的互联网发展也不平衡，互联网较普及的国家有日本、韩国、新加坡，中国目前上网人数仅占全国人口的2.6%。

互联网普及程度的差距似乎不太可怕，因为互联网用户一定会随着经济的发展而增长。让人感到担忧的是，网上信息内容的增长还不能满足人们的需求。据一些研究报告显示，在全球网页总数中，英文占68.4%，日文占5.9%，中文占3.9%，韩文占1.3%。这些数字说明，我们非英语亚洲国家的差距还是很大的。在上个月的博鳌亚洲论坛上，我曾提出：进入信息化时代，我们要思考一个问题：亚洲国家如何才能不会像在过去的蒸汽机、电力、无线电、原子能和航空时代那样，落后西方几十年乃至上百年。我认为，亚洲国家要加强合作，要努力掌握信息产品的核心技术，并要大力发展本国文字

---

① 2004年末，中国上网用户为9400万，WWW站点数量为66.9万，国际出入口带宽为77.429Gbps。

② 所谓"数字鸿沟"，简言之是指"信息富有者和信息贫困者之间的两极化趋势"，也是指在分配和有效使用知识、信息和通讯资源方面两类或更多人类群体之间的实质性不对称，是有效获得知识、信息和通讯技术方面的差异。

③ 2004年末，中国固定电话用户为3.13亿，移动电话用户为3.3亿。

的信息内容，从而在互联网的发展过程中保护和发展民族文化。

在互联网领域，中日合作十分重要，而且有了一个很好的前提，那就是中日两国人民和新闻界都已经认识到互联网在中日交流与合作中的重要作用。中日两国民众，尤其是经济界和新闻界都很关心对方的国情和发展，也关注着中日关系在互联网上的动态。两国民众从来没有像今天这样有利用互联网积极交流的机会。

中国新闻界十分重视利用互联网向日本民众提供信息服务，已经有新华网（www.xinhuanet.com）、人民网（www.peopledaily.com.cn）、中国网（www.china.org.cn）和国际在线（www.cri.com.cn）等四家全国性新闻媒体的网站开设了日文频道，地方的新闻媒体网站如四川新闻网（www.newssc.net）等也开设了日文频道，内容涉及中国国情、中日关系报道、经济合作信息、旅游、留学和股市信息等。我相信，随着学中文的日本人和学日文的中国人越来越多，互联网在增进中日人民之间的交流和友谊方面障碍会越来越少，发挥的作用会越来越大。我们相信，互联网对增进中日两国人民的互相了解是大为有益的。

我还要高兴地告诉大家，在中国的高等院校中，越来越多的学生把日语作为主修课程或第二外语。据了解，学习中文的日本学生也越来越多。这些都是好现象。我们还有一个很优越的条件，到去年底，两国间的网络已有473M的光缆直接相连，在日本和在中国浏览对方的网站都十分快捷。

互联网的发展把我们的距离拉近了，我们没有理由怀疑共同面对的机遇，想到鉴真和尚和阿倍仲麻吕，就更没有理由不加强交流与合作。我提议，我们两国的网站，可以互派人员到对方网站去工作和培训，可以经常就共同关心的议题进行研讨。

让我们共同努力，使互联网为促进中日两国和人民的友谊发挥更大作用。

谢谢大家。

互 联 网 之 美

国务院新闻办公室网络局法学博士　黄凤武

　　演讲从中国唐朝僧人鉴真东渡日本的美丽故事开始，自然过渡到今天的高科技，过渡到互联网："互联网打破了地域和时间界限，把我们每个人联系得更加紧密，使得国际交流更加方便有效，人类的生活也因此更加丰富多彩。"接着展示的是中国互联网建设之美和中国互联网界求是之美："今天的中国，人们不再争论互联网到底有多少泡沫，而是踏踏实实地建设它、学习它、使用它。"演讲介绍了互联网在中国的发展历程，中国新闻媒体几乎与国外媒体同时起步的过程，并用一组数字说明中国互联网新闻传播的发展状况。

　　演讲谈到了中国网络媒体与传统媒体的和谐发展之美。互联网新闻的出现和发展会不会最终取代传统媒体，这也曾是中国新闻界关心和争论过的问题，但是中国人没有停留在争论上，也没有让争论影响互联网的发展。演讲者以中国的发展事实说明："人们的担心是多余的。新媒体不仅没有完全替代传统媒体，而且形成了相互补充和促进的形势。""超出人们预料的是，传统媒体进入互联网之后，反而使其知名度大大提高，有的传统媒体还因此改善了经营状况。"接着，演讲过渡到中国互联网产业的发展，展示一个朝气蓬勃的中国。"中国政府认为，以互联网发展为主要标志的全球信息化趋势，对中国来讲是宝贵的发展机遇。中国政府和人民一直在积极探索如何利用互联网推进中国的现代化。"演讲引用了美国著名的尼尔森－联网调查结果：中国上网的人数已居世界第二位。"看来对于中国互联网的发展形势，美国人比我们有更乐观的估计。"言语中充满了一个建设者的自信、自豪之美。

　　演讲最重视的还是互联网在促进中日友谊中的作用："我们相信，互联网对增进中日两国人民的互相了解是大为有益的。"演讲详细地介绍了中国互联网上有关日文的频道和信息；鼓励两国青年互相学习语言；介绍两国互联网络的光缆数据；提议两国网络界互派人员工作和学习，中肯而开放，具有极大的亲和力，使人自始至终感到友谊和真情，感受到一种高昂的、美的旋律。在鼓舞人心的发展进行曲中，演讲冷静地分析了中国新闻媒体网络在利用互联网过程中还存在的一些问题，也直面了数字技术发展地区不平衡和人们普遍关心的"数字鸿沟"问题。

赵启正同志之所以将中国互联网描述得如此之美，既是外宣艺术，也是真情流露。他对中国互联网充满了感情。赵启正同志可以说是最早发现和着力发展互联网之美，并最早使用互联网的高级领导干部之一。早在 20 世纪 90 年代末，赵启正同志就利用国际互联网反驳美国《考克斯报告》，这在东西方各大媒体都有广泛报道。点击中国网、人民网、新华网或任何一个其他大网站，都能查到几百条赵启正同志与中国互联网有关的信息。2000 年伊始，香港大公报、中新社及各大网站就开始报道赵启正同志谈网络媒体、谈决胜信息时代。当人们看到"网络新闻正在逐步发展和规范"时，也同时注意到了"赵启正等人相继到中央新闻媒体网站进行视察和调研"。中新社为了解释这一现象，还专门有一条消息称：90 年代初赵启正的名字是与浦东联系在一起的，90 年代末赵的名字开始与中国的外宣工作联系在一起了。进入新世纪后，当"互联网新闻宣传经验交流会"、"互联网发展论坛"召开时，赵启正同志开始可以从理性层次上提出指导性意见了。迄今为止，可以说中国互联网新闻宣传的每一个重大发展都是与赵启正的名字联系在一起的。

特别应该提到的是：就在赵启正同志发表这篇演讲时，日本某些媒体借当时所谓日本驻沈阳总领事馆事件刮起了不友好的狂风。赵启正从容呼吁媒体应发挥"稳压器"作用。赵启正成功了。他的成功与这次演讲的主调是和谐的：我们是来传播美和友谊的。

入世后的中国经济与亚洲

（2002年5月24日在汉城韩国国会"韩中论坛"上的演讲）

女士们、先生们：

首先，我要感谢韩国国会给我这个机会，向大家介绍入世后的中国经济与亚洲各国经济可能的新发展。中国于去年12月加入 WTO 是中国一年来最大的变化，由此而带来了中国改革开放的新课题，以及与亚洲各国的进一步的互动关系。今后，中国将如何继续改革自己的经济是亚洲各国同中国交往的新的着眼点，中国与亚洲各国的经济关系将要有什么样新的发展也是大家所关心的。

中国经过长达15年的艰苦谈判，才实现了加入世贸组织的愿望。中国加入世贸组织是中国自身经济发展的需要，也是世贸组织自身完善和发展的需要。正如中国国家主席江泽民所指出的，"加入世贸组织是中国政府在经济全球化的形势下所作出的战略决策，是与中国改革开放和建立社会主义市场经济体制的目标一致的"。

加入世界贸易组织标志着中国对外开放进入了新的阶段。中国曾长期实行过计划经济，经过了20多年的努力，基本上完成了向社会主义市场经济的过渡，加入世贸组织将促进中国继续完善社会主义市场经济体制，也将对中国的国际合作和中国企业的改革带来深刻的变化和影响。

中国的立法机构和政府已经开始按照 WTO 的规则改革自己的法律，建立透明、稳定的法律环境；中国政府正在改革自己的职能，减少政府审批的项目，同时也改革政府机构，减少公务员数量，进一步克服官僚主义作风。

中国将更严格地按照国际通行的贸易规则从事对外贸易活动。中国已经按照自己的承诺，从 2000 年 7 月起开始下调关税，已经从 2000 年的 15.3% 降到 12%，而且取消了很多产品的进口配额许可证管理。

中国市场的自身完善和中国法制的进步，以及中国由于加入世贸组织而得到的国际经济环境，将使中国能够进一步扩大对外经济合作的广度和深度，使得这种合作进行得更加顺利和成功。加强中国与亚洲各国的经济合作是中国长期奉行的方针，中国与亚洲各国的经济相互依存的程度也逐年发展，2001 年中国对外贸易总额为 5100 亿美元，其中对亚洲的贸易总额为 2880 亿美元，占全部额度的 48%，其中对韩贸易占的额度也较大，为 359.1 亿美元，中国出口额为 125.21 亿美元，进口额为 233.89 亿美元，中国逆差为 108.68 亿美元（中韩双方统计有所不同）。由这些数字来看，中国对与亚洲经济合作予以高度重视是不言而喻的。

对丁中国入世，世界各国媒体纷纷评论，其中有很多积极的见解，但也不乏悲观论调，有的国家的媒体缺乏对中国和亚洲的了解，甚至认为"中国将是经济增长的引擎和一个巨大的竞争者，会吃掉其他国家'脚下的草'"，我认为此论颇有偏颇。世界各国之间的贸易既有竞争，又有互补，我认为中国和亚洲各国是以互补为主的。世界上任何两个国家的经济摩擦或竞争也不能轻率地以威胁论来概括，这有悖于事实，也有悖于各国友好合作的精神。但韩国对中国的经济发展一直给予鼓励，并不视为威胁，而是看作共同发展的机会。

中国的 GDP 仅占全世界 GDP 的 3.5%，人均 GDP 不足 1000 美元，不仅落后于欧美各国，也落后于亚洲许多国家。中国经济还有许多尚待发展的空间，这种空间不仅属于中国，也属于与中国有经济往来的其他国家。中国的入世将给距中国最近的亚洲各国带来立刻可见的利益，中国是韩国的第三大贸易伙伴，韩国是中国的重要进口国，显然可以从关税的降低得到直接的利益。中国将大力发展 IT 产业，虽然说中国家电的产量和出口量较大，但中国缺少电子原器件，而这正是韩国、新加坡、马来西亚、泰国和菲律宾的优势。在 IT 核心技术的发展方面，能够有力地参与中国发展的，在亚洲首先就是日本和韩国了。中国进入 WTO 后，势必要加紧对自己的产业结构进行改革，这包括农业、落后的工业企业，也要提升服务业的种类和品质。亚洲国家各有自己的优势，也不乏优秀的人才，这是亚洲各国与中国合作的新的机会和资源。所以，我认为，中国的入世不仅是中国经济的发展机遇，也是亚洲各国与中国合作的机遇。

韩国和许多东南亚国家在服务业、金融、证券、保险和零售批发业方面有丰富的经验，中国入世为这些国家提供了新的在中国发展的空间。

不言而喻，中国入世会同时面临新的机遇和新的挑战，中国政府和中国人民有信心在入世之后克服新出现的困难，保持国民经济的健康发展。中国的信心来自哪里？我认为这基于 20 多年来中国经济的健康发展已取得了一定的成果，已形成了初步的经济基础，积累了市场经济的初步的运作经验，也来自于包括亚洲在内的世界各国对中国的信任和理解。同时，我们还对中国国内市场的巨大潜力有着乐观的估计：今后 5 年内预计中国的总进口量为 1.5 万亿美元。当国际市场发生动荡时，中国出口遇到困难时，巨大的国内市场和政府的宏观调控会发挥有效的调节作用，以至能够化险为夷。1997 年发生亚洲金融危机以来，中国货币能在风雨中保持稳定，就是这种作用的一个证明。今后，中国政府也会继续努力保持人民币的汇率稳定，这对协助稳定区域的货币汇率也会有一定的贡献。

中国经济的发展离不开亚洲，亚洲的繁荣也需要中国。特别是在信息技术迅猛发展的今天，发展亚洲的区域合作是亚洲各国的利益所在，亚洲各国应携手抓住经济全球化的机遇，利用亚洲丰富的自然资源、人力资源，共同提升亚洲的经济竞争力，使亚洲成为21世纪世界经济发展的亮点。我们真诚地希望与亚洲各国加强合作，创造经贸合作的新局面，实现共同的繁荣和富裕，共创亚洲的美好明天。

谢谢大家！

（演讲后回答问题）

问：中国政府准备采取什么措施促使地方企业遵守WTO的规则？

赵启正（以下简称赵）：中国确实有企业在知识产权方面不遵守国际规则，还有其他违反WTO规则的行为。中国政府明确宣布，对违反WTO的企业，要给予严惩，目前打击的重点是复制外国产品、盗用外国商标。中国广东在三年前就开始打击非法生产VCD、DVD生产线，检举费为30万元。我在负责上海浦东新区开发时，成立了中国第一个知识产权法庭，这都表明中国打击盗窃知识产权的决心。

问：加入WTO后，中国面临的最大困难是什么？

赵：最大的困难是农业。在中国，农民占64%，而发达国家农业生产效率远远高于中国，如每年中国从美国进口的大豆，几乎与中国国内大豆产量相等。美国的人均耕地面积为1.4公顷，而中国人均只有0.1公顷。在不违反WTO规则的前提下，我们也想了一些办法。一是由政府投资，改造农村道路和电网，提高农民的现代耕作技术，加快农村人口向城市转移等。第二个受影响的行业是汽车业。关税在6年内将由现在的80%降到25%。中国汽车生产厂不少，但规模都小。5年前，德国一个公司的总裁说，最适合在中国销售的是韩国汽车，而不是德国、美国等国的汽车。韩国车的性能及价格都适合中国。目前韩国现代集团准备与北京市合作，韩国政府和企业正在对进入中国汽车市场给予关注。他们知道，再晚两三年，机会可能就会给别人。

问：请您谈谈关于农产品价格和转基因大豆问题。

赵：中国农产品价格高于国际价格，为了限制外国农产品倾销中国，我国对农民和农业要给予更多的支持。关于转基因大豆，我们给进口的转基因大豆，贴上了"转基因"标记，美国对此也有些不高兴。目前，没有实验证明，它对人有害还是无害。

问：您怎么看中国贫富差距问题？

赵：中国自古就有贫富差距问题，还有东、西部差距问题。在东部发展的同时，西部发展得慢，差距就拉大了。通过电视人们看到了这种差距。中国农村劳动力富余引起大量农民进城，农民进城既有盲目性，也有城市发展的需要。他们不是固定在城里的，工作几个月又回去了，反复流动。浦东开发时，每昼夜需要建材 10 万吨，农民建筑工 30 多万人。可见农民工对中国发展的贡献。

同心之言　金兰之交

国务院新闻办公室二局副局长　丁小鸣

　　应韩国国政弘报处长官申仲植的邀请，赵启正主任率领国务院新闻办公室代表团一行6人，于2002年5月22日至27日对韩国进行了为期5天的访问。访问时正值中韩建交10周年，中韩两国关系有了长足发展。2001年中韩贸易额达到359.1亿美元，其中，中国对韩国出口额为125.21亿美元，进口额为233.89亿美元。中韩贸易10年间增加了6倍。2001年两国人员往来达到290余万人次，其中，从韩国来中国旅游的有170万，从中国去韩国观光的达到了120万。此外，韩日世界杯开幕在即（5月31日至7月11日），中国足球队首次杀入世界杯决赛，并于5月25日抵达分组赛所在地济州岛。韩国上下呈现出一派举办世界杯足球赛的浓烈气氛，代表团所到之处遇见了许多来韩国观光旅游的中国人。

　　赵主任一行在汉城（现称"首尔"）的日程只有两天半，但是活动安排得很紧凑。尽管如此，赵主任马不停蹄地会见、走访韩国各界人士，受到了广泛的赞誉。

　　应韩国国会"韩中论坛"的邀请，赵主任于5月24日上午来到韩国国会大厦访问。当我们乘坐的汽车来到国会大厦前的十字路口等红灯时，忽然发现在路口的右侧醒目的地方挂着一条横幅，上面用汉字写着"欢迎赵启正主任阁下访问"。进入国会大厦，悬挂在入口处的同样内容的横幅映入眼帘，让代表团一行感到无比亲切。赵主任首先拜访了韩国大国家党议员孙鹤圭先生。孙先生是"韩中论坛"成员，是国会议员中举足轻重的人物。请赵主任在该论坛演讲就是他的主意。在交谈中，孙鹤圭高度评价了韩中友好，并着重介绍了韩国正在进行的省、市领导人的选举活动。孙鹤圭高兴地说，请赵主任在国会演讲是我此次作为国会议员为促进韩中友好的最后一场重要活动，因为我将在 5 月 28 日就任京畿道知事，并暂时结束国会议员生涯。后来我们了解到，京畿道地处汉城周边，是韩国最重要的地方，能够担当京畿道知事是很不容易的。

在孙鹤圭先生的带领下，赵主任一行来到"韩中论坛"会场发表演讲。演讲之后，国会议员们围绕中国入世后的经济建设提问。论坛结束后，众多议员把赵主任团团围住，与赵主任合影、交谈。其中一位姓赵的女国会议员挤到赵主任跟前交换名片，用不很熟练的中文说：我跟您同姓，也姓赵，我们是同一个祖宗。赵主任笑着说，赵姓在中国是个大姓，宋代的皇帝也是赵家人。赵议员说她去上海想看越剧未能如愿，赵主任后来托人给她带去了几盒越剧 DVD。

赵主任利用短暂的汉城之行广泛接触了韩国各界友人。在与韩国国政弘报处长官申仲植会见时，双方就增进两个机构间的合作达成了共识。在与韩国总理李汉东会见时，李总理希望赵主任向朱镕基总理带口信，诚恳邀请朱总理出席韩日世界杯开幕式。韩国总统府青瓦台发言人朴仙淑与赵主任就吃狗肉与国家形象的问题交换了意见，赵主任也对中国人吃蛇、吃野生动物的陋习作了分析。

赵主任还会见了韩国外交通商部部长崔成泓、文化观光部部长南宫镇。在与南宫镇部长的交谈中，赵主任详细地阐述了对中韩经贸、媒体交流和"韩流"背后的中韩历史文化交流的看法。南部长说，赵主任是个很了不起的人，他对经济、文化、新闻等方面都有很深入的了解。韩国有"金兰之交"的说法，希望韩中友谊能像兄弟那样长久永远。赵主任说，中国有句话叫"二人同心，其利断金；同心之言，其臭如兰"（《周易·系辞上》）。愿中韩两国同心同力，中韩友谊更上一层楼。

入世后中国媒体的发展

（2002 年 6 月 13 日在香港 "世界报业发展论坛"[①] 上的演讲及答问）

女士们、先生们：

在庆祝《大公报》创刊 100 周年的时候，我们不由得回顾起这 100 年来人类的巨大进步，从生产力的发展来看，人类经历了内燃机时代、无线电时代、电力时代、自动化时代、航空时代，到目前可以说又进入了 IT 时代（这些划分不是准确的）。我们也同时回顾一下媒体的发展：报纸 100 年来长盛不衰，无线电台遍布世界，电视、特别是卫星电视的发展，使我们能够在万里之外同步地观察战争的进展，而互联网的发展在几年内就造就了 5 亿网民。

媒体已经成为人们生活中不可缺少的要素，它与国际关系（外交、军事、经济），也与国内的政治、经济和日常生活发生密切的互动，人们的见解和情绪，政府的政策和行为都影响媒体，媒体也影响着人们的思想和政府的决策。媒体的社会责任因此而变得十分重大，媒体工作者，记者、评论家和主编们不仅成了引人注目的职业，他们对社会的责任也似乎比其他行业的人士更加突出。因此，人们关心入世后中国的媒体如何发展也是理所当然的。

中国加入 WTO 标志着中国对外开放进入了新的阶段，对促进中国继续完善社会主义市场经济、加强国际合作，将带来长远的影响。

---

① 由香港《大公报》发起主办，《人民日报》参与协办。来自亚、欧、美 15 个国家和地区的 50 多家著名报纸的负责人和资深编辑，内地、台湾、香港、澳门多家报社的负责人参加了论坛。

一直有人在问，中国政府在入世谈判中对传媒业作出了哪些承诺？事实上，中国在谈判过程中从来没有涉及过报纸、杂志、电台和电视台这些传统媒体的领域，也就是说中国没有对境外资本进入这些领域作出任何承诺，但这并不意味着进入 WTO 对中国媒体的发展没有影响。

对于已被联合国视为第四媒体的互联网，中国是有所承诺的：自入世之日起，在北京、上海、广州等地，ISP① 和 ICP② 领域的外资比例可达 30%，入世一年后南京、杭州、厦门等 14 个城市外资比例可达 49%。入世两年后将取消地域限制，外资比例可达 50%，但外资无控股权。虽然我国的专业新闻网站（新闻媒体办的网站）不允许外资进入，但外资进入非新闻网站（包括民间网站）也会对专业新闻网站形成压力。外资参加经营的 ICP 会把一些更活泼的内容和编排技巧应用进来。因为这些非新闻网站也都设有新闻栏目，以它们强大的资本和经验就会形成对专业新闻网站的竞争。至于硬件方面，它们的优势也将是显而易见的。

目前中国的网民已达 3370 万户。中国网民每月的增长率为 5%。预计到 2005 年中国互联网的网民将达 1 亿以上，中国互联网市场的吸引力是诱人的。

除了网上新闻的快速发展对传统媒体的新闻栏目有竞争和促进外，中国作为 WTO 的新成员，国际经济舞台上的重要角色，也要求中国媒体对国内和国际经济新闻的报道在数量和质量上有明显的提高，要求中国记者的经济知识有更扎实的基础，对国际经济动态有更敏感和深刻的分析，那些对经济报道具有权威性的媒体将获得更多的读者。

在出版方面，中国承诺外资可以进入报刊、音像制品的批发、零售市场，这样它们将会把比较先进的经营经验带入中国。前几年德国贝塔斯曼集团在

---

① ISP: Internet Service Provider 的英文简称，意指网络服务商。
② ICP: Internet Content Provider 的英文简称，意指网络内容提供商。

中国推行的"书友会"业务取得了成功便是一个例子。中国的出版业规模较小、机制不够灵活、竞争力不强的弱点将更加突出。目前中国每年出版图书达 15 万种之多,但销售收入却无法与国外的出版集团相比。中国图书销售第一位的中国高等教育出版社去年的销售额不足 1 亿美元。建立强大的出版集团、报业集团、广播电视集团、发行集团是紧迫的任务。至今中国已有 26 家报业集团、8 家广播电视集团、6 家出版集团、4 家发行集团,这些集团正在加强机制的建设,面向市场,为进一步改革中国新闻出版业创造着初步经验。当今世界各国的发展都离不开国际合作,媒体的发展更有这样的需要。中国加入 WTO 之后,又有不少的境外媒体提出了在中国建立记者站的要求。而中国的媒体也加强了对外国经济的深度报道。中国内地和香港的媒体合作比起经济合作来,还有很多可发展的空间。今天,中国已进入 WTO,我相信中国内地和境外媒体的合作将会有更新更快的发展。

谢谢大家!

(演讲后回答问题)

内地开始出现跨媒体经营

问:我是美国密歇根大学新闻系副教授李海容,我想了解目前中国内地跨媒体合作经营,也就是电台、电视台也能经营报纸、杂志等的发展趋势,能否请您谈谈对这方面发展的看法和政府的政策取向?

赵启正(以下简称赵):中国以往的媒体机构都不是跨媒体的。国际上看,有 NHK[①] 和 BBC,电视广播和声音广播是一个机构,但在中国,电视台和电台是完全分开的,中央电视台和中央人民广播电台也是两个机构,这有

---

① NHK:日本放送协会的简称。

其历史原因，显然有改革的余地。跨媒体的集团，在中国是必然会出现的，如现在有很多报纸、电台和电视台，他们都开始办杂志、办网站，这些都是跨媒体的初步表现。（掌声）

我们需要懂经济的记者和懂经济的主编

问：你好，赵主任。我是国际工商联会的左丹红。西方媒体已经报道了您很多次，您在美国的演讲展示了一个自信的微笑，同时您把中国的真实情况，不管是科技、经济及文化方面的事情向美国人作了全面的说明。在《大公报》庆祝100周年华诞这个特殊的日子里，我们有幸参加这次论坛。刚才你提到了入世后大量的经济数字，亦给了我们极大的启示。现在很多省市来到香港招商……而中国在加入WTO以后，每个企业当务之急则是如何与国际接轨，以及如何提高国际的竞争力。你怎样看媒体和他们的多元化经营，以及在中国加入WTO后，媒体在中国企业与国际接轨方面可以发挥什么作用？谢谢！

赵：你表扬我的部分我听得很清楚，问题部分则听得不太清楚。（笑声）你是问香港、内地的合作方面有什么潜力？

问：我的意思是说现在内地很多企业来香港招商，花费了大量的金钱和物质，但这恰恰是内地缺乏的。我觉得在企业招商方面，传媒可以起更大作用。例如，国家提出西部开发，《大公报》做了很多工作，作了很多报道，让我们这些商人了解西部，就有助于西部的招商。企业不能天天到国际招商，到美国、加拿大宣传，传媒在帮助企业招商方面可起什么作用？

赵：中国的改革开放，香港起了积极的作用。世界资本进入中国，很多经过了香港。因为香港经济发展水平超过中国内地很多年，也许是20年吧。那个时候我们对于世界经济运作的经验是不够的，香港率先把西方很多运作经济的方法和中国的哲学与文化结合起来了，由香港来理解世界是方便的，所以，对香港在整个中国经济发展中的推动作用是必须充分肯定的，这种作用在今后还将继续发挥。

我很同意你刚才所指出的，关于招商的问题，可以通过媒体来进行。虽然面对面招商是必要的，但是往往上百人的大队伍来香港招商，也可能发挥不了大效用。来香港最重要的是与最上层的企业家或专业人士进行面对面的交谈。任何投资者都不会在一种非常渲染的气氛下作出重大投资决定的，没有那样的投资者。

中国的西部开发正是有困难，才需要媒体更多帮忙。正如一位很重要的日本报纸的主编问我，他说，知道中国政府很重视西部开发，但日本的投资者还是不明白到西部开发投资比在沿海投资对日本人有什么好处。我想，正如浦东开发刚开始的 1990 年及最初的几年时间一样，要给投资者一个认识过程，也有一个向投资者解释的过程。如果开发者自己认识不深刻，解释也不会清楚。我对日本人回答，不能以对沿海投资的模式考虑西部问题，因为二者的条件差异太大了，也许在西部更需要的是对原材料的开发，对于石油、天然气和金属的开发利用。有人说，西部的天然气运到东部不就完事了吗？我说，有了天然气，管道沿线的原来那些烧煤和烧石油的发电厂都有机会改成烧气的，显然这又推动了电厂的改造，又需要大量新的电力设备，也许电力丰富了又可以发展玻璃工业、冶金工业。

西部开发前途很广泛，但需要我们思考、认识和解释。这时媒体的作用尤显重要。我们需要懂经济的记者和懂经济的主编，这是我们对内地和香港媒体的期望。（掌声）

香港报业和内地报业的交往需要更深刻，更经常

问：我是《经济日报》记者，想谈一谈内地和香港媒体之间的合作。《经济日报》和香港经导集团合作了 20 多年，在这期间我们有过艰苦，也取得了

一定成功。对于香港媒体和内地媒体的合作您有什么具体的想法，或者说国家在这方面有什么新的政策？

赵：在中国，国家的政策不是政府官员在办公室想出来的，而是根据社会各方面的要求和呼声，归纳提炼后制定的。我们有个说法很有效，叫"从群众中来，到群众中去"，也可以说，从社会中来，再回到社会，这样才能体现民意。你本身是《经济日报》的报人，又和香港的报业有20年的联系，当中经历过许多酸甜苦辣，你可能有很多建议，只是没有说出来，在这个场合特意来问我，给我一个难题。（笑声）

我想讲的是，在经济报道方面，香港许多报纸，报道要比我们的好，好的地方表现在：一、它的信息快，如涉及到日元升值或贬值，美元如何如何，大概比我们的快一两天，一两天在金融上可是不得了，时间就是金钱。二、香港报纸经济评论的水准会高一些。这不是我们妄自菲薄，我们也在进步。当然，有关评论中国经济的文章，那是反过来，内地报纸的眼界可能更高。

对于你刚才问的合作问题，比如说经济研讨会什么的，就不能像《大公报》的论坛，庆祝100周年华诞才开一次。应该有热线联系，应该是每周、每天的热线联系，甚至必要时是每小时的热线联系，互相交流信息和看法。两方媒体的不同看法，都可以供读者作参考。我认为，香港报业和内地报业的交往需要更深刻，更经常，才能更好地互补。（掌声）

为海峡两岸和平统一带头鼓掌

一位长者问：长话短说。刚才我听方女士演讲中讲到海峡两岸和平统一的问题，我听了非常激动，所以我想加入这个话题，我希望能看到海峡两岸统一。上个月，前蒋介石政府的秘书长跟我聚会，他也说希望能看到两岸统一。我今年74岁了，怕看不到了。我的问题是，请你谈一下你对方女士关于海峡两岸和平统一的演说有什么看法。

赵：方女士刚才谈到她致力于海峡两岸和平统一，我是带头鼓掌的，不是第一个就是第二个（鼓掌）。您也代表了我的态度，您74岁，不算老，现在医疗条件好，您好好地吃人参、吃灵芝，综合保养一下，就可以看到了。（掌声）

吸收外来文化，取其精华，去其糟粕

问：我是来自伊朗的英文报纸记者，请您谈一下中国加入WTO后，如何面对西方文化对中国传统文化带来的冲击。

赵：这些文化冲击并不是在加入WTO以后才开始的。中国实施改革开放政策之后，我们和国际的经济合作开始了，那么，外国的生活方式，很自然地跟着外国人、跟着外国的报纸、杂志和电视进入了中国。我们对外国文化的态度是：取其精华，去其糟粕。西方的高科技、高管理、高效率，以及文化艺术的优秀方面都是可以吸收的。也有我们不喜欢的部分，就不吸收，我觉得完全可以很从容地对待。我也听过口味全球化的说法，中国人还是以喝茶为主。只是作为父母，对孩子们进行教育时，还是需要像方女士一样，要求孩子对中国的文化传统要努力继承。说个复杂一点的例子：一般来说，外国的宗教都只相信自己的神，对别的宗教都强烈排斥。但中国的情况却不是这样，并不强烈排他，如中国信众最多的佛教，并没有排斥其他宗教的强烈表达。中国的文化发展这么悠久，也吸收了不同文化，如信仰伊斯兰教的穆斯林，天主教、基督教教徒也很多，但在中国各教教徒能友好相处。

中国是海纳百川的国家，其他国家文化进入中国，我们的态度是：欢迎、鉴别，吸收我们喜欢的，拒绝我们不喜欢的。把13亿人完全西化恐怕是不可能的。（掌声）

让我们都为中印友好作出努力

问：我是印度的英文报纸记者，我今天明白了为什么中国进步得这么快，因为中国的官员在这里讲全球化及 WTO。在印度，有些人并不认为全球化有好处，您是否能给一些建议？

赵：印度是中国的近邻，中国人很喜欢印度，很喜欢印度人，也很钦佩印度人。印度的软件做得这么好，说明印度人多么聪明。印度不会落后，不仅软件已在中国前面，人口也会赶上中国。（笑声、掌声）如果这么两个国家友好相处，那力量会有多大，让我们都为中印友好作出努力。

领导人改革文风是新闻改革的基础

清华大学国际传播中心主任　李希光

早在 10 年前，邓小平在南巡讲话中曾尖锐地批评媒体说："现在有一个问题，就是形式主义多。电视一打开，净是会议。会议多，文章太长，讲话也太长，而且内容重复，新的语文并不很多。"江泽民视察《人民日报》时，也批评媒体说："有一部分新闻作品，不讲究辞章文采，文字干巴巴的，翻来覆去老是那么几句套话，有的哗众取宠，乱造概念，词句离奇，使人看不懂，这种不良文风应加以纠正。"中共十六大以后，以胡锦涛为总书记的新的党中央对新闻报道提出了"三贴近"原则，更是具体要求媒体简化领导人活动，特别是简化领导人讲话报道。其实这也把在会议场合改进讲话风格包括在内了。

赵启正 2002 年 6 月 13 日在香港"世界报业发展论坛"上的演讲《入世后中国媒体的发展》，如果按照"常规"，应该写上万言，方显水平不凡。而赵启正就这样一个命题，仅发表了 1600 字的演讲。文章虽短，但却是一篇演讲佳作。

赵启正作为一个部长，在发表公共演讲时，他的立场毫无疑问是政府的，但是他的思维方式和使用的语言却是新闻记者的。政府高官的公共演讲是引导和影响境内外主流媒体报道的成本最低和最有效的方式。政府官员应该学会利用公共演讲的机会，让公众分享和理解政府的观点、立场和政策，从而支持政府的工作。如果一个政府领导人不善于在公开场合演讲，就很难取得媒体的信任和认同，就无法把自己想发布的信息推销给媒体。特别是在境外演讲中，赵启正总是试图把每一个公开演讲和作报告的机会变成抓住记者的注意力、为媒体设置议程、引导舆论导向的大好时机。

被日本媒体称为"中国屈指论客"的赵启正在海外公开演讲时，心中总是装着记者的需求，总是设法帮助记者做好报道工作。比如利用一场公开演讲把某条新闻在第一时间发布出去，在演讲中，不让繁杂的信息淹没了有新闻价值的信息，而是让演讲内容成为可被记者加工成新闻报道的信息。在《入世后中国媒体的发展》这篇短短的演讲中，有这样一些引起记者关注的关键性新闻信息语言和数据：如"自入世之日起，在北京、上海、广州等地，ISP和ICP领域的外资比例可达30%，入世一年后南京、杭州、厦门等14个城市外资比例可达49%。入世两年后将取消地域限制，外资比例可达50%，但外资无控股权。虽然我国的专业新闻网站（新闻媒体办的网站）不允许外资进入，但外资进入非新闻网站（包括民间网站）也会对专业新闻网站形成压力。外资参加经营的ICP会把一些更活泼的内容和编排技巧应用进来。因为这些非新闻网站也都设有新闻栏目，以它们强大的资本和经验就会形成对专业新闻网站的竞争"。"预计到2005年中国互联网的网民将达1亿以上，中国互联网市场的吸引力是诱人的"。

一位西方哲人说，天才总是化繁为简，把复杂问题简单化。赵启正出身核物理专业，没有受过传统的新闻传播学路数的约束。反而使他懂得如何把复杂的问题简单化，而不是延续某些迂腐的写作和讲话套路，把简单的问题复杂化。他在演讲中很少使用行话、套话等远离听众的语言。在传递信息的同时也传递给对方"兴趣"，引起对方的关注。

一篇演讲之所以成为佳作，还取决于演讲者的态度。由于赵启正的看起来甚至是过于平白的文风，他在演讲中留给听众的是朴实和诚实的态度，从而使听众产生信任感。建立"信任"是演讲者与听众交往中的第一步。

优秀的演讲者在演讲时，总是从小处想，而归于大处；总是突出重点，不是面面俱到。赵启正在庆祝《大公报》创刊100周年的纪念会上，不是面面俱到地讲《大公报》的百年历史或中国的百年历史，因为这是其他演讲者必会提到的，而是利用这个时机，从生产力发展角度，回顾了这100年来人类的巨大进步，目的是展望媒体的发展。

最后一点，也是最重要的一点，为了避免听众的疲倦和烦躁不安，赵启正在海内外许多重要的演讲中，总是能够把演讲控制在30分钟以内。

让历史的记忆深植心中

（2002 年 10 月 17 日在华盛顿"二战援华老兵及其亲属座谈会"上的讲话）

尊敬的史蒂文斯参议员先生，

尊敬的汉米尔顿众议员先生，

尊敬的各位反法西斯老战士，

尊敬的陈香梅女士，

尊敬的杨洁篪大使，

女士们、先生们：

首先，我要向在座的在伟大的反法西斯战争中作出英勇贡献的老兵们和他们的亲属致敬！为此，我和我的同事们从太平洋彼岸来到这里。

几年前，我曾凭吊了诺曼底战场，在美军墓地上看了那些碑文。那些年轻的战士都是在同一两天内牺牲的，他们不分宗教、种族、肤色，也不分军官还是士兵，一起长眠在那里。我站在绿草如茵的墓地上，想到在中国南京市的美军飞行员的纪念碑，更想到了数以千计的美国空军战士，他们牺牲在二战的中国战场，他们中的许多人并没有墓地，他们长眠在中国的深山茂林之中。

在那场人类历史上最为惨烈的大决战中，中国战场牵制了大部分日本陆军。在中国军民进行艰苦卓绝的战斗之际，美国政府和人民对中国给予了有力支持。在与日本空军的搏斗中，无数美中勇士牺牲了他们年轻的生命，其中三分之二强是美国军人。1942 年，日军切断了中缅公路，美国空军遂开辟了跨越世界屋脊喜马拉雅山的"驼峰航线",向中国战场提供武器和给养。由于山高路险,气候恶劣,600多架美国飞机不幸失事,又有1500多名美中空中勇士魂撒蓝天。

中国人民没有、也不会忘记这段历史。在发现飞机残骸的地方,我们建立了一座座纪念碑。在可能的失事地点,中国人民一直苦苦地探寻着,希望找到飞机残骸和英烈遗骨。

多年来,我来过美国多次。我在许多场合曾情不自禁地提到这段历史。我曾说过:在座的各位,你们或许你们的父辈参加过"驼峰计划",他们或是飞行员,或是机枪手,或是搬运工;如果有这样的先生和女士在场,我很想与您结识,并表达我们的敬意。今天,我有幸获得了这样的机会,同大家相聚一堂,共同回忆历史,并当面表达崇高的敬意。

英国哲人弗朗西斯·培根说:"老树最好烧,老酒最好喝,老友最可信,老书最好读。"(Old wood best to burn, old wine to drink, old friends to trust, and old authors to read.)对此,我深信不疑。我的同事曾给我一本很特别的书,那是格理斯特(Lou Glist)先生所著的《未经检查的中国邮袋》(*China Mailbags Uncensored*),他把在中国战场看到的一切或用书信或用绘画告诉新婚即别的爱妻。这些燃烧在爱情和战火中的文字令我激动不已。你们的国际主义精神,你们的勇气和正直,无疑酿就了最醇的美酒,也写成了最好的书。在中国人民心中,你们是伟大的朋友,由你们所点燃的中美友谊之炬必将照耀我们两国关系的前程,尽管未来的道路也许坎坷崎岖,但终将通向光明。

江泽民主席一贯主张从战略的高度,从世界大局和21世纪的角度看待中美关系。我相信,只要我们恪守中美三个联合公报,相互尊重,求同存异,平等相待,并十分谨慎地处理台湾问题,中美关系就一定能够保持稳定、持续、健康的发展。台湾问题是关乎中国统一的问题,决非其他性质的问题。

我们应该不断朝着增进了解、扩大共识、发展合作、共创未来的目标前进。

美中航空遗产基金会执行主任杰弗瑞·格林先生在来信中说："美国老兵们见证了二战期间在中国的反法西斯战争的历史，这是一段充满勇气和牺牲的不朽的历史，也是一段美中军民勇敢对抗并最后战胜日本法西斯的合作和信任的历史。但更为重要的是，这一段历史向两国青年极好地证明了在 21 世纪，美中两国之间存在着积极合作和共同繁荣的巨大机会。"杰夫[①]，我完全同意您的观点。

后天，我将去休斯敦。我们将把在中国铸造的一位美国人的铜像安置在他的故乡。这位美国人叫 James R.Fox，是一位英勇的飞行员。福克斯先生牺牲时年仅 24 岁，他的家人也已不在人世，因系失踪人员，他在美国亦没有正式祭碑。他是家中惟一的孩子，学习成绩出众，酷爱体育运动，也是一名英俊的得州牛仔。1942 年战火正酣时，他主动要求到中国，1943 年 3 月 11 日不幸牺牲。他有一位美丽的女友，本可以成为一个好丈夫、好父亲。江泽民主席得知这一切后，十分感动，为这位英雄写下题词："这是一位在中国抗日战场英勇献身的美国飞行员，中国人民将永远记住他的名字：吉米·福克斯。"

有时，和平可求而不可得。"9·11"事件即为一例。电视中燃烧的世贸大楼，绝望的人从高层跳出，死亡的近 3000 人中也有着不同的民族、宗教，也有不少老人、妇女和孩子。在牺牲的人当中，有一位名叫曾喆的中国人，虽非急救人员，却临危不惧，见义勇为，主动协助消防队员抢救伤员，直到牺牲自己的生命。纽约州长称他为"真正的英雄"。我要感谢曾喆的母亲，培养出这样优秀的儿子。中国政府和人民坚决站在反恐怖主义立场上，为维护世界和平，为使我们的世界不再受到恐怖主义的侵害而与你们携手同行。

---

① 杰弗瑞·格林先生的昵称。

　　回眸往昔，展望未来，让历史的记忆深植心中，让美好的愿望引领未来，愿中美两国老一辈战友所缔造的友谊和感情代代相传，愿和平之光普照新世纪。

一次贴近外国受众的成功演讲

国务院新闻办公室二局局长　江伟强

前几年因公出差去美国，到了一个平时不容易去的小城市——密歇根州的大急流市（Grand Rapids，Michigan）。工作之余，主人安排参观该市的博物馆。在一片色彩纷呈的展品中，我无意中看到一套蓝灰色的制服，很像是电影里看到的新四军军服。走近一看说明，才知道这是一套朝鲜军装，是由一位从该市参军、曾在间谍船"普韦布洛号"（Pueblo）上服役的水兵捐给该博物馆的。这艘间谍船于1968年初被朝鲜人民军俘获，80余名船员被扣押了近一年才获遣返，在被押期间穿的就是这样的军装。看过之后我想到，美国这个国家就是这样，无论是谁，只要他为国家、为家乡做过一些事，无论是否作为胜利者返乡，哪怕做过敌人的阶下囚，也总是会受到他的同胞以某种方式欢迎和纪念的。

但像福克斯（James R.Fox）这样一位真正的英雄呢？

读了赵启正主任这篇演讲，我似乎看到，60年前，这位英俊的得州牛仔，家中的独子，在他23岁的大好年华，告别了美丽的女友，义无返顾地来到了战火正酣的中国，第二年不幸牺牲在"驼峰航线"上。"因系失踪人员，他在美国亦没有正式祭碑"。这不论是对烈士的亡灵，还是对他家乡的父老，都不能不说是一件憾事。

现在，中国人民为福克斯铸了铜像，中国国家主席江泽民亲自为这位英雄写下题词，赵启正主任将率团前往得州，将英雄的雕像安放在他的家乡。还有什么能比这一切更能打动在场的美国听众呢？

无论在何处演讲，最难做到的是抓住听众的心。在美国尤其如此。美国是个最讲实际的国家，美国人最关心的是身边的事。对他们来讲，"世界"、"全球"、"历史"、"战略"等等，都太遥远，与自己无关，讲多了只能得到一头雾水。

而赵启正的文风，就像他的为人，实实在在，平易近人。他深谙美国人的心理，知道如何把握演讲的切入点和节奏，如何使用素材。在演讲一开头，他就很巧妙地把国内惯于用超广角镜头描述的历史宏伟画卷，浓缩在几幅长焦镜头捕捉的近景定格上：诺曼底的墓地，南京的纪念碑，跨越世界屋脊的"驼峰航线"，然后推出福克斯的特写。对于这样的演讲，习惯于直来直去的美国人一下子就能听明白，台上这位睿智的中国高官说的是什么事，这些事与自己有什么关系，一下子就在心灵上达到了台上台下的沟通。当然，我们万里迢迢跑到美国，不是去唠家常。在一个个具体的故事之中，演讲者穿插了中美友谊，中美关系，台湾问题，以及当时人们最为关心的反恐问题，最后点出"愿友谊代代相传，和平之光普照"的主题。这样，在与听众密切互动的同时，传达了我们想要表达的信息。

最近中央领导同志在谈到如何改进外宣工作时指出，对外宣传也要讲"三贴近"，即贴近中国发展的实际，贴近国外受众对中国信息的需求，贴近国外受众的思维习惯。赵主任的演讲就正体现了这一思路，它根据美国听众的心理和思维习惯，以美国听众所乐于接受的形式和语言，提供了来自中国的并且令他们感兴趣的信息和故事，是一次成功体现"外宣三贴近"的演讲。

美国有一位从业20多年的公关与演讲专家，名叫Barry McLoughlin，他在10多年前编了一套小丛书叫《强有力的沟通》（Communicate with Power），出版后畅销不衰，多次再版。他的书被许多"圈内人士"随身携带，不时查阅求教。在如何举行一次成功的演讲这一部分，他列举了以下要素：

- 向主人、赞助方和听众致意；
- 建立演讲者本人与这一演讲的联系；
- 建立听众与演讲内容的联系；
- 使用有冲击感的视觉材料；
- 使用睿智的引语；
- 适时切入演讲的核心，少用修饰语。

以上这几点，除了因为场地原因没有放幻灯片而以语言描述取代外，其他都在赵启正的演讲中得到了体现。这也许是有识之士的心有灵犀吧。

　　无独有偶。在纪念诺曼底登陆作战 60 周年的仪式上，美国总统乔治·W·布什也是这样做的。他在演讲中从头至尾没有谈这次登陆战的"伟大战略意义"，而是一次次地引述当时的人和事，如奋不顾身抢救无线电设备的技术兵小约翰·平德，住在 Colleville 村的年轻姑娘安娜·玛丽·布洛克斯（她后来嫁给了一位从奥马哈登陆的美国大兵），从阿姆斯特丹家中阁楼上听到 D 日（盟军诺曼底登陆日）消息的 14 岁小女孩安娜·弗兰克。最后，他也推出了一位英雄的特写：来自弗吉尼亚州贝德福德的厄尔·派克军士长。他在出发前喜得千金，在给战友们传看宝贝女儿照片的同时，他说："我能看到女儿出世，死而无憾了。"派克军士长在奥马哈作战中失踪，在他的家乡他那已年届 60 的女儿仍珍藏着她年轻英俊的父亲的照片。

　　看来英雄所见略同。

两个世界最古老的民族

(2002 年 10 月 20 日回访美国犹太人大会时的演讲)

尊敬的理思邦主席，女士们、先生们：

你们的工程师费了这么大力气，仍不能让我们的便携电脑和你们的投影器匹配起来，这是高科技带来的新问题。机器之间不愿沟通，但我们之间可以沟通。(掌声)我就先讲起来吧！也请李先生费力举起电脑给大家看一看图片。

感谢主席先生盛情邀请我回访你们这个负有盛名的组织。感谢纽约犹太人大会和犹太人社区委员会联合主持今天的早餐会。多年来，你们为反对种族和宗教歧视，维护美国犹太人的权益，促进各国、各民族、各种宗教信仰的人民之间的友好交往作出了贡献，对此我们表示赞赏和敬意。(掌声)

今天我想在这有限的时间里着重谈谈中华民族和犹太民族两个古老民族和两大古老文明之间的传统友谊。

在我担任上海市副市长和浦东新区领导人期间，有几次难忘的经历使我体会到我们之间的深情厚谊具有多么巨大的力量和重要的意义。首先要提到的是我的朋友——已故的肖尔·艾森伯格先生。他在二战期间逃离纳粹统治下的欧洲，来到上海避难，战后经过奋斗成为一个成功的企业家，他在上海投资建立的耀华—皮尔金顿玻璃厂就非常成功。他一直致力于促进与中国，特别是与上海的经贸合作。他曾对记者说，我之所以要在上海投资，是因为上海在二战期间拯救了我和其他许许多多的犹太人，我们对上海具有报恩之情。就在他因心脏病去世前几天，我还与他在上海亲切交谈，他还与上海市签订了建立浦东钻石交易中心的协议。现在他生前的愿望已经实现，浦东钻石交易中心已正式开业。

另外，我还要提一下奥地利总统托马斯·克莱斯蒂尔先生。他1995年10月来上海访问，我陪同他专程去虹口当年欧洲犹太难民聚居区参观。他说，奥地利对不起犹太人，使他们避难来到遥远的上海，是你们救助了他们，所以今天我要来这里表示衷心感谢。他说着就流下了眼泪，当时天空突然下起了雨。他与周围的中国群众热情握手，情景十分感人，我也不禁热泪盈眶。克莱斯蒂尔总统还给我讲了一个有关奥斯维辛集中营的故事，而我则告诉他侵华日军"南京大屠杀"的历史。（掌声）

这两件事使我深感中华民族和犹太民族友谊的巨大力量，它不但在历史上发挥了作用，也影响着我们今天的生活。

你们一定知道，犹太人早在古代就来到了中国，形成了著名的开封犹太社团。近代以来，塞法迪犹太人、俄国犹太人和来自纳粹欧洲的犹太难民先后来到中国，形成了犹太人移民中国的三次高潮，出现了上海、香港、哈尔滨、天津等地的犹太社团。值得强调的是，尽管从古至今有许多犹太人来华定居，但在中国的土地上从没自发地产生过源于欧洲的那种反犹思潮和运动。相反，中国人和犹太人在上千年的交往中友好相处，互相帮助，谱写了友谊的历史篇章，使中国成了失去祖国的犹太人可以安居乐业的国家。那么，这其中深层次的原因是什么呢？我认为主要有以下几点：

1. 反犹主义源自历史上根深蒂固的宗教偏见，而中国是一个深受儒教、佛教和道教影响的国家，因此这种伴有宗教偏见的强烈的反犹狂热在中国人民中从来就没有思想基础。

2. 从文化角度来看，中华文明和犹太文明有很多共通之处。比如，两种文明都相当重视家庭联系和教育的作用。在一块1489年建立的石碑上，开封的犹太人就曾写下了这样的话："其儒教与本教，虽大同小异，然其立心制行，亦不过敬天道，尊祖宗，重君臣，孝父母，和妻子，序尊卑，交朋友，而不外于五伦矣。"这些就是我们传统友谊的文化基础。

3. 自上世纪中叶以来，中国人和犹太人一样历经磨难。流落在外国的中国人常受到排挤与歧视。在二战期间，当 600 万犹太人惨遭纳粹屠杀之时，有近 3500 万中华儿女在日本法西斯发动的侵略战争中伤亡。过去几个世纪里世界一些地方的反华行动，与在欧洲蔓延多个世纪的反犹恶行极其相似。这一遭受迫害、屠杀的相同经历，使中国人民和犹太人民互相同情，互相支持，在那段艰难的岁月中同甘苦，共患难。（掌声）

今年 7 月 19 日，我和理思邦主席在北京初次见面。我们谈得非常愉快，就像老友重逢，共叙旧事。我清楚地记得你对我说：中国人民与犹太人民在二战期间的命运极为相似，值得记忆。

60 多年前，当纳粹疯狂迫害屠杀犹太人之时，许多正义之士挺身救助犹太难民，但也有不少国家却对急需救助的犹太难民关上了大门。回顾那段历史，我们可以说，中国人民在这场善与恶的搏斗中作出了正确的抉择。中国的有识之士尽全力援救犹太难民，当时中国驻奥地利维也纳总领事何凤山先生，就是最早向犹太人签发签证，帮助他们逃离大屠杀的外交官之一。1938年后，中国的上海成了全球惟一向犹太人敞开大门的城市，向在死亡边缘痛苦挣扎的犹太人伸出了救援之手，给他们提供了一处生死攸关的避难所。从1933 年到 1941 年，上海先后接纳了 3 万多名来自欧洲的犹太难民。除了数千人经上海去了第三国外，到 1941 年 12 月珍珠港事变之时，仍有大约 2.5 万犹太难民在上海栖身。

回顾犹太人在中国的这段历史，我们不仅看到，在中国生活的犹太人自然地受到了中国文化的影响，同时也看到，他们为中国引入了一些西方先进的科学技术和文艺作品，他们当中的许多人具有很高的科学艺术修养，有些还曾在中国的高校任教，如一些犹太音乐家就在上海培养了多位优秀的中国音乐家。两个民族的文化交融至今还在产生着积极的影响。

更令人难忘的是，在中国革命和抗日战争中，不少犹太人与中国人民并肩战斗，甚至牺牲了生命，写下了可歌可泣的感人事迹。在中华人民共和国建立后，许多犹太人也积极参与中国的建设，为中国的发展作出了贡献。在今日的中国全国政协委员中，有11位外国出生的中国公民，其中就有5位犹太人。为《犹太人在中国》这本画册作序的爱泼斯坦先生就是一位备受中国人尊重的犹太裔中国公民。

今天强调我们之间的传统友谊仍然具有重要的意义。首先是因为我们友谊的历史篇章在犹太学、汉学、历史学、宗教学、民族学、文化人类学、哲学等研究领域具有重要学术价值，其次在反对种族主义和法西斯主义，促进各民族之间友好交往与文化融合，维护世界和平等方面具有重要的现实意义。特别是世界上还有少数人公然否定法西斯犯下的历史罪行。

1995年我读了潘光教授主编的《犹太人在上海》画册，觉得该书很有价值和意义，于是就建议他进一步拓展这个题目，编一本《犹太人在中国》的画册。经过我们共同合作和努力，这本画册终于在去年问世。它全面叙述了古老的犹太文明在中华大地上走过的传奇历程，颂扬了许许多多普通的中国人和犹太人共同谱写的中犹传统友谊的历史篇章。我今天特意为你们带来了这本书，并赠送给你们。希望它能使我们及我们的下一代永远记住那段难忘的历史，并珍惜中犹两个民族的传统友谊。

最后，再次祝愿中美两国，中华民族和犹太民族两大民族——两个世界最古老文明之间的友谊不断发展。（热烈掌声）

谢谢大家！

以小见大　以情动人

国务院新闻办公室二局副局长　徐英

启正是我的领导，也是我的良师益友。为他的演讲点点评评，显然是件难事。好在他平易近人，毫无做官当老爷的架势，我也就难得恣肆一回了。

他 2002 年 10 月访美，我是陪同，因而颇知他当时的胸臆。那时的纽约依然飘荡着"9·11"的悲情，而拜会美国犹太人大会是在一个阴沉的早上，我们的车子来到大会门口，汽车排出的尾气白茫茫、湿漉漉。但进得大门，立刻感受到一股亲切的气氛。大会主席理思邦先生亲迎我们走上二楼的会客厅，与各位领袖人物会见。然后走下楼去，进入演讲厅，那里早已坐满了近百名各界犹太人代表，其中有些人的长辈曾在中国避难。

启正的这篇演讲，似有以下几个特点：

1. 以小见大。通过讲述不同历史背景下有代表性的人物和事件，阐述中华民族和犹太民族两个古老民族和两大古老文明之间的传统友谊。演讲中提到的艾森伯格先生、何凤山博士的事迹，从不同侧面生动地佐证了我们之间的患难真情。

2. 以情动人。奥地利总统克莱斯蒂尔先生"说着就流下了眼泪"、"当时天空突然下起了雨"、"我也不禁热泪盈眶"等语，富有感染力，充满人情味，让听者潸然泪下。演讲配上幻灯图片（是举起电脑给大家看的），更让听众仿佛回到了过去。

3. 语言朴实，但意味深长。不是一味地强调自己的观点和立场，而是寻找共同点，达到心灵上的沟通和感情上的融合。他没有高谈阔论，而是从宗教、文化和历史等视角把中犹人民之间友好相处的原因娓娓道来。演讲篇幅不长，但时间跨度甚大，勾画出中国人和犹太人上千年友好相处的全貌。用一些与会者的话说，演讲真正打动了他们的心。众所周知，当年中国人民正遭受着日本侵略者的残酷蹂躏，民不聊生，水深火热，但没有拒绝帮助和我们一样苦难深重的犹太难民。法西斯给犹太人的是焚尸炉、毒气室、奥斯维辛集中营，而中国人民给他们以避风港，尽管自己风雨凄凄，艰虞不堪。

美国是世界上犹太人最多的国家，约有600多万。美国犹太人大会在全美有5万多会员，纽约犹太人大会则是该组织最大的分会。一些美国犹太人同时也是以色列公民，双方你中有我，我中有你。虽然犹太人占全美人口比例不大，但他们的社会影响力很大，美国政界、商界、传媒界、法律界和教育界等都不乏犹太人中的佼佼者。美国前国务卿基辛格和奥尔布赖特等是犹太裔人，美国联邦储备委员会主席格林斯潘以及被称为世界"金融大鳄"的索罗斯等也是犹太裔人。纽约的房地产商和珠宝商大多也有犹太人背景。诺贝尔奖的美国得主中，近一半是犹太人。在文学界，美国当代的一流作家中，犹太裔作家占了半数以上。《纽约时报》和《华盛顿邮报》也是由犹太家族创办的。此次举办早餐会欢迎赵主任的理思邦先生就是报纸和杂志的发行人，他旗下的一份月刊在国会山具有较大影响力。难怪有人说，犹太人有一只无所不在的手，左右着华尔街、好莱坞和新闻媒介。但犹太民族也是一个颠沛流离、饱经沧桑的民族，曾受到不少国家的迫害与排挤。中国人民则以温厚的善良之心，对犹太人民敞开双臂，接纳了这些异乡游子。中国的上海、哈尔滨等城市曾是当年犹太人在亚洲的主要聚居中心。可以说，中国是世界上为数较少的不存在对犹太人迫害的国家之一，为寻求庇护的犹太难民提供了无私的人道援助。

启正是在前往得克萨斯州，举行二战期间援华抗战牺牲的美国飞行员吉米·福克斯铜像揭幕仪式，途经纽约时应邀在纽约犹太人大会和犹太人社区委员会联合举行的早餐会上发表此演讲的。演讲虽短，但感人至深，发人深省。珍视友谊、主持正义、维护和平、反对战争之意为消释"9·11"悲情开出了一剂良药。

以文化为纽带，开创中俄友好的新世纪

（2003 年 8 月 20 日在圣彼得堡斯莫尔尼宫的演讲及答问）

尊敬的普罗霍连科副市长，

尊敬的各位来宾，

女士们、先生们：

下午好！

今天，我们从遥远的东方来到美丽的涅瓦河畔、波罗的海之滨，举办"中国周"活动，共同庆祝伟大的圣彼得堡建市 300 周年。在此，请允许我向圣彼得堡人民表示最诚挚的祝贺！

圣彼得堡是一座美丽而神圣的城市，是一座人文荟萃的城市，也是一座英雄的城市。它与俄罗斯和苏联历史上许多著名事件紧密联系在一起，特别是第二次世界大战期间，列宁格勒城市保卫战神圣的 900 天，建立了反法西斯斗争的英雄业绩，赢得了世界人民包括中国人民的尊敬。肖斯塔科维奇的《第七交响曲》① 至今仍活跃在中国的音乐会和无线电广播中。

中俄两国比邻而居、山水相连，有着悠久的交往历史，特别是近代以来，两国交往日益频繁。早在 18 世纪初期，中国官员就出使俄罗斯伏尔加河下游地区，写成了第一部记载俄国地理和风俗人情的著作《异域录》。中国清政府

---

① 肖斯塔科维奇的《第七交响曲》，又名《列宁格勒交响曲》，作于 1941 年。当时列宁格勒正遭受德国法西斯军队围攻。此曲以这场战争为题材，热情颂扬了苏联军民的英勇抗战。

于 18 世纪初在北京设立了一所俄语专门学校，培养精通俄国语言的人才。也是在 18 世纪，中国戏剧《赵氏孤儿》在俄国宫廷和贵族社会中流传。我这次来圣彼得堡参观了夏宫，看到那里的中国式客厅，据说是在 18 世纪建造的，我身置其中感到十分亲切。渴望自由的俄罗斯伟大诗人普希金从小就向往中国，他在叙事诗《鲁斯兰和柳德米拉》中描写了迷人的中国风光："在迷人的田野里，五月的轻风吹来了凉爽，在飘动的树丛的阴影里，中国的夜莺在歌唱。"俄罗斯天才艺术家列夫·托尔斯泰对中国的文化、历史、哲学作过深刻的研究，对中国人民产生了深挚的感情和浓厚的兴趣。他认为，中国人是世界上最古老的民族，中国人是世界上最伟大的民族，中国人是世界上最爱好和平的民族。在晚年，他遗憾地说，假如我还年轻，我一定要到中国去。据统计，1927 年至 1937 年的 10 年间，中国共翻译出版俄罗斯文学作品 140 多种。如列夫·托尔斯泰的《战争与和平》、《安娜·卡列尼娜》，果戈理的《死魂灵》，屠格涅夫的《猎人笔记》等。这些文学作品对当代中国人特别是知识分子产生了深远影响。

在第二次世界大战期间，中国军民进行了艰苦卓绝的战斗，中国战场牵制了大部分日本陆军，苏联和其他盟国一道对中国的抗战给予了有力的援助。苏联曾向中国派来了近千名志愿飞行员，直接参与对日军的作战。他们对敌人的后方进行了猛烈的轰炸，为保卫中国的重要城市作出了重大贡献。他们驾驶的飞机击沉了大量的敌人军舰和运输船，击毁大量的敌机。在这些战斗中，有 200 多名苏联飞行员为了中国人民的抗战事业而英勇牺牲。1945 年 8 月 8 日，苏联政府向日本宣战。8 月 9 日凌晨，苏联参加对日作战，为促进日本侵略者的早日投降，创造了极为有利的国际环境和条件。中国人民对那些为中国的抗战而牺牲的苏联战士没有忘记，在中国的大连、长春等地，每年都会有许多中国人到当地的苏军烈士墓前表达怀念之情。在那抗击侵略者的艰难年代，40 年代苏联卫国战争时期的文学作品，如西蒙诺夫的《日日夜夜》、列昂诺夫的《侵略》、肖洛霍夫的《他们为祖国而战》等，使曾与侵略者进行殊死抵抗的两国读者的心连在一起。

1949 年中华人民共和国成立后，苏联是第一个承认新中国的国家。苏联还一直积极支持在联合国恢复中华人民共和国的合法权利。在经济领域，在 50 年代，苏联曾帮助中国设计和建设 156 个工业企业，提供了几十亿卢布的低息长期贷款，向中国派遣了 1 万多名专家，这些都对加速中国社会主义建设进程起到了极大的推进作用。

中华人民共和国建立后，翻译俄国文学达到高峰。据统计，1949 年至 1958 年的 10 年间，中国共翻译出版俄国文学艺术作品 3500 多种，总印数 8000 多万册。从 1949 年到 1985 年，已有 5000 多位俄国古典和现代作家的作品被译成中文，基本上覆盖了俄国古典文学和苏联各民族文学中的代表作。苏联文学作品在中国人民中间有着千千万万忠实而热心的读者。这些作品影响了许多中国人。像我这样年龄的一代人是读着俄文小说，看着俄语电影，听着俄罗斯音乐长大的。俄罗斯电影中冬宫的宏伟与华美，使中国人赞叹不已。而柴可夫斯基等俄国音乐家创作的具有强烈民族特色的旋律，使中国人民听到了俄罗斯民族的心声，温馨浪漫的《莫斯科郊外的晚上》，充满诗情画意的《红莓花儿》，低沉悲凉的《伏尔加船夫》号子，奋发昂扬的《喀秋莎》，舒缓优美的《天鹅湖》，至今还受到中国人的喜爱。我特别记忆着曾沦为英国管辖的香港，在回归中国的那天夜晚，维多利亚港湾上空迸发着盛大礼花的时候，响起了柴可夫斯基的《1812 年序曲》[①]，我在此地、此时想到没有更好的交响曲能代替它了！

---

① 1812 年，法国拿破仑大举伐俄，是年冬，法军大败于莫斯科。本曲为纪念这次战争胜利 70 周年而作。

进入 80 年代后期，双方在许多问题的认识和处理上努力求同存异、优势互补，使两国关系逐步走向成熟。十多年来，中俄两国高层互访频繁，建立了从国家元首、政府首脑到各部委的会晤和磋商机制，基本解决了历史遗留问题，政治、经济、军事、文化和科技等领域的合作日益发展，双边关系从互相视为友好国家、发展建设性伙伴关系、确立战略协作伙伴关系到签署《中俄睦邻友好合作条约》，连续跨上四个台阶。

在中俄友好合作关系顺利发展的背景下，中俄文化交流日趋活跃。据中国统计，从 1999 年到 2002 年 4 年间俄国有 285 个文艺团体赴华演出，在中国虽然票价昂贵，但往往座无虚席。圣彼得堡的芭蕾舞团的演出，有观众从半夜就去排队购票。有些遗憾的是同期中国赴俄只有 30 个文艺团体，相差近 10 倍！我们正在分析造成这种不平衡的原因，中国政府将进一步鼓励中国文艺团体访俄，也希望俄国政府和文化界给予支持。

大家也许已经发现，我谈过去很多，今天的文化交流谈得很少，这正是我今天要提出来需要急速改变的事实。现在的文学作品相互都翻译得太少，现在我们很少看到你们的电影、电视剧，不了解你们的现代音乐，俄国观众对中国电影的了解也仅限于功夫片。我希望中俄加强文艺界包括作家、艺术家、音乐家和其他专家的互访，中国政府将推动这种互访并准备欢迎你们。我们将为来访者提供尽可能多的服务，我们将在北京、上海、西安和其他美丽的地方等待你们，我们要思考在市场条件下文化交流怎么做。中俄两国人民之间存在着深厚的传统友谊，这是我们在新的世纪发展中俄友好关系的良好基础。中俄两国互为最大邻国，有着世界上最长的陆地边界。中俄都是世界大国，同属安理会常任理事国，在国际事务中有着重要影响。中俄经济结构和资源存在差异，因此更具互补性，加之两国的深厚的文化沟通的背景，这就更为两国合作提供了巨大的潜力和新的机遇。

中国愿意同俄罗斯一道，站在面向 21 世纪的高度，把两国关系提高到一个崭新的水平，使两国精心培育的睦邻友好关系继续发展下去，传给我们的子孙后代。中国愿意永远做俄罗斯的"好邻居、好伙伴、好朋友"。

（演讲后回答问题）

问：尊敬的主任先生，西方文化对世界各国产生了一些影响。我想问的是西方文化对中国产生了怎样的影响？

赵启正（以下简称赵）：中国对美国的经济贸易是大量出超，但是在文化贸易上，我们却是大量入超。中国图书、报纸、期刊的进口是出口的 4 倍多，而音像制品、电子出版物的进口额为出口额的 14 倍。我们必须改变这种不平衡。所以在 WTO 的谈判中，我们在文化方面没有太多让步，只是在进口美国大片上用了分账的方式，根据实际售票两边分成，允许每年有 20 部美国片子进口。在报纸、杂志等方面，还没有对国外资本开放。东西方文化交流有积极意义，只是在交流中要清醒地保护好本国的优秀文化传统，防止对本土文化的淹没。

问：尊敬的主任先生，十分感谢您给我们作了非常有趣的报告。我们在 50 年代到 70 年代期间，经常能感受到中俄两国的这种友好，诸如"中国"、"人民"，还有"中国万岁"这些词对我们来说是耳熟能详的。70 年代之后，我们两国的关系有一些改变。现在我想请问主任先生，中方有没有计划在圣彼得堡建立一个"中国城"？

赵：回忆 50 年代到 70 年代，在中国，像我这个年龄的人和你有同感。那个时候有一首歌叫《莫斯科——北京》，我们都会唱。我确信，世界上除了俄国和流行俄语的国家外，最了解俄国文化的是中国人。

世界上许多城市有"中国城"，那是历史环境自然形成的，中国政府目前并没有在圣彼得堡建立"中国城"的计划。建"中国城"要看历史的发展，特别是圣彼得堡人民和圣彼得堡市政府的愿望。圣彼得堡是一个充满古典美的美人，她的任何一件服装和装饰品都必须仔细地设计和安排，不可草率。一旦双方有这样的合作愿望，就应当设计成世界上最好的，既能为圣彼得堡文化所接受，又有中国古典和现代文化的特色。我想这是长远的、需要慢慢思考的事情。

问：尊敬的主任先生，我是自由岛通讯社的记者。我想请问，您现在有没有关于主办以俄中青年交流为目的的友谊会或联谊会的计划？

赵：这是非常好的倡议，我觉得有合作并获得成功的可能。

我们现在正在举办一个写作比赛，中俄记者互相写对方，看哪篇文章的文采最好。

中国青年当中现在有许多人喜欢俄国。在座的也有很多中国的有志青年。他们说，我们不到美国去，要到俄罗斯，要到圣彼得堡去留学。

我回去要对中年人和老年人说，要复习俄语了；对青年人说，是学习俄语的时候了。

问：我是《圣彼得堡指南》的记者。在 50 年代，在中国有很多学校可以学习俄语；而现在在圣彼得堡也有学校可以学习中文，但如果能去中国学习中文就更好了。

问题是我们跟中国一些学校尤其是大学的联系渠道不是很通畅。请问，有没有什么办法，比如国家介入解决这个问题，让双方学生交流更顺畅。

赵：我们的教育部有专门负责外国学生到中国留学的司，也有专门的学院负责培养外国学生在中国学习中文。

你的问题让我觉得，有一个很重要的方面应该加强，就是在文化交流中要加强留学生的交流。中国在俄国的留学生，据说只有 1 万多人。但是这里的中国学生告诉我，这个数字不准确，可能有 2 万人，但我仍觉得太少。至于俄国到中国的留学生就更少了，我们十分欢迎俄国的留学生。

如果到中国留学，最好的渠道就是找陈总领事，我们在中国国内会有所呼应。

问：我负责一个文化俱乐部，请问主任先生，"中国周"活动是否有茶道表演？我们有个茶道俱乐部，对此很有兴趣。

赵：如果认识你早一点，我会带一个茶道表演小组来。你也教育了我。我的日本朋友告诉我，世界上懂茶道的只有中国、日本和韩国。看来俄国也有人很懂茶道。你的俱乐部需要什么关于中国的资料请告诉我。

问：我是电影界人士，我有几点倡议：第一是中俄可以合资拍电影，互相展示对方的文化。

第二，建立一个中俄青年交流中心。青年人可以坐下来互相交流，然后谈一些实际的问题。

第三，现在有一些俄国影片很好，有描述中国的，还有描述中俄文化、中俄友谊的。如果有兴趣的话，可以由中方把这些影片做成译制片播放。

第四，是一个玩笑性的建议：希望每年在俄罗斯，最好是在圣彼得堡办一个中国日。在这一天禁止任何机动车行驶，惟一的交通工具是自行车。

赵：四个倡议都非常好。

合作拍摄电影没有什么困难，主要是选择好的剧本。你如果有什么具体的想法，可随时给我 E－mail，我会帮助你选择最好的合作伙伴。

中俄青年的交流也是一个很现实的题目，我希望在圣彼得堡留学的中国青年做中俄交流的先锋。

我愿意参加圣彼得堡禁止汽车通行日。我自行车骑得很好。

我等着看你和中国合作的电影。

问：尊敬的主任先生，我想问一个广大留学生非常关心的问题：作为中国政府官员，您对在俄罗斯学习的或即将毕业的经济、法律、军事等高级人才将来的发展有什么具体的指示？对他们现在在这里的学习生活，您又有什么可行性建议？谢谢主任先生！

赵：对在俄国学成的高级人才，我们将举起双臂欢迎他们回国，为他们准备好最合适的岗位。

俄国的科学和教育水平非常高。我上大学时的物理学、数学、化学教材用的都是俄国教材的译本。物理学是福利斯著的，数学是斯米尔诺夫著的，他们的书逻辑性很强，讲解非常清楚，比起同类的欧美教材有强调理论性的特点。

中俄贸易远远没有达到应该达到的水平。去年中俄贸易额达到创记录的近 120 亿美元，今年可能达到 130 亿美元。我们还能买更多的俄国产品，俄国也能买更多我们的产品。但是我们彼此了解得不够，特别是缺少能够沟通的人才。学经济的留学生回国之后是大有用武之地的。

在这里，希望中国学生好好学习，和俄国同学做好朋友。如果有可能，都读到副博士或是博士。

问：尊敬的赵主任，我是师范大学的教授、华人华侨文化中心的负责人。今天赵主任能够来，我很激动，因为我就是您说的可以到美国留学，但选择了俄罗斯的人。我的母亲在莫斯科，而且我自己在这边也有家，我跟孩子成了侨民。

成立圣彼得堡华人华侨文化中心后，我们做的就是促进中俄文化交流。它的历史很短，只有三年。文化是沟通我们心灵的桥梁。在座的有很多学者，他们都是俄罗斯的青年，很喜欢中国。那么我想问一下，是否注意到在两国文化交流中我们侨民的力量？

我们很希望政府能让我们在这边感受到政府的支持，我们很需要政府方面给我们一些关怀和支持。我想在座的很多侨民很想听听您的意见。

再者我想代表圣彼得堡的全体侨民对您表示感谢。如果有机会，欢迎您到我们文化中心参观。谢谢！

赵：你的家庭可以说是中俄友好的世家了，你这么年轻就当了教授，我也向你表示祝贺！听了你刚才的发言，我知道你是很务实的人。

你问我怎么做，我有一些建议。一个就是和总领事加强联系，他能够回答你所说的问题。另外就是和我的办公室加强联系。

我还要给你一个折页，上边有中国的几个俄文网站，我们想委托你们对这些网站提提意见；如果你能够写适合俄国人阅读的介绍中国的书籍，我们可以负责出版。

不卑不亢　亲切感人

新华社世界问题研究中心研究员、译审　盛世良

　　中俄两国虽然有悠久的交往史，但实际上两国人民之间的彼此了解很不够，特别是俄罗斯人对当今中国的了解既少又相当片面。凡是我接触过的到过当代中国的俄罗斯人，不论是记者、商人和外交官，还是旅游者，绝大多数都对中国、中国人、中国文化产生好感，甚至是浓厚兴趣；没有到过中国的俄罗斯人对中国的印象并不好，因为在他们眼中，中国就是90年代初大批进入俄罗斯的低质廉价消费品，就是莫斯科街头常见的形象和素质都不甚高的中国"倒爷"与"黑工"。

　　我们需要加强对俄罗斯的宣传工作，而且应该是没有明显宣传味的、潜移默化、润物无声的宣传。但是，直到不久前，我们的对俄宣传，不论是通讯社的俄文稿，还是驻俄机构散发的俄文宣传品，都难以引起俄罗斯人的普遍兴趣。其主要不足之处是，对受众不甚了解、缺乏针对性、意识形态色彩过浓、标榜成就过于直白、可读性不强。

　　本篇演讲避免了上述缺陷。演讲人从最能打动人心的文化入手，用约10分钟、2500字的"黄金长度"，精当地回顾了圣彼得堡人最引以为自豪的几段历史，贴切自然地流露了以演讲人为代表的中国人对俄罗斯人和俄罗斯文化的真挚感情和深入了解，朴实地表达了我们做俄罗斯"好邻居、好伙伴、好朋友"的真诚愿望。

　　演讲在回溯中俄交往史和新中国在引进苏联—俄罗斯优秀文化作品方面所作的努力时，既有斐然的文采，又有翔实的史料，令人耳目一新；在赞颂苏联对反法西斯战争和对中国抗日战争的贡献时，又简要提到了中国人民在反法西斯战争中的功绩和对苏军烈士的缅怀，不卑不亢，亲切感人。

　　整个演讲稿写得繁简得体。近年来中俄两国在加强政治交往和发展双边关系方面的成就，是对俄罗斯听众演讲时必然要涉及的话题，如果详谈，万言不算长。但这不是此次演讲的重点，撰稿人仅以百余字概述，删繁就简，惜墨如金。

　　说到这里，听众已沉浸在美好的"中俄友谊颂"中……且慢，演讲人要以最想引起听众注意的话题来"压轴"：中俄文化交流不平衡，在现代文化交流方面，两国文化人和政府机关大有用武之地！

　　两国文化交流的"单行线"，是十余年前中国的"俄罗斯通"早已意识到的问题。当时俄罗斯文化部官员往往以"这说明俄罗斯文化在中国受欢迎"来推挡。演讲人在这里委婉而明确地提出了问题，请俄方与我们共同努力消除这条"单行线"。

　　演讲稿通篇短句，充满实例，广征博引，显示了在国情了解、政策把握、语言组织、文化修养等方面的深厚功底。

让媒体架起中俄友谊的桥梁

（2003 年 8 月 22 日在莫斯科俄罗斯国际文传电讯社的演讲及答问）

尊敬的各位同行，女士们、先生们，朋友们：

我很荣幸有机会在这里向大家介绍近几年中国媒体发展的现状，并表达愿意与贵国传媒界加强交流的愿望。还希望大家能提出问题，我尽力回答。

随着现代化步伐的加快和信息社会的到来，世界日益走向开放、交流与合作。世界各国相互联系、相互依赖更加紧密，跨越文化、寻求共赢成为时代的主流。大众媒体在当代时代潮流中扮演重要角色。

传媒不仅具有传统意义上的信息功能、教育功能、娱乐功能、广告功能等，还特别具有为了国家或某些集团的利益制造舆论的强大力量。21 世纪的信息技术革命，使发达国家利用经济、技术优势进一步扩大了新闻传播优势，而经济、技术力量薄弱的较不发达国家让世界听到自己的声音变得更加困难。东西方传媒实力存在相当大的差距，西方发达国家的传媒在数量、覆盖面、信息量、社会影响等方面，均居主导地位。西方传媒仍控制着国际舆论。现在互联网上占主导地位的文种是英文，俄文似乎也没有达到它应具有的比例。有资料表明，世界上有三分之二的消息来源于只占世界人口七分之一的西方发达国家。世界上每天传播的国际新闻绝大多数来自西方各大通讯社。西方发达国家流向发展中国家的信息量，是发展中国家流向发达国家信息量的100 倍。

一些西方媒体利用信息优势对中国负面情况进行放大，致使对中国报道严重失实。在他们的放大镜下,中国好像充满了天灾人祸,这是在信息不对称情况下,新闻传播中本身难以完全克服的难题。对中国的负面报道中频繁使用"专制的"、"没有人权的"等词汇,不是宣称"中国即将崩溃",就是宣称"中国威胁",使中国形象失真、严重受损,不利于国际社会真正了解中国。

自 1978 年实行改革开放以来,中国的传媒业取得了长足的发展。不论是在丰富新闻信息量,还是在传媒的经营管理等方面都积累了一定的经验,也在相互竞争中增强了实力。中国传媒业利税已成为继电子信息、制造业、烟草业之后的第四利税产业。目前,中国新闻从业人员有 55 万人,随着经济发展整体推进,传媒业吸纳就业人员的潜力更会凸显出来。

随着对外开放的不断深入和中国传媒业的蓬勃发展,中国的外文媒体也得到很大发展,初步形成了 CCTV – 9、中国国际广播电台、《中国日报》、中国外文局等几个专门对外国介绍中国的机构。中国有几本俄文期刊,如《伙伴》、《大陆桥》,但把它们提供到俄罗斯主流社会的路途不畅,当然其质量也需进一步提高。

改革开放后,中国媒体在报道内容上也日益自由、开放、独立,媒体对政府的监督作用越来越大。类似中国中央电视台一个经常批评政府部门的节目"焦点访谈"和就热点问题追踪报道的节目越来越多,社会影响越来越大。由于媒体参与,政府的行政权力受到监督和制约,提高了政府决策的透明度和科学性。

近年来,网络技术的发展使得信息传播更方便、更快捷、更普遍,我们突出加强了新闻网站建设,丰富了内容,提高了新闻时效性和可读性,使网站页面访问量有很大提高,中国前十名知名网站日页面浏览量已经由几年前的几十万提高到今天的几千万,最高达 2 亿。其中一个叫"中国网"的已成为有 9 个文种的对外介绍中国的专门网站。我顺便提及几个有俄文内容的网址：www.china.org.cn，www.peopledaily.com.cn，www.xinhuanet.com，www.cri.com.cn。中国还在美国建立了带宽 100M 的镜像网站，使境外访问量提高了 2～3 倍，用户访问速度提高 10 倍以上。

中国在社会主义市场经济条件下，使媒体获得了新的发展动力。一些媒体原来由财政供给，不做广告，不搞经营，而现在媒体按照产业概念运行，使其传播能力得到加强。

加入 WTO 后，标志着中国的对外开放进入了一个新的发展阶段，给中国传媒业带来了良好的发展机遇。不仅传媒业的物质材料的成本将大幅度降低，同时，入世也有利于我们开阔视野，站在全球化、现代化的高度，以比较的眼光审视中国传媒业的发展。外资参与互联网站经营和出版物的分销服务，有助于中国了解国外媒体的先进技术和经营管理手段。由于世界对中国的政治经济、社会发展信息有更多的需求，中国传媒报道的内容必须更丰富、更及时、更准确、更能为外界所理解。

但是，与世界上大媒体集团相比，中国媒体集团的产品发行量及影响力还相差很多。中国不同媒体仍缺乏有效融合，报刊、广播、电视、电影、网络等生产信息产品的产业，各自经营的局面还没有改变，中国跨媒体集团还有待形成。传媒产业依托的信息技术的发展仍然缓慢。中国媒体品种数量不少，但是人均值较低，特别是在世界市场所占的发行销售份额较低。图书、报纸、期刊、音像制品、电子出版物的国际贸易中国的逆差很大，不利于世界了解中国。中国对世界的了解比世界对中国的了解要多得多。

中国媒体以积极的姿态应对入世。中国的媒体在注重社会效益的前提下，开始注重经济效益，开始面向市场，注重受众多样化的需求。中国传媒的内容日益丰富，更为人们喜闻乐见。媒体的社会效益和经济效益也会有不一致的方面，我们当然会提醒媒体注意承担社会责任，不能经济效益至上。但两种效益在许多情况下又是互相促进的。中国媒体要多创造出"社会、经济效益双丰收"的"产品"。在推动中国媒体市场化的过程中，中国政府积极进行媒体产业的结构调整，推动大型集团跨地区经营。在北京、上海、广州、成都等大城市，大力推进各种媒体集团的建设。在推进集团化时，我们希望媒体企业把内容建设作为核心战略，以优秀的内容吸引更多受众，作为媒体创新的动力。

中国人口占世界人口的 21%，电视观众超过 9 亿人，预计每年还会以 1000 万户的速度增加。据预测，到 2005 年，中国潜在的文化消费能力将达到 5000 多亿人民币。美国时代华纳、新闻集团、迪斯尼公司和广播与电视博物馆国际理事会（MT&R）等一些著名的传媒机构都与中国有交流和合作。我们期待俄罗斯同行与中国媒体有更多的交流与合作。

俄罗斯是中国的友好近邻，与中国有很长的边界线接壤。不仅中国中央政府，中国地方政府也与俄国有交流的热情。中国与俄罗斯交界的省份与俄罗斯的交往更加密切。中国的北方省份黑龙江和新疆有俄语电视台、俄语广播、俄文期刊，为俄罗斯了解中国提供方便。我们也乐意听取俄罗斯同行们对这些俄文产品的意见，改进我们的工作，中国媒体愿意成为中俄友好的桥梁，愿意更多地报道俄国的文化和社会进展。

2001 年，中国前国家主席江泽民与俄罗斯总统普京成功实现了两国元首互访；前不久，中国国家主席胡锦涛对俄罗斯进行了首次国事访问，中俄友好合作关系进入了新的阶段。我相信通过两国媒体和两国人民的共同努力，中俄两国关系必将迎来更加美好的未来。

（演讲后回答问题）

问：我是国际论坛社记者，提两个问题。第一个问题是你们是如何选择

"中国周"内容的，地点为什么选在圣彼得堡，而不是莫斯科？第二个问题是您对非法移民持什么样的看法？

赵启正（以下简称赵）：圣彼得堡"中国周"刚刚开幕就取得了很大的成功，得到圣彼得堡人的喜欢。我知道，俄罗斯人的教育程度和文化修养都很高，所以在选择"中国周"的内容时，我们十分小心。最先的两个项目：中国广东杂技团的表演和"中国的世界遗产"展览，观众都很踊跃。这样我就放心了，看来"中国周"是能够成功的。

接下来还有两个项目：一个是中国民乐团的民乐演出，一个是中国模特的表演。

选择在圣彼得堡举行"中国周"的原因是那里正在庆祝建城300周年。下一次选择理所当然的应该是在莫斯科。

在历史上，中俄的文化交流是非常丰富的。中国几乎翻译了俄国的全部名著，中国放映的电影多以俄国电影为主。但是眼前不是这样的了。现在的俄国文学作品，有哪些应该翻译成中文的，我们不太了解，而且我们很少能看到中国人曾经很喜欢的俄国电影。中国流行的俄国古典音乐，往往不是俄国交响乐队演奏的，而是柏林爱乐乐团和费城交响乐团演奏的。这些都是需要尽快改变的，也是能够改变的。

关于第二个问题，近几年来中俄两国公民往来有很好的发展势头。2002年俄国公民来华人数达到120万，而中国公民到俄国的有69万。中俄之间有三个关于旅游和互相往来的协定。

问题是现在出现了非法移民的问题。这个问题中俄两国政府都很关注，到底有多少中国的非法移民到俄国，报纸以及俄国各个部门所说的数字不一致，这是完全可以理解的：因为他是非法移民，没有登记。

出现非法移民有极其复杂的背景原因，需要从这些原因上进行分析并采取有力的措施。中国一贯反对非法移民活动，长期以来中国不断加强出入境管理，完善有关法律和规定，加大执法的力度，加强反对偷渡的教育，在制止和打击非法移民方面已经取得了很大进展。在遣返非法移民的问题上，中国方面一直采取和俄方合作的态度，对于经过核实、证实确实是非法移民的中国公民，中国接受遣返。

事实上，中国的某些邻国也有非法移民到中国，有的数量也很大，因此我们对这个问题的理解不会和你们有很大的不同。谢谢。

问：我是法新社记者。关于在北京举行的朝核六方会谈，您是否知道朝鲜会采取什么样的立场，中俄将采取什么样的措施？

赵：这次六方会谈能够举行，是朝核问题的一个进展。

中国在朝核问题上的态度是明朗的，就是主张维护半岛的和平，主张半岛无核化，主张以对话的方式解决问题，同时也主张理解朝鲜对其本身安全的担心。

中国和俄国都是朝鲜半岛的近邻，中国和俄国对朝核问题的观点和立场，完全一致。不久前，中国戴秉国副外长与俄国洛休科夫副外长就此问题做了进一步的磋商。

你问我朝鲜在这次会议会持什么态度，以我的智慧很难预计。如果一定要我猜测的话，那是很危险的，因为会猜错。

问：我还想再问一下，大家都知道，美国现在没有准备好向朝方提供安全保证。那么在这种情况下，中国怎样在谈判时使双方立场尽量接近？

赵：我们多次向美国说明朝鲜对自己安全的关切程度。因为朝鲜和美国都坚持自己的立场，我们只有看在谈判中能不能取得进展。

问：我是俄罗斯电视台记者，今年美国国务院再次提到了中国严重干涉人权。请您解释一下这个问题。

赵：中国是一个重视人权的国家，并且还在不断改善中国的人权状况。美国和中国之间关于人权的争论，总是美国发球，中国接球。美国每年三月份有一份《国别人权报告》，涉及到130多个国家和地区，也包括贵国。《报告》对这130多个国家和地区进行攻击性的评论，但是没有评论它自己。我们每年出版一份《美国人权记录》。在他们发表之后，我们才发表。

《国别人权报告》中的语言很不友好，并不是要善意地指出我们的人权问题。如果是，我们是愿意参考的。《报告》关于中国和俄罗斯的篇幅都很长。不知道诸位读过没有？我希望你们有时间读一读。

问：美国是否向联合国建议调查中国的人权？

赵：美国每次在日内瓦联合国人权委员会提出的报告都被否定，没有一次成功。这不只是中国不赞成，是很多国家都不赞成。美国想调查哪个国家，哪个国家就接受它的调查吗？

问：我是俄中新闻社记者，想请问您中国政府对使用外国技术发展本国的电信事业持何种态度？还有，会不会用俄罗斯的卫星技术来发展中国的电信技术，特别是提高中国的电信效率？

赵：中国对外国的先进技术都抱着欢迎的态度。途径很多：大学和研究所的学术交流，外国的高科技公司到中国作演说和产品演示，还有许多合资的或者是外国投资的高科技产业在中国生产他们的产品，都是比较成功的例子。比如美国摩托罗拉在中国生产的手机，又如法国贝尔公司在中国生产的电话交换机。俄罗斯前总统叶利钦参观过贝尔在上海的工厂，他告诉我俄国的产品更好，我说我们很有兴趣，希望他介绍给我们，可是他后来忘了。

我们知道俄国有高科技，我们有能力买更多俄国的高科技产品，包括你所提到的卫星通讯技术。

问：我是哈巴罗夫斯克（伯力）电视台记者。您刚才说中方愿意加强两国边境地区传媒的联系，那么您对加强我们和哈尔滨电视台的合作有什么看法？

赵：我去年到哈尔滨电视台看过他们的俄语节目。他们的节目做得很好，但是广播时间短了一点，也许是在人员和经济方面还需要加强。我愿意给予他们支持，你有什么建议也请告诉我。

问：我想请问，您怎样看待俄国的文艺团体访华数量大大超出中国访俄文艺团体数，如何解决这个问题？

赵：我在圣彼得堡和他们讨论过这个问题。据我们精确的统计，过去 4 年俄罗斯赴中国演出的文艺团体是 285 个，而中国赴俄罗斯的文艺团体是 30 个，有将近 10 倍之差。

造成这种不平衡的原因有很多。如中国的文艺团体到俄罗斯来演出票价定得很低，完全不够他们的支出，需要政府大量补贴。俄国到中国的演出票价很高，如圣彼得堡的芭蕾舞在北京、上海的票价高达 200 美元，这对于工薪阶层来说，这几乎是他们一个月的工资，这是因为中国人喜欢俄国的艺术。至于中国团体演出的票价定得很低是什么原因，我没有作过深入考察，至少在预先宣传方面做得不够，甚至几乎没有宣传，不能使俄罗斯观众下决心购买表演票。我们的杂技团在圣彼得堡的演出，观众掌声热烈，久久不肯退场，这使我相信中国的文化节目在俄罗斯是有观众的。至于如何推销，也需要俄罗斯的演出公司发挥作用。

问：我是中国《光明日报》记者。中俄两国政府关系发展得很好，经济关系发展很顺利，但中俄媒体关系发展显然大大落后了。根据现有的信息，俄罗斯老百姓很难了解中国。我的问题是您这次除了访问俄罗斯国际文传电讯社外，是不是还访问其他媒体单位？另外，就两国之间互相客观地进行报道是否达成了协议？

赵：这也是我们很关心的问题。俄罗斯的媒体表现不完全一样，像国际文传电讯社就非常积极。刚才社长告诉我，他们在上海就有 15 个人。据我所知，这也包括雇用的当地雇员，他们可以协助写关于中国的英文和其他文种的稿件。报道中国已经成为国际文传的一个特色。今天上午我和俄国新闻部的官员谈了政府如何促进媒体之间的交往。

我也许可以做两件事：一是推动中国媒体更多的记者常驻俄国，组织短期的访问团到俄国；二是我们也欢迎俄国媒体组织访问团到中国去。我的办公室有一个新闻局，专门帮助外国记者，它的负责人是钱先生，坐在第一排的中间，是一个很愿意帮助人的局长。

问：中国怎样看待俄罗斯关于西伯利亚的原油管线走向的讨论？哪一条管线应该是俄罗斯的优先方向？

赵：(举起了一张彩色的原油管线地图。众大笑) 这条管线对于俄罗斯、对于中国、对于日本都很重要。中国将成为俄罗斯长期、稳定的石油购买者。中国 GDP 增长率平均每年 9%，能源消耗的增长率应达到 6%～7%。去年中国大概消耗了石油 2.4 亿吨，大约有 7000 万吨是进口的，其中二分之一来自中东。从长远看，进口比例还会进一步增加，这个需求是长期的、稳定增长的。

任何国家在考虑经济合同的时候，首先考虑本国的利益，然后要理解对方的利益。我想中俄的谈判也是这样的历程。俄国需要稳定的有支付能力的购买者，中国需要能稳定提供石油的提供者。中国的支付能力也请你们放心。我希望双方都获得利益，这样才是最好的朋友关系。

推心置腹　平等交流

盛世良

　　选择俄罗斯国际文传电讯社发表演讲，介绍中国传媒业的现状，传达同俄罗斯传媒界加强交流的愿望，可谓找准了对象。

　　成立于上世纪90年代末的这家非官方私营通讯社，虽然在中国的知名度远远比不上俄罗斯的两家国家通讯社俄通社－塔斯社和俄新社，但是，由于记者编辑阵容强、条条框框少、时效快，它在俄罗斯政界和报界的声誉比起那两家国家通讯社来，有过之而无不及。从报道的风格和取舍来说，国际文传电讯社却比较接近于西方四大通讯社，有关中国的报道虽不至于歪曲丑化，但也难免报忧多于报喜。演讲中提到的"中国好像充满了天灾人祸"、对中国的负面报道大于正面报道等西方通讯社的毛病，国际文传电讯社可以说也"咸与有荣焉"。

　　由于这是与同行和行家交流，所以演讲人的功夫不下在文采和可读性上，而是放在事实充分、数字翔实和论据有力上。演讲人不是用抽象的褒扬，而是用一组颇具说服力的数字，展示了中国传媒业在改革开放中的长足进步，同时也毫不讳言中国传媒业的不足之处，让听众感到演讲人把他当成朋友，推心置腹，平等交流。

　　虽然俄罗斯国际文传电讯社和其他不少媒体也存在片面报道中国的问题，但演讲人没有对其评头品足，而是邀请俄罗斯传媒一同冲破西方传媒对国际舆论的控制，与中国同行进行更多的交流与合作。

　　刚刚摆脱苏式社会主义阴影的俄罗斯传媒人，对"宣传"和"意识形态"依然存在反感情绪。针对俄罗斯同行的特点，演讲人巧妙地避开了意识形态色彩浓厚的用语，但又不失分寸地阐明了我国的传媒政策——"在注重社会效益的前提下，开始注重经济效益，开始面向市场，注重受众多样化的需求"。

中国有关俄罗斯的报道，特别是中国主流媒体有关俄罗斯的报道，在规模和客观公正方面远胜俄罗斯媒体的对华报道。中国在向俄罗斯人介绍中国方面所作的努力，也远远超过俄方。对这些情况，演讲人都恰当地摆明事实，答案留给俄罗斯同行去思考。

演讲人通过自己掌握的有关本国和国际传媒的丰富知识和综合信息，犹如作了简要生动的传播学讲座，令人听来兴趣盎然。

年轻美国士兵的真实事迹

(2003 年 10 月 18 日在美国空军博物馆"历史的记忆"展览开幕式① 上的致辞)

女士们、先生们，朋友们：

今天，我们怀着崇敬之情在这里举办"历史的记忆"展览，怀念在反法西斯战争中那些为帮助中国人民而英勇牺牲的美国士兵们，向参加过中国战场战斗的各位老战士——健在的和已去世的，及他们的亲属，也向各位美国朋友致以崇高的敬意。

展现在大家面前的这些图片，记载的是 60 年前年轻的美国士兵与中国人民共同抗击日本法西斯侵略者的真实事迹。在中国人民的抗日战争处于最艰难的时刻，成千的美国青年，响应罗斯福总统的号召，告别故乡，离开慈祥的父母和热恋的情人，自愿来到中国，参加战斗。

在这场战争中，陈纳德将军指挥的飞虎队先后击落日军飞机 2000 多架，击毙 60000 多名侵华日军。为运送武器和物资，美国空军开辟跨越世界屋脊喜玛拉雅山的"驼峰航线"，由于山高路远，气候恶劣，当时中美共有 600 多架飞机失事，1500 多名飞行员献出了宝贵的生命。

在这些展出的图片中，也有中国普通百姓冒死保护美国飞行员和美国飞行员为了避免伤害中国平民，放弃跳伞时机而选择自己牺牲的动人事迹。还

---

① 在开幕仪式上美方希望中国将仍闲置在云南丽水旧机场的巨型土辗子赠送一只给博物馆，甚至愿开专机去接运。现此辗子已成了博物馆的一件引人深思的展品。

有像陈纳德、约翰·帕布杰克与中国姑娘陈香梅、施正芳一见钟情，热烈相爱的故事。

这些年轻人，不论是中国人，还是自愿来到中国的美国士兵，他们生前，或有一个美满的家庭，或有一位美丽的女友，如果没有那场战争，本来可以成为一位好父亲或者一名好丈夫。然而，他们凭着对和平和自由的热爱，却选择了为战争作出贡献和牺牲。虽然他们只度过了短暂的一生，却赢得了中国人民，以及美国人民的长久的热爱和尊敬。

近几年，在中国的西藏、云南、广西等地的皑皑雪山、莽莽密林中陆续发现了美国飞机的残骸，中国的老百姓在发现残骸的地方，自发地立了纪念碑。他们用中国的传统方式，像纪念自己的亲人一样，纪念这些为和平牺牲的年轻人。

这个展览是去年10月在华盛顿威尔逊中心展览的继续和扩展。2002年活动之后，我们又发现了一些新的感人的历史故事，如老战士道格拉斯·瑞克和中国护士李恰愈、汤领德的故事，也包括在今天的展览中。

在历史上，中美两国人民曾并肩作战。今天，中美两个伟大的民族，一定会携手合作，共创和平、稳定、繁荣的21世纪。

让历史的记忆深植于我们心中，让我们以更加美好的愿望走向未来。

谢谢。

找准对方的兴奋点

江伟强

赵启正主任有一个坚定而明确的信念，那就是"只要对中国有益的事，我就愿意去做"。从上海浦东新区创业时期，到主管外宣工作，他一直都是这样想，也是这样做的。对于"飞虎队"、"驼峰航线"、"东京上空30秒"这类故事，虽然当时还有一些不同意见和看法，但赵启正主任认为完全应该加以发掘，用于促进中美交流和沟通，扩大我在美的声音和影响。另外，由于多年来相关的故事全由对方来讲，实际上只讲了一半，我们有必要主动出击，把故事的另一半也讲出来，还历史的本来面目。他的想法获得了党和国家领导人的支持，因而也就有了2002年在华盛顿威尔逊中心举办的"历史的记忆"展览。

这一展览借《中美联合公报》发表30周年之机，为配合江主席访美，营造了有利的气氛。展览期间，还组织了中美退役将军和二战老兵的座谈会，在阿灵顿国家公墓无名战士纪念碑前悼念在"驼峰航线"中牺牲的1500多名中美两国飞行员，以及为美国飞行员吉米·福克斯铜像揭幕等一系列纪念活动。展览在美国社会上下引起了强烈反响。美国各媒体都对展览给予了高度评价。

2003年2月，在我驻美使馆的协助下，"历史的记忆"展览在美国参众两院办公大楼展出。这是我外宣项目首次进入美国重要的政治场所。包括参院临时议长史蒂文斯在内的多位美国联邦议员观看了展览，并对展览给予了高度评价。

这一展览之所以成功，很大程度在于找准了美国受众的兴趣点和兴奋点。他们不是珍惜这一段历史和荣誉吗，我们带来了更为详尽的资料，有围绕这段历史发生的许多感人故事，还有最新发掘出的实物。抓住美国人这种愿望和心态，发掘出他们认为最值得骄傲的故事，并且向中美两国人民介绍，这样的展览就一定会受到美国人民的欢迎，就一定会取得成功。

此次赵启正主任出席的在俄亥俄州代顿市（Dayton，Ohio）美国空军博物馆举办的"历史的记忆"展览，就是自 2002 年在华盛顿威尔逊中心展览的继续和扩展。位于俄亥俄州代顿市的美国空军博物馆，是全球规模最大的航空器博物馆，年参观人数达 140 万人次。扩充后的展览记载了 60 多年前中美两国人民共同抗击侵略者的事迹，旨在怀念在反法西斯战争中为援华而牺牲的美国飞行员和舍生忘死营救美国飞行员的中国老百姓。

这里还有一段小插曲。由于代顿市位于俄亥俄州西部，交通不是十分便利，即使是在美国国内飞行，也很难找到直达航班。这在一定程度上影响了开幕式上美方政要的出席。赵启正主任在国内准备出发时就得知了这一情况，周围工作人员曾建议他，此次访美，短短几天，日程已经非常紧张，现在既然美方联邦政要可能不能出席，赵主任也就不一定赶到代顿出席了。但赵启正主任对身边同志说，我们这次去又不是和人家比礼宾规格，对方有人不能履约，我们不能也以爽约来赌气。赵主任率团如约前往，并发表了热情洋溢的讲话。这再次体现了赵启正主任的一贯作风和信念，即"只要是对中国有利的事，我就愿意去做"。当晚，虽然个别政界高官未能出席，但军方高度重视，将官如云，宾主畅言，尽欢而散。

一个伟大的婴儿

（2003 年 10 月 21 日在纽约"中国文化网"开通仪式上的即席讲话）

女士们、先生们，各位新闻媒体的朋友们：

首先，我代表中国国务院新闻办公室对中国日报网站与美国 X3D 公司的合作成功表示热烈的支持和衷心的祝贺！

今年 2 月份，X3D 的创建者 Armand Rousso（阿曼德·鲁梭）先生访问了我的办公室，当时我就判断 X3D 将是我们的优秀合作伙伴。

在经济全球化发展的背景下，地球上各处的人们较从前更需要彼此了解，彼此了解的必经之路是文化的了解。世界各民族的历史文化遗产、自然遗产和当代文化不独属于该民族，也属于世界人民，是人类文明的共同财富。

中国要了解世界文化，世界要了解中国文化。科技的进步为这种相互了解提供了一个有效的途径。今天，中国日报网站和 X3D 公司的合作，就是架起了这个独特的桥梁。

美国 X3D 公司具有很好的高科技技术，这种技术可以使平面的影像变成立体的和动态的表现形式，使人如同身临其境，而且不借助任何工具就可以轻松观看，这是世界最新的尖端技术。中国日报是中国最主要的国家级英文日报，也是中国第一家建立网络版的媒体。目前，中国日报网站在国内外网民当中有着广泛的影响力。双方合作，强强联手，共同推出 X3D 网站，利用三维立体技术向世界展示中国文化，为五千年的文明财富赋予有生命力的视觉冲击效果，确实是可喜可贺，为中国网民和世界网民做了一件大好事。

文化的内涵十分丰富，在以往的平面表现形式中，往往不能尽显其本色。比如著名的中国苏州"双面绣"，如果不是立体效果，很难看到两面分毫不差的绝顶刺绣技巧。北京的紫禁城、长城、西安的兵马俑等等都是十分珍贵的世界文化遗产，借助三维的表现形式，世界各地的网民，就向亲自体验大大迈进了一步。一个更加鲜活的、更易感知的中国，即将通过这友谊网络的高速公路走向世界。

X3D 网站的推出，不仅仅是两家公司的合作，而且具有文化传播国际化的先锋意义。我希望合作双方着眼于未来，优势互补，取得公认的成功。

今天这个仪式之后 X3D 网站才算诞生。可是，它诞生之前，几个知名网站就进行了报道。"X3dchina.com"真是个伟大的婴儿！让我们大家都帮助他，他很快就会成为一个英俊的青年！

谢谢大家！

给世界一个真实的中国

中国日报网总裁　张平

美国东部时间 2003 年 10 月 21 日（北京时间 10 月 22 日），中国日报网站与美国 X3D 技术公司（X3D Technologies Corp.）合作推出的 3D 中国文化网（www.x3dchina.com）在中国驻纽约总领馆举行了盛大的开通仪式。《一个伟大的婴儿》是赵启正同志在开通仪式上的致辞。

所谓 X3D 的技术，就是把平面的素材，通过高科技技术，用立体的、动态的形式表现出来，3D 中国文化网的目的就是通过这种技术，让中国五千年的文明历史和文化宝藏能够更加生动地、活灵活现地在互联网上展现，从而令全世界的网民都可以更加感性、更加真实地了解中国，了解中国文化。

中国日报网站与美国 X3D 技术公司的合作可以追溯到 2002 年 11 月，当时在中国驻纽约总领馆的引见下，双方进行了初次会面。此后总领馆又多次协助安排双方的深入磋商，加强了解，从而促进合作成功。

赵启正同志一直很支持建设这个中国文化网站，他在讲话中提到：今年（2003 年）2 月，X3D 的创建者 Armand Rousso 访问了他的办公室，凭着多年来与外商接触的经验，以及对电子技术专业知识的坚实基础，他当时就判断出这将是一次成功的合作；出于一个外宣工作者强烈的责任感，他对中国文化与高科技技术及互联网联姻十分敏感，于是他抓住契机，积极促进合作，使得 3D 中国文化网——一个由中国网络媒体和国外高科技公司合作在境外创办的、介绍中国文化的网站得以诞生。

在网站的开通仪式上，除中国官方多位高级代表到场以外，纽约市长布隆伯格的特别代表肯尼斯·波兹巴先生也出席了开通仪式。此外，参加开通仪式的还有许多国际知名公司和银行官员，包括英特尔、西门子、花旗银行和美洲银行等。全球 40 多家著名媒体到场对此进行报道，如美联社、CNN、美国广播公司、《财富杂志》和《新闻周刊》等。

"正确地向世界介绍中国"应该是对外传播工作多年来的宗旨，赵启正同志大力支持这项合作和他的整个讲话的基本出发点也正是为此。

中国的传统文化之丰富和绚丽是毋庸置疑的，但是过去若干年来更多的宣传途径是图片，由于手段单一，有许多东西不能得到淋漓尽致的表现。比如演讲中提到的精彩绝伦的双面绣如果不是"用立体的形式展示它两面分毫不差的刺绣技术"，又怎能体现其艺术的精湛呢？

给世界一个真实的中国，还有一层更深的意义，就是要采用国际范围的受众喜闻乐见的形式，摈弃古板的说教和僵化的灌输模式。在这一点上，赵启正同志堪称是一个典范，我们从文章的题目《一个伟大的婴儿》就能体会出来，这是一个多么人性化而又有亲和力的题目啊。如果这篇讲演的题目是"预祝合作成功"或"努力宣传中国文化"之类，其魅力必定要大打折扣。把这一刚起步的合作项目比作摇篮中的婴儿，唤起了人们对它的无限关爱和希望；对于直接参与该项目的工作人员来说，也是一种极大的鞭策和鼓舞。其实，这也正体现了讲演者的人格魅力。

不仅如此，在这篇讲演中，我们随处可见作者的眼光实际是超越了"婴儿诞生"本身的范畴。

他首先提出各民族的历史文化遗产"不单单属于该民族，也属于世界人民，是人类文明共同的财富"。于是我们就读出了这样的含义：这个"婴儿"将是造福于全人类的，他因此而"伟大"。

接着，他指出了科技进步为世界与中国的相互了解"架起了独特的桥梁"。于是我们读出了：中国日报网站与美国 X3D 技术公司的合作只是一个良好的开始，我们将迎来更多的此类合作，这个"婴儿"起到了表率的作用。

最后他更加明确地指出："X3D 网站的推出，不仅仅是两家公司的合作，而是具有文化传播国际化的意义。"于是我们读出了这句话背后的深远含义：不仅中国文化本身，而且中国文化的传播方式也在走向国际，也在与世界最先进的技术接轨，这是多么可喜可贺！我们怎能不和作者一同感叹：这真是一个伟大的婴儿！

上海的角色

（2004 年 7 月 2 日在巴黎工商总会总部的演讲）

尊敬的巴黎工商总会会长米歇尔·朗福先生，

尊敬的阿尔卡特集团董事长兼首席执行官谢瑞克先生，

女士们、先生们：

今天，我很荣幸参加这个会议，与大家一起讨论上海的投资机会和投资环境。上海市副市长周禹鹏先生将向大家介绍上海发展的一系列新成就和诱人的数字，并会告诉法国企业家，如何登上上海经济发展的高速列车。（掌声）

我曾在上海生活 24 年，其中一半多的时间在上海市领导班子工作，到中央政府工作已经 6 年多了。法国朋友与上海人打交道时，会发现他们与巴黎人类似的某种聪颖和志在必得的信心。（笑声、掌声）这种意识有时会被外地人误会为是一种太爱上海的偏执。我在中央政府工作后就力图避免这种误解，于是用心研究上海在中国究竟具有什么样的地位。在国际对话中，政治对话当然是在首都之间进行的，而经济对话则主要是在经济中心城市之间进行的，这样的城市如纽约、伦敦、巴黎、法兰克福和东京等等。在中国则是上海，虽然她尚不如上列几个城市强大，但她确实有资格代表中国进行国际经济对话。

中国政府在 90 年代初确定上海的发展方向，就是建成包括外贸、金融和高科技产业的中国经济中心。为此而采取的重大举措就是进行上海浦东新区的开发。浦东新区的开发成功，使其成为中国改革开放进程的标志。

由于中国政府对上海的信心，1996 年允许上海率先对外资银行开放部分人民币业务，如今，在上海取得成功之后已推广到全国的外资银行。

上海对外资的合作能力和容量都是可称道的。今天将有几位法国大企业家给大家讲一些引人注目的案例。1992年，法国达能总裁在上海的一个由我主持的研讨会上发言，谈到食品品味的国际化问题时，与会者感到难以理解，今天，达能的产品已经列入了上海人的食谱——当然，并不是所有的外国快餐都受到欢迎。上海当初拥有德国大众和美国通用两个合资汽车厂，也曾有人预言，这恐怕是个风险太大的决策。如今，上海汽车集团是中国汽车产量最大的集团，是迎接中国轿车消费浪潮的主力。至于阿尔卡特的上海贝尔公司，我曾陪同俄国前总统叶利钦去参观，他感慨地说，上海浦东开发的决策是英明的，规划是周密的，办法是聪明的。（掌声）1997年5月17日希拉克总统在浦东演讲时说得更富有诗意：我喜欢在这个地方发表演说，因为这是迎接太阳升起的地方。（掌声）

上海也有其弱势，如工资成本较高。但如果考虑到当地生产效率高和外地人才和劳动力流入上海并无障碍，也就不会导致工资过于高过外地——像上海摩天大楼超过周围楼群那样，对此也不必过于担心。土地是一个问题，上海地价高于外地多数地区，但是，如果不投资高尔夫球场的话，也许不必有此顾虑。占地颇大的环球影城和迪斯尼也没有因此放弃上海，他们还在努力争取呢。

我在北京也说过这些话，因为是如实的评语，所以没有人说我有偏爱上海的倾向。我很高兴，我生怕有人说我不公正。（笑声）

今年初，胡锦涛主席与希拉克总统签署了《中法联合声明》，提出了进一步巩固、发展和充实中法全面战略伙伴关系的方针，中法之间经济关系的进一步发展有着良好的政治环境和经济环境。我对此深信不疑。

谨祝大会圆满成功。

谢谢。（热烈掌声）

似小品　却大作

上海市人民政府新闻发言人、市委外宣办副主任　焦扬

2004 年 7 月 2 日，时值中法互办文化年中国年之收官戏"上海周"开幕前夕，巴黎工商总会总部二楼演讲厅举办了以"上海：优势与机遇"为主题的研讨会，200 多名法国工商界人士参加了研讨会。正陪同中共中央政治局常委李长春同志在法国访问的国务院新闻办主任赵启正应邀出席研讨会，并在开幕式上发表演讲。这里收录的就是启正同志演讲的全文。

作为巴黎"上海周"的总负责人，我出席了研讨会，亲耳聆听了赵启正同志的演讲，又一次领略了他挥洒自如的大家风范。现场法国企业家们全神贯注凝神静听和不时爆发的热烈掌声说明了演讲之成功。

在启正同志诸多海外演讲中，这次演讲大概只能算作小品。短短的 1500 字演讲，能够迅速阐明观点，吸引听众，抓住人心，博得共鸣，是何等的功力啊！依笔者管见，这篇演讲的过人之处有以下几点：

一、实事求是。在对上海的解读中，不回避对这片曾经生活过 24 年的土地的感情，不回避对上海"确有资格代表中国进行国际经济对话"的评价，也不回避谈论"上海也有其弱势"。惟其实事求是，才真实，才可信，才有吸引人之魅力。

二、以事实说话。秉其一贯风格，启正同志用自己的嘴巴说论点，用他人的嘴巴说论据。围绕"上海对外资的合作能力和容量都是可称道的"这一观点，他引用了法国总统希拉克、俄国前总统叶利钦对上海浦东开发开放的感慨，引用了法国达能、德国大众、美国通用、法国阿尔卡特公司在上海投资成功的案例，让听众自然而然地赞同了他的观点。

三、亲和平实。演讲通篇都是从个人感受谈开去，有如拉家常般的亲切

自然，毫不矫作。行文流畅平实，看不到华丽的词藻，晦涩的句式，每句话都能使听众立即明白，毫不费力地接受，可以从容地跟上演讲者的节奏，从而达到最好的演讲效果。

小篇幅，大容量；小角度，大文章；似小品，却大作——这就是赵启正本次演讲的风格。

中巴合作前程似锦

——"感知中国"文化周之际写给巴西朋友

（2004 年 11 月 4 日，中国在线，葡萄牙语网页 www.chinatoday.org.cn）

历史告诉我们：1810 年，曾有一些中国茶农漂洋过海到里约热内卢，开创了中巴两国人员早期交往的历史。据说，因种种困难这些中国茶农用血泪和汗水种植、培育的茶树并没能在巴西成林，但是他们却将中文"茶"的发音融入到巴西的葡萄牙语中，让我们至今感受到这段历史的鲜活。

从那时起，将近 200 年的时间过去了，巴西和中国的历史都发生了翻天覆地的变化。巴西人民摆脱了殖民统治，逐步走上了民族自强的发展道路。巴西是一个资源大国，有着发展经济的得天独厚的自然条件：丰富的矿藏资源，种类繁多的植物，世界最大的热带雨林，多样化的能源资源，石油蕴藏量居世界第 15 位，丰富的水利资源，都令世界惊叹。巴西还有独特的自然地理和历史条件，从而拥有令世人羡慕的旅游资源优势。勤劳、智慧的巴西人民充分开发和利用了他们的资源优势，创造出了巴西经济发展的奇迹。今天，巴西已经成为拉美第一大国，其国内生产总值位居世界第 11 位，成为全球具有最大发展潜力的新兴工业化国家之一。

与此同时，经济的高速发展与腾飞也发生在中国。从 1978 年到 2003 年，中国经济的年平均增长率保持在 9%；国民生产总值达到了 1.4 万亿美元。这样的速度和数字虽然看起来进展顺利，但是，我们也不能不看到，中国有 13 亿人口，人均国内生产总值还是比较低的。

经过 20 多年中国轻重工业的长足发展，中国人民的生活水平逐步提高，消费结构不断升级。于是带动了汽车、钢铁、房地产等行业的高速发展。中国出现了发达国家在"重工业化时期"曾出现过的现象，如伴随着上述商品需求的扩大，能源工业（电力、煤炭等）、原材料工业（矿石等）、基础工业（交通、通讯等）增速加快，能源和某些原材料短缺，交通运力紧张，环境保护的压力加大。今年，中国政府加强了宏观调控，已显现成效。

同我们两国所经历的巨变一样，中巴两国关系也在发生着深刻的变化，而两国经济贸易关系的迅速发展则是这种关系的坚实基础。与此同时，两国领导人在政治上所作的努力也为两国关系掀开了新的篇章。有拉美学者正确地评价说，"中国与拉美国家的关系是远离国际经济旧秩序里的掠夺和依附关系的"，"它有助于增进国际关系多元化，甚至于有助于国家主权的巩固"。巴西总统卢拉曾说过，中国经济高速发展对巴西是"战略性机遇"。今天同 30 年前相比，两国双边贸易得到了迅猛发展，贸易额从最初的 2000 万美元，增加到去年的 79.9 亿美元。中国已经超过日本成为巴西在亚洲的最大贸易伙伴、巴西在世界的第三大贸易伙伴。

除贸易外，两国相互间的直接投资也在逐步增加。到 2003 年底，巴西在中国的投资项目达到了 312 个，中国在巴西投资兴办的企业达到了 73 家，实际投资金额为 1.29 亿美元，中方投资的某些项目已在建设中。

两国在科学技术领域的合作也有新发展。

中巴在 1993 年确立战略伙伴关系以来，十多年的探索和努力使这一战略伙伴关系的框架不仅搭建了起来，而且内容在不断充实和丰富。它与两国具备的综合国力以及各自在国际社会的地位是相称的，同时也与两国领导人在决定建立这一历史性关系时的初衷愈加吻合。

巴西已经建立了部门齐全、技术先进、具有相当规模的现代工业基础。

作为世界上矿产资源最为丰富的国家之一，巴西的矿产工业也得到了迅速的发展。巴西工业部门中近97%的企业为微型和小型企业，却吸纳了全国工业企业就业人数的41.6%，占全国工业产值的四分之一，他们的管理经验和发展模式对中国遍布城乡的同类企业很有借鉴意义，摸索此类合作还有待于双方企业家的共同努力。

农业在两国的国民经济中都是重要的基础，中巴两国也有着广阔的合作前景。中国是巴西大豆的主要进口国，中国将保持这一进口势头，并期望两国能在大豆种植和开发方面进行更加广泛的合作。

中巴合作领域相当广阔。两国不仅具有较强的资源贸易的互补性，而且还存在着进行资源开发合作的巨大可行性。

两国的经济联系也许不仅限于贸易和相互投资的层面，同为发展中国家的中国和巴西还面临着相类似的经济困难。1999年和2002年，有些外国人士曾预料中国也会陷于金融动荡，原因是中国也吸收了大量的外国投资，政府财政赤字也比较大，外债规模虽然被控制在警戒线内，但其增长速度也令人担忧；此外，和大部分拉美国家一样，中国也面临着贫富收入差距较大、国营企业效益较差等问题。

中国政府奉行邓小平先生"摸着石头过河"的改革哲学，既吸取国外的经验，又不盲目复制外国模式，而是根据本国的社会、经济、政治情况作决定。这些外国分析家的预言没有在中国"兑现"的根本原因是中国推进改革的方式是渐进的。

我认为，在发展经贸关系的同时，两国有必要对上述种种在"发展与改革"中遇到的共性问题建立定期或不定期的研讨机制，也可以叫论坛，由政府部门或民间机构牵头，政、企、学界人士共同参与。这对于中巴两国巩固和发展战略伙伴关系，以及相互取长补短都是十分重要的。这本身就应该是

"国际经济新秩序"的一个组成部分。

对于中国人来说，巴西是一个极富魅力的国度。早在上世纪 80 年代，巴西电影《生活之路》在中国上映后，其主角"财主"和"百万富翁"就成为人们茶余饭后的谈资。巴西电视剧《女奴》在中国播出，更使"伊佐拉"变成了家喻户晓的人物。1994 年中国足协把中国青年队整支足球队派遣到巴西训练、比赛，1997 年 12 月才结束集训。目前中国国家足球队中有 7 人曾在巴西培训过。应该承认，我们两国在足球上还有一层缘分，那就是国际足联在今年 7 月宣布足球的起源在中国的山东淄博。可惜，我们的球员没有继承好祖先的传统。

最后，让我仍用"茶"和"咖啡"的话题来结束本文。一位巴西咖啡商曾说过，只要中国人每人每天喝一小杯巴西咖啡，巴西就要发大财。这种期望是有道理的。要是能让 13 亿中国人中的十分之一一边喝巴西咖啡，一边欣赏巴西足球和桑巴舞，会是什么样的美妙情景！当然，我们也希望有朝一日，巴西人民能一边喝中国茶，一边欣赏中国的武术和京剧。为了让美梦成真，让我们共同努力吧！

增进地球两端的沟通

——"感知中国"文化周之际写给阿根廷朋友

（2004年11月4日，中国在线，西班牙语网页www.chinatoday.org.cn）

中国人习惯用"天涯海角"来形容一个地方距离自己之遥远。但使用这个词的绝大多数人大概还没有机会感受阿根廷距离中国到底有多遥远。人们常常把中国的海南岛称为天涯海角，却不知阿根廷首都——如果从太空看地球，正好位于北京的对跖点上，即是说，从北京按地球的直径打个洞过去就可以直达布宜诺斯艾利斯！从北京到布宜诺斯艾利斯，即便是乘坐最快的客机，除去中转时间，也要在飞机上度过20多个小时，可见相距之遥远！

我们两国人民由于这种地缘，历史上相互来往和了解较晚。据说，在16世纪后期，才有中国的商人、工匠、水手、仆役登上过美洲大陆。由于他们是从当年的西班牙殖民地菲律宾的马尼拉乘大帆船抵达美洲的，所以被当地人称为"马尼拉华人"。19世纪初，又有一些中国"苦力"被英国和葡萄牙殖民者贩卖到美洲，于是有了较多的中国移民与这块土地结下了不解之缘。

今天，世界已进入了互联网和宇宙飞船的时代，因此，我们应该更多地相互来往，事实上，两国经贸关系和文化交流已经蓬勃发展起来。我愿借此次双方的文化交流活动，向阿根廷朋友简要地说说中国文化。

中国有五千年的历史，在世界四大文明中惟有中华文明不曾间断。时至今日，中国人不管身处何方，都带有难以抹去的传统文化印记。

中国是一个多民族的国家，现已确认的民族有56个，其中汉族人口最多，将近 12 亿，占全国 13 亿总人口的 92%。其他 55 个民族因人数较少，习惯上称为少数民族，各民族都有非常久远的历史，而且相互关系融洽。

中国人信奉的宗教主要有佛教、道教、伊斯兰教、天主教和基督教，但宗教徒的比例很小，不到 10%。中国的五大宗教中，道教是土生土长的，形成于公元 2 世纪。佛教是在公元 1 世纪由印度传入，历史最为久远。伊斯兰教传入中国是在公元 7 世纪。到了公元 13 世纪，天主教才叩开中国的大门，但是大批传教士最终进入中国是在 19 世纪 40 年代。由于历史的原因，中国人习惯于把新教称为基督教，它传入中国的时间是 1807 年。

世界上有学者把中国人两千年以来奉为圭臬的孔子学说称为"儒教"，有其合乎道理的地方，但中国人崇尚孔子并没有其他宗教所具有的组织和崇拜之神，因此我更以为它是一种学说，是"儒学"而非"儒教"。儒学影响中华民族之深是无疑的，以至于其他宗教，不管外来的还是内生的，都受到儒学的深刻影响。

与阿根廷人活泼好动、热情奔放的民族性格相比较——这尤其表现在探戈、足球和马球，中国人则显得内向和沉闷，这多少也与儒学有关。当然，这样的民族讲和谐，讲和平，没有外侵性。

语言也是一个有趣的现象。如果说，阿根廷人在其 500 年的历史中，尤其是国家新生之后一直在寻找自己的语言，为此阿根廷作家有过许多彷徨和疑惑，那么中国人则幸运得多。尽管汉语的表达方式几千年经历了不少变化，但是今人只要经过古文的训练就能读懂老祖宗的文章，可谓"两千年经典使人读白头发（皓首穷经）"。汉语铸就的不仅是中国人的语言，而且具有独特的思维方式和逻辑。

世界上有五分之一强的人口讲汉语，然而，去年我访问西班牙时，西班牙国务秘书却曾不无骄傲地对我说，讲汉语的人的确很多，但讲汉语的国家却很少。我知道，这是我们对外交流的一个障碍，为此我们建立了许多外语媒体。我们有西班牙语的电视时段（CCTV－4）、国际广播和网页，我希望贵国能够充分利用中国的这些媒体，了解中国文化和社会进展。

阿根廷文化在中国享有独特地位。我们这个年纪的人，40多年前都看过阿根廷电影《中锋在黎明前死去》，近十几年来，热爱足球的中国人知道了，"博卡"不仅是一支阿根廷足球劲旅，还是阿根廷移民在拉普拉塔河口最早的定居点。中国人还倾倒于探戈舞蹈，同时也懂得了在这扑朔迷离的情调里隐含着上个世纪移民的乡愁。

对于拉普拉塔河和布宜诺斯艾利斯背后广袤的潘帕斯草原，我们并不生疏。19世纪贵国国务活动家多明戈·福斯蒂诺·萨米恩托的名著《法昆多》，以潘帕斯草原的历史和文化为依托，提出了"文明与野蛮"的命题，至今是世界范围内知识界、文化界争论的热点。

古典作品之外，中国还译介了贵国一些现代文学精品。今天，越来越多的中国读者通过了解阿根廷文学和现实生活，知道了埃娃·庇隆不仅是一个传奇人物，对于阿根廷人她就是一段刻骨铭心的历史；马拉多纳作为足球队员受到人们爱戴，还因为他经常向世界传播爱憎分明的声音；诞生于阿根廷的伟大人物切·格瓦拉也为中国人所熟悉，对于切·格瓦拉的象征意义，中国知识界和青年始终没有停止思索和讨论。

近年，贵国的青年足球队、探戈和芭蕾舞访华演出以及"布宜诺斯艾利斯文化周"促进了中国人民对阿根廷文化和艺术的了解。贵国的优秀电影《官方说法》、《旅行》也给中国电影界送来了新大陆的清新海风和深刻思想。阿根廷篮球队在奥运会前的一场热身赛中赢了中国队，中国队员和球迷都认为是我们该输，电视台一个著名的篮球评论员这样谈到阿根廷队："我注意到阿根廷篮球队的神投手，人称'白飞人'，他投篮时根本不认真看篮筐，抬手就出球，可见篮筐就在他心里，因此，阿根廷夺得本届奥运会男篮冠军是必然的。"

现在，阿根廷是中国在拉美第四大贸易伙伴。两国的经济联系也许不仅仅限于贸易和相互投资的层面，我们还面临经济改革中的类似困难。

中国人民亏了有邓小平先生"摸着石头过河"的改革哲学：既听取国外的建议，更根据本国的社会、经济、政治情况作决定；他告诉我们：中国既不要单纯相信书本，也不盲目复制外国模式。中国采取的改革方式是渐进的，譬如：在本地幼稚工业成长起来、建立反倾销机制之前，慎于实行贸易自由化；在建立金融监管体制之前，免谈金融自由化；在银行、金融部门成熟之前，以及建立对"对冲基金"等金融工具的自我保护机制之前，慎于开放资本往来项目；在充分发展私营经济、建立灵活的劳动力市场之前，国有企业的多元股份化改造要分步走，不泛泛提倡私有化；在建立社会劳动保障体系之前，慎于改组公共服务部门。至于这些办法最后效果如何，显然也需时间而有所调整和变化。

中国与阿根廷地处地球两端，但彼此心仪久矣，这大概是我们相距太远、差异甚大而又相互吸引之故。两国文化之间的这种"交叉优势"，决定了中间的交流将结出最美好、最强大、最持久的合作之果。地心的强大引力把我们两国人民联系在了一起。听说贵国青年中已兴起了学汉语的热潮，以至合格的老师不够，作为中国新闻部长，我本人首先愿意提供帮助。

几百年前，麦哲伦曾把他的名字刻在阿根廷的版图上，他以环球航海而把个人业绩写进了历史。今天，在计算机和喷气飞机的时代，数以千万计的两国商人、投资者、旅游者、学者、学生、艺术家、政府官员，这些不在历史上、也不需要在历史上留下姓名的人们，却正在创造着两国新世纪交往的更加伟大的历史。

领导人演讲的基础是"作文"

国务院新闻办公室一局副局长　杨　扬

如今当领导的同志时不时被邀请到研讨会、国际会议或大学去作演讲，这是与国际接轨的，表明我们的国家越来越现代化。作为对外宣传的领导干部，启正同志每年都要在国外发表很多次演讲，因为这是他的任务。这几年来，他演讲的题材涉及新闻、文化、科技、信息时代、经贸关系，地域远至"地球那一端"的拉丁美洲，欧洲法、德等大国和美国，近到邻国的日本，中间还有不近不远的邻邦俄罗斯。我有幸陪他参与了一些对外交往，因此观察到他对于"涉外演讲"的构思、准备资料和写作的过程，觉得启正同志有他独特的方法学。概括地说，演讲的质量就是作文的质量，启正同志自己搜集背景材料，常常自己动手写作，并且形成了一些套路。我把这些套路作以下的概括，希望对做涉外演讲的领导和工作人员均有一点启发。

首先是要在心里构造演讲者与听讲者之间的确切关系。听讲者是谁，在对中国的基本关系上处于什么位置，了解得很多抑或知之甚少，与演讲的内容有多大的关联度，演讲给你多少时间的限定，有没有让人家提问的机会，都是必须了然于心的。讲的内容浅了，听者觉得缺少有用的信息；过高估计听者的知识背景，就可能置对方于云里雾里。因此启正同志在构思阶段是十分仔细的，他要求为他在前方准备演讲活动的工作人员对上述问题作出清晰的界定，即与外方一起确定"合适的听众"。经确定，启正同志在阿根廷的演讲是由阿外交部组织的，听众来自社会各界，因此主题应该是较综合的和有文化意义的。在巴西的演讲由一个商会组织，听众的大部分是商会成员，对中国的经济和经贸合作有兴趣。这里我顺便说一句，完全由于偶然原因启正同志的南美之行临时取消了。他后来把发言稿改写为《"感知中国"文化周之际写给阿根廷、巴西的朋友》，比原先的讲稿缩短了三分之一。

启正同志搜集背景材料是不遗余力的，有时候甚至"一网打尽"。在准备阿根廷、巴西两场演讲稿时，他让人到书店把目录上所能找到的所有的相关书籍都买来，再请文化部、商务部、新闻出版总署、外交部为他提供有关两国与我交往的最新情况，自己用快速扫描的阅读方法全部浏览一遍。阅读时要做摘记，把将可能写进讲演稿的生动案例、说法、数据、甚至于有些段落、要引用的语言，统统储备在手边；储备的方式可以是当时就抄下来或复印，或在书中用红笔标出来，总之是用自己所习惯、管用的方式，将扫描式阅读的"成果"即筛选的结果转化成写作的依据和原料。这第二步工作就完成了。启正同志工作极忙，但我却发现他对这一阶段的准备工作很少假手于人，他开玩笑地说这样做他可以买不少书，作一次演讲准备就增加了他的藏书。启正同志是个读书人，读书人爱书，于此也可见一斑。

为最后写作列出详细的作文提纲，可以使演讲稿水到渠成。这个提纲一般包括用什么方式开头，开头的话非常重要，要试图拉近演讲者与听众之间的距离，"语不惊人誓不休"。启正同志在一本名为《阿根廷文化》的书中发现阿根廷首都布宜诺斯艾利斯正好在北京的地球那一端的说法，觉得极为生动，立刻摘录下来，打算用作阿根廷演讲的"卷首语"。同样是在中巴交往的一本历史书中，他发现1810年曾经有一些中国茶农飘洋过海，到巴西的里约热内卢，也曾经试图在那里种植茶树，于是他采用于巴西演讲的开头。必须确定行文的内在逻辑，讲话逻辑是引领听众的主旋律。阿根廷演讲的逻辑是：中阿在历史上的交往——两国近期的交往——引出中国是一个怎样的国家（人口，民族，宗教，孔子学说）——对比中国，讲我们所理解的阿根廷（性格奔放，五百年历史，足球，探戈，阿根廷近代文学的中译本，阿根廷获得本届奥运会篮球冠军）——中阿贸易——两国经济和发展中面临的困难的相似性——介绍中国近20年在发展和改革中积累的"有中国特色的经验"。巴西演讲的逻辑是：从巴西的独特自然地理和历史条件讲起，引出中国经济腾飞的一些数据——中巴贸易、相互投资和科技领域合作的发展现状和预期——中巴自1993年确立战略伙伴关系后的进展情况——两国经济面临相类似的困难——介绍"摸着石头过河"的中国改革哲学——建议建立定期或不定期的论坛，讨论"发展与改革"——中巴文化交往（巴西电影，足球，中国山东淄博是国际足联宣布的"足球之乡")——再次用茶和咖啡的话题来展望未来，与开头语相接。这个提纲就完成了。需要强调的是，"资料"与"提纲"之间是互动的，资料"催生"、丰富提纲，提纲引导为文者搜索资料，此涨彼涨。

如果说前三步的工作做得很扎实，即了解对象，搜集资料，详列提纲，并对讲演中的开头结尾，转承衔接，以及何处用何妙语都作了预先设想，那么"作文"就是一件既轻松又愉快的事情，可以一气呵成、一泻千里。启正同志是这样说的，也是这样做的。有时见他自己完成作文后，得意之情溢于言表。对此有同感而称启正同志为性情中人的"证人"至少有五六个，不信也可以问他本人。我还常常看到启正同志在口授文章，其实手边有一个详细提纲，又有经过搜集筛选的原料素材，口授讲稿是一桩很惬意的事。口授，常会得到新的句子结构，摆脱书写时无意之中禁锢自己的文法或句型桎梏，可以使讲稿（本来就是"话"）更飘然洒脱。当然这或许需要训练，养成习惯。

以上我的"观察与概括"，不免有猜测和猜想的成分，吾"此"他"彼"，此不及彼，是否精当以及水平高下，则是文责自负，也期盼启正同志指正的。

谈 话 录

我们有信心一步一步地实现自己的理想

(1998年4月15日在北京会见非洲高级外交官代表团的谈话)

我们有信心一步一步地实现自己的理想

赵启正（以下简称赵）： 去年我会见过非洲外交官代表团的16位来宾，这次是17位。按照你们提出的要求，我首先简单地介绍中国的进展，而后由大家提问题。中国现在处于一个前所未有的新时期，这个时期的标志就是我们执行了邓小平先生的主张，实行了对外开放和改革的政策。在这个时期之前，我们长期实行计划经济。后来我们发现在中国继续实行计划经济，经济不能迅速发展，因此实行了社会主义的市场经济。这个改革是由农业开始的。我们首先把土地承包给农民个人负责，改变了原来人民公社那种集体式的生产，大大提高了农民的积极性，使农业生产得到迅速发展。这样的改革几乎不需要国家投入资金。农民自己有了钱，发展了农村的工业，生产了许多工业产品提供给市场，一部分钱又投入到农业。这样，农村得到了继续发展。以后，我们大量吸收了外国的资金和技术来提高中国的工业。到目前为止，我们吸收外国直接投资大约2000亿美元。外国人投资的企业，既包括独资的也包括和中国人合资的，他们的产品质量比较好，很容易获得世界市场。中国连续多年GDP的增长值在10%以上，因此税收也大量增加，这样国家有钱进行基础设施建设。现在我们面临的困难和挑战，是原有的国营企业中的一部分由于生产设施老化，产品落后，竞争力削弱，它们面临着如何改革的问题。我们对于国有企业的改革和东欧、前苏联不同，我们没有简单地采取私有化的办法。针对不同的国有企业，我们采用了不同的办法进行改造。如鼓励经营好的国营企业和经营弱的国营企业进行组合，成为集团。而对于过分弱的国营企业，我们允许破产，而将工人经过培训转移到好的企业中去。在计划经济时期我们不允许国营企业破产，这一点我们也改变了。对于小的国营企业，可以由职工来购买，使职工成为股东；也可以由国家和职工共同所有，成为一种混合的所有制。我们后边的任务还有很多，我们很有信心一步一步地实现我们的理想。欢迎大家提问题。

穆凯亚·基昂万比：主任先生，我们非常感谢您今天能接待我们这个非洲外交官访华团。正是因为中国人民和中国政府的良好愿望，我们才能够来到中国。所以我们要对你们表示感谢，感谢你们为了让我们能够来到中国所作出的所有努力。我们刚才非常认真地听取了您介绍的情况。我们听到您讲到这样一个问题，就是在经济发展到一定阶段，中国领导人意识到采取的某些措施有一些失误。我们想借此机会向中国领导人表示祝贺，祝贺他们在经济建设的过程中能够发现这些失误，并且表示为改变这些失误愿意采取一些新的做法的良好愿望。中国人民在建设中取得的经验是值得我们这些非洲国家借鉴的。因为中国在建设过程中所出现的一些失误在我们非洲国家也是会出现的。我们在经济建设过程中作出了一些决策，创建了一些企业，但这些企业的运作情况并不是特别好。今天我们到中国来访问是为了亲眼看看、亲身体会中国领导人在经济建设方面所作出的决策以及中国所取得的成就。我想借这个机会再次向您表示感谢。

比卡·比索：中国长期对非洲国家进行援助和投资。从您的介绍中我了解到中国现在工业生产中许多企业机器老化，这就直接影响了生产力的提高。我想问的是，中国在援助非洲、帮助我们修建工厂的时候，将向我们出口什么样的机器？会不会也出现同样的问题？

赵：处置旧机器以前我们采取由大的城市向小的城市转移的办法，后来我们发现这个办法不好，应该采取彻底淘汰的办法。现在作为一种规定，许多旧的机器，包括旧到一定程度的汽车，不能重新出售，以免遗害他人，当然更不能出口。我们使用新的机器每年都要扣留折旧费，计入成本进行技术改造。非洲早期购买的机器当然存在着老化的问题。判断是否要淘汰这些机器最终要看产品在国际或者国内是否能够出售。如果因机器旧而生产成本过高，这个时候就是淘汰旧机器的时候了。顺便提一句，我们向西方购买机器的时候，并不完全按照西方人的意见去做。日本一家著名工厂曾要卖给中国生产空调机的流水线。它有两种流水线，一种能节省30％的人力，一种能节省85％的人力，但是价格相差很多，而生产出的产品质量是一样的。我们考虑到中国工人的工资比日本工人工资低很多，我们决定买能节省30％的那种机器。有人曾经建议上海所有楼房的电梯都改成全自动化的电梯。我们没有简单地这样做。这样做立刻会引起上万名管电梯的工人失业。

建设社会主义市场经济是我们坚定不移的大目标

比卡·比索：我们看到中国政府经常要制订一些近期目标和中长期的目标。我想问的是，如果这些目标一旦不能实现，你们将采取什么措施，比如在企业这一层次上你们会做些什么？

赵：我们建设社会主义的市场经济这个大目标是坚定不移的，但是我们的具体政策随着发展不断地进行调整。我们会采取一些政策帮助有关的工厂，如新的高科技工厂，降低它们的税收。有些国内的政策往往不在全国同时执行，而是选择一些小的地区进行试验，试验成功后再在全国推广。中国有些地区可以实行一些特殊的经济政策，我们叫做特区，它们就有为全国做试验的意义。据说你们将去参观一些这样的地区。

国务院新闻办公室的职能

尼永加：主任先生，通过您的介绍，我们对中国的情况更加了解了。我们非常赞赏中国领导人进行经济改革的勇气。我想请教您这样一个问题，作为国务院的新闻办公室，你们这个机构的主要职能是什么？尤其是我们看到中国政府进行了多种多样的改革，但是这些改革往往也会给人民的实际生活带来一些不利的影响。我们也知道在中国还有一些落后地区，改革会给它们带来怎样的好处呢？

赵：国务院新闻办公室的职能，就是使各国了解中国的真实情况。对国内我们的各种媒体必须讲清楚改革的目的，并且讲明我们所遇到的困难。这些暂时的困难有许多，比如在国有企业的调整中有些工人暂时失业，只能得到救济金。政府要帮助他们接受再教育，然后到新的岗位去。又如为了建设城市基础设施，需要把市区的人们迁移到郊区去，他们会感到不方便，政府要为他们提供公共交通。中国的面积很大，地区的经济不平衡是明显的。但这不是改革开放以后出现的，一千年以前就存在。不过那个时候通讯、电视、交通不发达，这种差异人们感觉不明显。面积大的国家都有经济发展不平衡的历史。如美国在 19 世纪 40 年代以前这种不平衡也是很严重的。直到修建了两条东西方向的大铁路之后，东西部的不平衡才开始扭转。我们将东部发达地区的税收转移到西部等经济相对落后的地区。简单地说，就是先富的地区要带动落后的地区。

中国鼓励外商投资的政策

佛朗索瓦·尤塞·法尔：我们这些国家有些也处于经济重组阶段，所以中国经济建设的经验是值得我们借鉴的，我们对此也非常感兴趣。从我们来到中国以后，我们更加深刻地体会到中国在经济建设中所取得的成就。我们也知道外商在中国的投资非常多。如您所说，改革一方面要依靠中国人自己的力量，一方面也需要大量引进外资。我的问题是，如您刚才所说，中国已经引进的外资总额达到2000亿美元，那么中国是不是采取了一些措施以促进外资引进？在中国有没有投资法或是制订了一些鼓励、保护外商投资的规定？

赵：中国吸引外资有投资法，也有税收方面的优惠政策。我们鼓励外商投资的主要方法有这样几个：一是高科技领域的进口设备的税收较低，甚至于完全免税；二是在指定的自由贸易区内，所有的进口设备都是免税的；三是在其开始获利后的前五年，两年免税，三年只收半税。如果提供高科技的专利，这些专利可以作为股份。但是我们并不接受外国人的所有投资，我们也有一些基本要求。国内如果已有很多同类工厂，我们不欢迎再建新厂，除非它的设备极其先进，其产品极其高级。第二种是对国家经济生活、政治生活有重大影响的企业，我们采取谨慎的态度，有的暂时不允许外国人投资，如通讯业。我们允许他们制造电话机或是交换机，但是我们现在还不允许他们参加网络的投资。随着我们国力的增强，将来可能会慢慢地允许他们少量的投资。第三类我们禁止的投资是那些有污染的项目。有些国家很愿意把污染严重的产业搬到外国去，我们对此很警惕。实际上这也是一个人权问题。亚洲人的身体抵抗污染的能力并不比西方人强。他们不允许，我们也不允许。

中国与非洲国家的经济交流与经贸合作

穆罕默德·爱特·埃勒·卡迪： 中国现在正在争取加入世界贸易组织，而且随着中国改革开放的进一步推进，中国入世的前景也越来越好。中国最近已作出了一些新的决定，进一步削减关税。我的问题是，中国政府采取了一些什么样的措施，增加从非洲国家的进口，又采取了什么样的措施来增进与非洲国家的经济交流和经贸合作？

赵：中国政府鼓励加强和非洲的贸易，非洲各国的领导人在访问中国时也都提出了这样的积极建议。现在与非洲国家贸易额度过低的原因有多种。非洲有丰富的矿藏，也希望向中国提供这些原料，但是很多矿藏还没有开采。中国如果要购买这些原材料，就必须对这些矿进行投资，中国就需要作极其慎重的考虑。我们觉得在非洲建一些中小型的工厂，用当地的材料、当地的工人进行生产，也许比我们单独地购买原材料要好。但是我们对非洲市场的了解比对欧美市场要弱，有些中国的外贸公司好像喜欢到发达国家去，不太喜欢去非洲。我们可以批评他们，请他们改进。或者非洲可以建立一些类似中国经济特区那样的开发区。我们也可以派一些人去和你们合作。如博茨瓦纳总统曾提出中国是不是在那里建一个玻璃工厂，那里有很丰富的资源。博茨瓦纳也有钻石，如果在中国加工后再出售，也是一个好办法。似乎也到了亚洲人和非洲人享受钻石的时代了。我在马拉维发现，那里的中国产品的价格是中国本地产品价格的 5 倍以上。这就发现了一个问题，中间商盘剥了我们双方的利益。所以我们很愿意加强直接的贸易，而不是只发展间接的贸易。

关于创办法文杂志

赵：根据大家提出的问题，我也想提一个问题，请大家回答。如果我们编辑一本法文杂志《中国经济》或《中国改革》，赠送或出售，前途如何？能否成功？

穆萨·萨里夫·特拉奥雷：刚才本想问您一个问题，就是新闻办将采取什么样的措施来推动非洲国家了解中国的发展。我认为这本杂志的前景应该是很好的。不仅因为政府机构对加强与中国的交流感兴趣，而且我们的商人、从事贸易工作的人也会非常感兴趣。这样的一本杂志会使许多人受益。昨天有一个贝宁经贸代表团到中国来访问。他们发现，贝宁市场上从西方国家进口的产品比在中国卖的同类产品要贵 5～6 倍。如果有这样一本杂志给他们提供有关的信息，他们就可以从中国市场上直接购买这些产品。不仅商人会受益，而且消费者最终也会受益。

纽泽维拉：我认为这本杂志在非洲的前景会是很好的。由于非洲还有一些地方是讲英语的，所以这里我坚持要用英语提问。中国驻非洲各国的大使馆已经向我们提供了有关中国技术方面的一些信息。但是这还远远不够。您的这个建议很好，我们希望多出几种语言的这种杂志。我们有许多来自中国的新产品，比来自欧美的产品更有竞争力。例如，我们非常需要你们的医药。中国的医药产品特别好。我们的人民很喜欢中国的医药产品。我相信这本杂志肯定会赢得很多非洲国家的欢迎。我坚持强调，它应该用英、法两种文字出版，这样就可以涵盖我们所有的非洲国家。

拉科托马拉拉·安德利亚纳索罗：如果我没有理解错的话，您要办的这本杂志是为了介绍中国的企业改革政策，使我们更好地了解中国的经济体制。同时可能还会列举一些中国经济发展的数字及经济发展的方法，对于我们非洲国家的很多政府机构来说是可以借鉴的，在经济领域实际操作的人也可以从中借鉴经验。今天非洲国家正在谋求和中国建立合作伙伴关系。如您所说，这本杂志一部分送给政府机构，一部分卖给商人、企业家。这是一个很好的建议。我们对中国经济政策非常感兴趣，但是很多非洲人对中国的实际情况并不了解。比如说我们这些人需要亲自到中国来才能了解到中国的经济发展情况，了解到中国是如何从计划经济发展成为现在的社会主义市场经济的。所以我相信这本杂志是会非常受欢迎的。由您的办公室编写的杂志将是权威性的，是我们了解中国情况的一个最重要的好杂志。

若里奥·莫拉伊斯：我认为这本杂志是非常重要的，可以给我们非洲国家一个了解中国经济发展情况的机会。为了向您表明我们对中国的经济情况非常感兴趣，下星期我们的经济协作部部长将要率领一个企业家代表团到中国来。他们此行的一个主要目的，是和中国签署一个推进和保护投资的协定。

我们今年在北京还要开设使馆，这表明我们非常愿意了解中国的情况。另外，在佛得角的香港投资者也很多。作为佛得角的代表我想告诉您，我们期待这本杂志能够早日出版。同时我向您保证，我一定尽可能地宣传这本杂志。

关于《北京周报》

赵：也欢迎你为这本杂志写文章。我想知道在非洲是否能看到中国任何的英文或法文的杂志或报纸。大概很少。你们认为《北京周报》还有哪些需要改进的地方？

若里奥·莫拉伊斯：（手持一本《北京周报》）这本杂志很好。中国驻非洲各国的大使馆给我们提供了很多这方面的资料，不仅是《北京周报》，还有很多宣传中国科学技术的期刊和小册子，使我们可以很好地了解中国的经济发展情况，了解中国现在改革开放的进程。至于《北京周报》，我们认为这本杂志编得非常好，在很多问题上解释得非常详细。

穆罕默德·阿里：首先请原谅，我还是要坚持讲英语。从您的杂志中，我们还需要得到的信息是中国人民的战斗精神。我们钦佩你们的战斗精神。你们有一种强烈的求变革、求发展的愿望。这是我们要向你们学习的非常重要的内容。在您的杂志中可以包含技术、信息及其他一切内容，但是如果没能传达出中国人民的这种战斗精神，它就没有达到它能达到的高度。

在中国经济建设中有一种强烈的搞好经济建设和改革的愿望。希望这本杂志能够把这样的一种精神也传达出去。

降低贸易成本要双方共同努力

赵：不仅仅是为了做生意，也是为了互相交流经验。我本人认为，我们要不断地总结经验，把外国投资者的好技术、好设备拿到手，而付的钱又不那么多，这是不容易的。最好的办法是招标，让他们去竞争。

穆罕默德·阿里：中国生产的产品非常符合我们许多非洲国家的需要。我们也非常喜欢中国的产品。但是中国生产的产品在我们那里往往被视为一种奢侈品。一般人买不起，因为太贵。我希望能够改变这种情况，使得真正的非洲人，尤其是我们吉布提人能够买得起中国的产品。这也许是我带给您的一个信息。因为在吉布提的中国产品基本上是在大的商场或专卖店出售。普通的吉布提人是买不着的。一般都是住在我们那儿的法国人、美国人去买这样的产品。

赵：很重要的信息。降低贸易成本要双方共同努力。

社会保障体系的改革是一项很艰巨的任务

伊萨卡·苏迈拉：非常感谢主任先生刚才给我们介绍的情况，使我们更好地了解了中国正在进行的经济改革的情况。我们非常赞赏中国政府在改革中采取的务实政策。但是我们知道，这样的一个经济改革政策必然会对中国的社会保障体系产生很多影响。我的问题是，中国政府在进行经济改革的同时，是不是在社会保障如医疗、教育、养老等一些领域采取相应的政策措施。中国是在建设社会主义市场经济，当然我不能说这是一种自由化的倾向，但是往往这样的一种政策会在社会保障体系中也有所体现。所以中国是不是也在社会保障体系上进行相应的改革？

赵：中国正在进行社会保障体系的改革。这是一项很艰巨的任务。如果社会保障体系不健全，就很难对国有企业进行改革。中国以往的养老等项福利是由所在的工厂来承担的。但工厂宣布破产或改组后，工厂不存在了，那么职工的社会保障就应当由社会保障体系来负责。社会保障体系的基金来源有多种：职工本人按照工资每月缴纳一份保障金；他们所在的机构每月替他交一定的保障金；当地政府也担负一些。现在的困难是，这个制度刚刚实行，它的基金储备量较少。政府可以做担保，由银行给一些贷款，到将来积累较多时再偿还给银行。您的问题是一个宏观的、面向全社会的问题。尼日尔前总统阿里布特访华时也曾问过我类似的问题。

亚洲人和非洲人并不缺少智慧

穆凯亚·基昂万比：主任先生，再次向您表示感谢。感谢您向代表团提供的所有信息，感谢您回答我们所有的问题。我们提的问题多种多样，都是我们想了解的问题。我们希望有机会再见到您，希望有机会在我们的国家接待您。在我们访问结束返回各自的国家后，我们将更加关注中国发生的情况，更加关注中国政府将采取哪些行动，尤其是采取哪些与非洲有关的行动。我们对中国发生的一切变化都感兴趣，我们的眼睛始终注视着中国。过去中国和非洲国家都有共同奋斗的历史，但是非洲国家的经济目前还比较落后，所以非洲国家愿意和中国一道共同努力，一道进入新的世纪。请您转达我们对中国政府和中国人民的感谢，感谢他们为我们作出的所有安排。

赵：我们对非洲各国的前途充满信心。亚洲人和非洲人并不缺少智慧，以往我们缺少的是机会。

点评：

启正以非常诚恳的态度，认真回答来访者的每一个问题，特别是涉及对外经贸的问题，回答得更加具体、实在，这和他曾在上海浦东负责开发工作的阅历有关。此外，启正尽量使用轻松、幽默的语言来争取好的谈话效果，并给来访者充分发言的机会。介绍中国经济建设和技术引进的经验表达了一种真诚，没有居高临下、好为人师、令人反感的语气；以一句"亚洲人的身体抵抗污染的能力并不比西方人强"，幽默地提醒非洲朋友注意一个严峻的现实问题。

（中国外文局副局长兼总编辑　黄友义）

和朋友谈话要从心里说

（1998 年 5 月 29 日在北京阿曼大使馆会见阿拉伯使团全体成员的谈话）

一个国家妇女的地位是衡量这个国家进步的标准

（大使们到齐前，亲切、随意地聊天）

赵启正（以下简称赵）：今天我们新闻办公室也有多位女职工在座，我将来如果访问阿拉伯国家时，她们是否可以是我们代表团成员。

法里西①（以下简称法）：（笑）没有问题。

赵：你澄清了我的一个旧概念，我以为在阿曼妇女难以从政，这个想法完全落后了。

法：我们阿曼在整个海湾国家中是惟一一个在协商议会中有两位妇女代表的国家。妇女在我国可以从政，没有问题。

赵：中国的高级官员中妇女约占 9%，这个数字是不太理想的，应该更高一些。

妇女做官员较少的原因很复杂，很大程度上是历史原因，但也有妇女本身的原因，她们选择的专业往往是医生和教师，从事这些职业不太容易进入政界。

法：我非常同意您的意见。应该让中国人民了解我们的国家。如果要热

---

① 法里西：阿曼驻中国大使。

爱一个国家，必须先了解这个国家的人民。妇女也是一样，当我们想了解一个国家时，先要看这个国家的妇女，从妇女的现状可以看出这个国家的状况。

赵：是的。一个国家妇女的地位是衡量这个国家进步的标准。

（大使们到齐，会见正式开始）

和朋友谈话要从心里说，不能从纸上说

法：尊敬的部长阁下，今天我们在使馆欢迎您，欢迎您来到我们阿拉伯的大家庭中。我们非常高兴听您介绍贵办的情况。先请阿拉伯国家联盟驻华代表萨克特先生致欢迎词。

萨克特（以下简称萨）：尊敬的部长阁下，今天我们阿拉伯驻华大使坐在您的周围，准备听您介绍中国国务院新闻办的情况。我们非常了解新闻工作和新闻导向的重要性，对您的讲话，我们在座的每一位都会洗耳恭听。同时，我们还要提一些问题请您回答。

赵：尊敬的萨克特大使，我非常高兴今天有机会和大家见面。自从我做公务员以来，我有许多机会会晤外国的总统、总理或大使，但同时会见 18 国大使这还是第一次。能够作为一个阿拉伯大家庭的成员，哪怕仅仅是一个下午，是我最大的荣幸。（笑声）萨法里尼博士事先给了我 5 个题目，我的办公室给我准备了非常好的答案。但是和朋友谈话要从心里说，不能从纸上说，所以这个稿子我就不用了。（笑声）

向世界各国准确地介绍中国和中国的进步

赵：我想简要介绍一下新闻办的作用，大家可以随时打断我的话并提问题。我们这个办公室的全称叫"中国国务院新闻办公室"，外国没有完全与我们相同的机构。如美国原来曾有的 Information Agency（新闻署）和我们的办公室的职责也不同。我们第一个重要的任务是向世界各国准确地介绍中国和中

国的进步。方法是由我们编辑介绍中国的外文书刊杂志，通过大使馆向各国提供。我们也常常举行新闻发布会，公布政府工作的进展，回答关于政府工作的有关问题。中国的情况在西方常常被误解，西方不能准确地报道中国，这对我们是一个挑战。西方通讯社对亚洲和非洲的报道往往注意落后面，他们说他们是最公正的，但我们不能说他们是公正的。发展中国家，没有很多钱，也许我们大家联合起来能成立一个电视公司，名字就叫 AACNN，Asia & Africa Cable News Network（亚非有线新闻电视网）。（笑声）

我们另一个很重要的任务是和各国的媒体进行沟通，欢迎各国的记者来我国访问。如果外国媒体需要有关中国的报道，我们也很愿意配合。我办还有一个很重要的任务是对国际舆论的研究。对我们有益的议论，我们会很认真地对待。对重大谣言和攻击则要作及时有力的澄清。我们也研究一些基本问题，如国际人权问题和中国人权问题，主持编辑和发表中国有关问题的白皮书，如最近发表了《海洋问题白皮书》，不久我们还将发表中国国防的白皮书。我们特别希望与阿拉伯国家政府的新闻机构和媒体沟通，加强中国在阿拉伯国家的报道。我们希望改进中国驻阿拉伯使馆散发的资料，使其更符合阿拉伯人民的要求。我们有个中国外文出版发行事业局，他们有强大的编辑和出版能力，几乎可以翻译世界上的各种主要文字。如果需要在中国印制阿拉伯文的资料，外文局可以帮助你们。

我就介绍这么多，请大家提问。

《中国日报》与《人民日报》在政治原则上没有区别

萨：非常感谢部长阁下，通过您的介绍，我们对您领导的新闻办的工作有了一些了解。您领导的办公室对所有的与对外新闻报道有关的机构都起着领导和协调的作用。我们很多使馆都能读到 5 种文字的消息。但我们发现一个问题：《中国日报》有时与《人民日报》发表的东西是有矛盾的。我想知道这些不同是您领导协调后有意这样做的还是有其他什么原因?

赵:《中国日报》不是《人民日报》的翻译,因为读者不同,想知道的事情不同,读者的知识背景也不同。《人民日报》所用的中国的某些政治术语,直译成英文,外国人就不一定懂得了。又比如在中国人人都知道的事情,在《人民日报》就不必多讲,但在《中国日报》就必须讲清楚。但这两个报纸,在报道的事实的真实性上不应有任何区别,在政治原则上没有区别,如出现不一致的事实和观点时,一定是有一家报纸的编辑出了错误。如果萨克特先生发现两家报纸不一致的例子请告诉我。

萨:最近《人民日报》和《中国日报》在报道朱镕基对内塔尼亚胡的讲话时就不一样。《人民日报》说,朱镕基强调以色列必须执行联合国安理会决议,无条件从黎巴嫩撤军。但《中国日报》就没有"无条件"一词。

赵:我会去问《中国日报》总编辑,为什么遗漏了这个重要的状语。如果是文化、体育消息可以不那么严格,但是有关政府政策的问题不能这样随意。

黑德尔(以下简称黑):我有个问题,关于内塔尼亚胡提出的安全与和平的问题。内塔尼亚胡从不承认"以土地换和平"的原则,他一直强调以"安全"为原则,但3天前的《中国日报》说内塔尼亚胡将继续执行"以土地换和平"的原则,我想问问,这种说法是从哪里来的?

赵:我没有读到这篇文章,但同样,我会要求他们解释。今天你们给我的信息非常重要,以前我们未发现过《中国日报》和《人民日报》有这种不一致。

黑:还有一个意见,很多中国报纸,如《中国日报》使用许多术语和词汇是西方的用法。他们在引用西方新闻社的消息时,无任何更改,在报道叙利亚和黎巴嫩时,他们把"被占领土"说成是"在互相斗争中一方夺得",

"另一方退让出的"或者"失去的土地"。这些领土不是让出来的，而是被以色列侵占的。这只是两个例子，希望您能重视。

赵： 我会重视你的意见。这个问题的原因大概是该报编辑中有多种信息来源，并有多种外文的互译，可能由于疏忽，受到原来信息的影响。

黑： 是这样，但结果是不能反映实际情况。

赵： 我有点额外的要求，请你的助手给我一个有关错误的清单，标上你们认为正确说法，供报社参考。

黑： 可以。补充一点，两年前在利比亚使馆我曾和《中国日报》谈过这个问题，我当着他们的面举过上述两个例子。

马托： 部长阁下，我想请教您是否有什么好办法，尽快获得中国所有新闻机构关于阿拉伯报道的情况。

赵： 要了解中国的主流报刊的情况还比较容易，但要了解中国所有报纸的有关情况工作量会很大，全国有 2200 多种报纸。

中国希望停止核武器的竞赛，直至
最终销毁核武器

艾哈迈德： 部长阁下，感谢您精彩的介绍。感谢巴勒斯坦大使组织了这次活动，感谢阿曼大使提供了这次机会。中国的新闻媒体应对每一个阿拉伯国家都有所报道。很希望新华社能够作为报道的第一来源，我们所有这些使馆可以作为消息的第二来源，以此作为中国与阿拉伯传媒合作的一种方式。您能稍微谈谈对巴基斯坦核试验的报道您是怎样指导的吗？

赵： 我们必须考虑到核武器发展的历史背景是二次大战和冷战。二次大战过去了，冷战也结束了，并且《核不扩散条约》和《全面禁止核试验条约》都已经诞生了。不久前，印度突然在 48 小时内爆炸了 5 颗核装置。紧接着巴基斯坦也进行了核爆炸。同时，有人宣称中国有核武器，是对它的威胁。这与事实不符。中国宣布过不对其他国家首先使用核武器；特别是不对无核国家使用核武器，也不威胁使用核武器。因此，也希望世界上停止核武器的竞赛，直到最终销毁核武器。我们希望印巴这一地区和平。应当像安南秘书长建议的那样，让这两个国家参加上述两个条约。

纳欧里： 部长阁下给我们讲了很生动的例子。我也想谈谈印度先进行的，巴基斯坦又进行的核爆炸问题。我们已经明白了这次核试验的影响及对地区关系的影响。另外我们也看到中国政府官方的立场已通过外交部发言人表示了。刚才从您的介绍中知道了您的办公室对这个问题已准备了回答，我很想知道您的机构是怎样把中国领导的意见通过协调让外交部发言人讲出去的。

赵： 代表国家对外交事务表态是外交部负责的事情，不是新闻办策划的。外交部的表达是与中国政府一贯的政策相应的。不言而喻，这样重要的事情，外交部表态前当然要经过中央政府。我们与外交部有密切的联系，我们是互相支持的。对外交事务的评论是很严格和严肃的。它和世界上各种媒体近来铺天盖地地对克隆羊和克隆人的那种评论是不同的。你问得这样精细，说明你是一个很细致的外交官。（笑声）

有关阿拉伯国家报道的翻译要准确

哈比比： 刚才好几个大使提出中国新闻和出版方面存在的有关阿拉伯国家报道的问题。我也谈一点。上海外国语大学有一个期刊叫《阿拉伯世界》，这上面发表的文章我们有时都看不懂，不知道他们用的词汇从何而来。我说的是需要双方共同合作进行的项目。我们是否可以把一些文章翻译成双方都认可的文字，这样作为合作的第一步。

赵： 你的建议很具体，我也很欣赏。我们可以提醒这个杂志，你们也可以直接联系，他们一定会办得更好。

中国报纸的国外新闻来源

萨法里尼:现在轮到我了。作为阿拉伯国家新闻文化委员会主席,我认为大家都想把注意力集中在新闻和宣传方面。刚才您讲到您领导的办公室对中国新闻特别是对外报刊的指导作用,我认为您的机构对加强我们与中国新闻机构的联系会起到很重要的作用。我想问一下,中国报纸发表国外的消息是他们自己挑选呢,还是有一个中心提供给他们发表。新闻办和不属于您领导的其他机构,如《人民日报》,是何种关系。

赵:中国报纸的新闻来源很多。其中最可靠最基本的来源是中国驻世界各地的新华社分社,我们也使用外国通讯社和报纸的新闻,这里有个去伪存真的过程,有过滤,有判断,当然这种判断和过滤做得不好时,就会出现刚才几位大使先生提出的问题。《人民日报》是中国最权威的报纸,它的社长、主编和资深记者都有很高的水平,有很强的能力,我们很尊重他们。我们日常有密切的沟通,他们对我们的工作当然也非常支持。

关于我们的政治原则

萨:还有 3 个人要提问,他们是摩洛哥大使、沙特大使和中东社驻华记者,这是阿拉伯国家惟一的一个驻华记者。

麦赫迪:感谢部长阁下的介绍。我是新任驻华大使,借此机会,我感谢部长阁下和我的朋友组织了这次会见。我感觉到中国的新闻机构对阿拉伯国家的宣传是不够的,同时,通过您的介绍,我明白了部长阁下的机构有很大的权力和能力,能够加强中国对阿拉伯国家的宣传。我有一个简单的问题:能否请《人民日报》或《中国日报》有一个固定的专栏报道阿拉伯国家。

赵:我觉得《人民日报》和《中国日报》与阿拉伯国家新闻文化委员会见见面是重要的,可以直接讨论这个问题。

麦达尼：我想问一下，新闻办对中国的政治宣传起不起作用。

赵：应当讲起作用，在政治原则上我们一定要保持和中国政府的立场一致。另外，我们指导中国的媒体对外报道时，要讲究事实尽量准确，对各种国际舆论的评论立场要鲜明。

最终目的是推动中国的进步

巴克利：感谢部长阁下和阿拉伯国家新闻文化委员会给我这个机会。我只有两个问题。一个是在中国发行的各种外文印刷品太少了，我们索取不到有关资料。我想问的第二个问题是，中国也有消极方面的问题，中国媒体报道的不多，是这样吗？

赵：你得不到有关资料，这是我们的缺点。你需要什么，可以向我办索取。中国报纸对国内消极方面的报道比前几年多了。如一些腐败问题，有些地方官员侵犯公民权利问题。所以中国不是不报落后面，而是负责任地报道落后面。中国报纸的最终目的是推动中国的进步。中国这样大的国家，各地情况差异很大，由于这种差异，各地读者的需求也不相同。各地报纸对当地情况报道得更多，更详细。

马托：听了部长阁下的介绍，非常高兴，听明白了一些事情。

赵：新闻办主任是我的新的职务，如何提高本办的工作效率，让它成为众所周知的机构是我的责任。我们应该使我们的工作更加透明，这样才能发挥更大的作用。我们机构的目标是很崇高的，没有什么不可以说的，因此我愿意告诉你们我们的许多想法。希望经常给我们提供有关阿拉伯国家的信息。

从儿童时读《天方夜谭》起，
就梦想着有一张神毯飞到阿拉伯去

麦达尼（以下简称麦）：能和您见面，我感到非常幸福，您是阿拉伯人民真正的朋友。

赵：你这样说我也感到非常荣幸。我从心里热爱阿拉伯人民，从儿童时读《天方夜谭》起，我就喜欢阿拉伯了，梦想着有一张神毯飞到阿拉伯去。（掌声）

麦：欢迎您首先飞到沙特来。（笑声）

点评：

启正同志认为讲话直率能够交换意见，态度真诚能够成为朋友。这一观点体现在这次谈话中。在国际上，有些人总轻视阿拉伯人，但是中国的高官，从儿时就"读《天方夜谭》，就喜欢阿拉伯了，梦想着有一张神毯飞到阿拉伯去"。相信阿拉伯客人听到这样的话语一定会产生一种亲切感，甚至产生一种他乡遇故知的感觉，他们一定十分希望和这样的中国官员交朋友。我们看到，启正在这次与阿拉伯国家驻华大使的谈话中，既坦诚欢迎朋友的意见和建议，又有反馈和解释，更有希望双方在积极互动中加深理解的具体办法。这样的沟通当然会有效果。

（黄友义）

人们不能忘记你的"面向亚洲"的政策

(1999 年 4 月 28 日在北京与澳大利亚前总理基廷① 的谈话)

人们不能忘记你的"面向亚洲"的政策

基廷（以下简称基）：非常高兴又见到你，赵先生！

赵启正（以下简称赵）：我也是。我们有一年零四个月没见面了，上次我们谈了很多，但还有一个话题没有完成，那就是在上海外高桥自由贸易区的羊毛项目。那时澳大利亚羊毛局认为时机不成熟，但现在上海的羊毛制品在澳大利亚羊毛局的帮助下，质量已经有了很大提高，中国又将加入 WTO，这个项目将来还是有可能确立的。人们对你不能忘记的是你的"面向亚洲"的政策。

基：虽然我不当总理了，但我们目前还在推行"亚洲政策"，即使不是我们党执政，换了别的党，澳大利亚也必须执行"亚洲政策"。

赵：因为这个政策是正确的，人们不能反对正确的东西。你们的副总理费希尔和总理霍华德都访问过上海，他们都坚持推行"亚洲政策"。

基：从工党执政开始一直推行"亚洲政策"，但我执政时这一点更突出。

赵：你执政时在几方面都取得了很大成绩，那时澳大利亚与中国、与印尼以及与你们当地土著族的关系都得到了加强。

---

① 保罗·基廷（Paul Keating）：1991 年～1996 年任澳大利亚总理。

基：钱其琛副总理对此也起了重要作用，推动建立了亚太经合组织，领导人可以进行非正式磋商。江泽民主席与克林顿总统会谈了几次，大大地推进了双边关系的发展。而今年将在新西兰召开亚太经合组织会议，江泽民主席和克林顿总统又有机会见面，他们可以非常务实地谈双方所关心的事。

赵：是的，这一点很重要。亚太经合组织将在上海浦东开会，现在已开始作准备。

基：什么时候？

赵：2002 年。新西兰、文莱，然后是在中国。恐怕现在应该开始考虑届时穿什么样的中国服装了。

我们应考虑加强合理的进攻性

基：赵部长到北京后负责什么工作？

赵：我工作的这个部叫做国务院新闻办公室。新闻办的任务是指导中国的外文媒体向世界说明中国，同时分析各外国媒体对中国的报道，向中央提供资料和提出建议。还发表中国的白皮书，我们的杂志社可出各种文字的说明中国的材料。但我们与美新署（USIA）不一样，我们没有进攻性。

基：你们应该更有进攻性。

赵：我们有自卫性。但你的意见很重要，我们应考虑加强合理的进攻性。

爱喝啤酒的人讲话不用稿子

基：我喜欢朱总理的风格，他在美国被问到"政治献金"时说："你们提的（数目）太少了，中国外汇储备有 1400 亿美元。"我觉得不能完全把它当笑话，应该以朱总理的风格作宣传。

赵：中国官员应该向他学习，有些人不愿离开稿子讲话。不过在 Forst（佛斯特）啤酒工厂剪彩时，你和我都没有用稿子，爱喝啤酒的人讲话不用

稿子。（笑声）

基：应该说，你要按稿子念，那就是死稿，不会符合当时的情况。讲话应该像朱总理那样，是主动而不是被动的。

赵：我应把你的话告诉朱总理。

基：胡耀邦的风格与朱总理一样，他过去总是一边开玩笑一边吸烟，很有人情味，他真干事，甚至很有表演天才。

赵：你对他的记忆很清晰，很多中国人喜欢他。他年轻时是青年领袖，所以有这样的才能。你的评语都很有意思。

石励①（以下简称石）：我跟基廷先生讲，朱总理退休后，我们必须把他列入著名专业演说家名单，经常请他去世界各地演讲，戈尔巴乔夫也会演讲，但朱总理比他讲得好。

快欢迎外星人吧

基：赵部长夸奖我的面向亚洲的政策，当时一个基本点是不含任何种族主义，任何政策的制定都不能建立在谎言的基础上。随着时间的推移，我们应认清这样一个真理：我们中间没有任何一个民族生来就比别人优越。我们推行"亚洲政策"，承认澳大利亚是亚洲发展的一部分，当时就看有没有人有种族主义观点，你或者是，或者不是，没有中间的观点。

赵：澳航首航上海时，你们的 747 飞机上绘有许多毛利人的图案，五彩缤纷，还写有"回归之梦"字样，当我看见你们的飞机从云层中下来时真好像是外星人来了，就说："快欢迎外星人吧！"没想到澳大利亚的记者把我这话登在报纸上了。现在从中国到澳大利亚有了直飞就方便多了。

石：上海和广州可以，北京还不行。叶利钦访问上海时一定也有许多故

---

① 石励（Richard Smith）：时任澳大利亚驻华大使。

事吧？

赵：当时我问外交部是否要给他准备茅台酒，外交部说，他心脏不好，最好不要让他多喝酒。我们还是准备了保存了 10 年的茅台酒备用。他来了果真要喝，一口气喝了 7 杯，后来不得不取消游览黄浦江外滩的活动。

基：我看应登个头版头条"赵主任改变了世界的历史"。

赵：也许应该只请他喝 Forst Beer（澳大利亚在上海生产的啤酒）。

中国政府不允许政治献金

石：很有意思。朱总理访美，美国媒体作了大量报道，你们认为美国的报道片面吗？

赵：美国媒体对朱总理访美过程的报道基本是积极的。我们不满意的是，有些媒体也报道了 些不实消息，如所谓政治献金、中国窃取美国核机密等，对此中国坚持让他们拿出证据来。一般的核研究并不用保密，但各国的核武器研制都对外保密。美国人说中国通过发射他们的卫星窃取美国的技术，实际上，美国的卫星一运进中国就放在专门的仓库里，并有他们的人把守，还有监视器 24 小时监控。要窃取他们的技术必须把卫星打开，这是不可能的，他们有全部的录像，事实上他们没有证据。至于政治献金问题，至少说明有的美国总统候选人的机构愿意要，为什么在中国和澳大利亚没有这种事？中国政府不允许政治献金，也没兴趣去美国做这种无意义的事。

关于上海房地产开发

石：上海目前的住房怎样？麦格里银行对中国住房的投资很有兴趣，莫伟林[①] 先生想听您的意见。

---

① 莫伟林（Bill Moss）：麦格里银行副行长。

赵：上海人均居住面积在全国大城市中最低，如果每年增建 1000 万平米住房，人均每年才可增加 1 平米。上海目前住房购买力不大，原因是与工资相比，上海的住房还是贵了些，但上海购房有潜在能力，目前好多人都在希望得到政府的最后一次分房，还有人希望将来房价还会降低。3000 元 1 平米的中等住房目前在上海较容易推销。

莫伟林（以下简称莫）：麦格里银行正准备在天津开发住房，第一步在天津建 50 万平米，估计可盈利；第二步在上海，我们认为现在时机已成熟，准备在浦东建 3000 元左右 1 平米的住房。

赵：英雄所见略同。从房价上看北京高、天津低、上海居中。

莫：房地产开发最有希望的是在上海，上海是世界级城市，上海的发展重心在浦东。

赵：你去上海时，我可请有关人士向你介绍这方面的情况。

基：目前在中国开发住房的很多是外国人。两年前我与朱总理交谈，他不主张人民币自由兑换，赞成大量资本流进，不愿意看到人民币波动。我建议中国在房地产方面可采用证券抵押方式，假设抵押 1000 万，每个抵押与证券挂钩，如果银行用自己的钱投资，那么这笔钱将陷在那里 20 年，抵押证券不同，它可以很快地把钱收回。

赵：你的建议十分有趣。

基：在澳大利亚，一笔钱可以运转 8 次，绝不会陷在哪个项目上。第二个建议，可以出现二级市场，即住房证券市场，其中枢是中国银行，回收住房证券也像回收国库券一样。可以说中国的国库券十分不成熟，如增加住房债券，就有了保障。澳大利亚每年卖给美国六七十亿美元，中国规模大，卖出 300 至 400 亿是不成问题的，这也是吸引外资流入。这种债券可以卖给国内，也可以卖给国外的人，但首先要保证中央银行没有坏账，然后再发行抵押证券，外国投资者愿意买，因为它有中央银行的支持，这种支持是政府的、是有实物支持的，一旦中国出现危机，外国人也不会把证券送回，他们会在国外建二级市场互相买卖。

赵：冀尔① 先生能否把基廷先生的话写成文字？上海学者曾讨论过抵押证券，但始终停留在讨论上。

莫：我们五年前就与上海房委会和中国房委会联系过。现在我们准备和上海住房基金会、中国建设银行合作在上海推行住房抵押债券。

基：我两年前与朱总理提过，关键是中国中央银行要收住房抵押债券，只是私人收购不行。

赵：中央银行不收，私人没有信心，外国人由于中国银行不收也不收购。

基：如中国银行买，外国人也买，每年卖出四五百亿证券，不会造成股票动荡，相反会往中国流。要引进 400 亿很容易，你完全可以实现 800 亿。住房会建得越来越多，付的利息会越来越低。

赵：你的建议符合中国情况，也许你有机会向朱总理建议。

基：明天我们要去中国银行，后天见朱总理。

石：确实，基廷先生与朱总理是老朋友了。

赵：感谢大使先生安排我和基廷先生会面，我希望有机会再与基廷先生探讨我们共同关心的事情。

基：我也希望能再见到你。

点评：

基廷是一位国际性的领袖人物，又是熟人。启正与他的谈话因而深入广泛，开诚布公，使相同的地方最大化，也不回避有分歧的观点，从而使他们

---

① 冀尔（Tony Gill）：澳大利亚麦格里银行证券部总经理。

的谈话成为对国际战略的探讨。首先，对于基廷这样颇有建树的国际人士，启正充分肯定他"面向亚洲"的政策。这是基廷担任五年澳大利亚总理的重要政治遗产，也是一项使中国和澳大利亚都受益的政策，应该予以肯定。紧接着，基廷称赞中国领导人驾轻就熟的讲话风格，启正不失时机地指出："喝过Forst（佛斯特）啤酒"的人讲话不用稿子。听到启正通过澳大利亚的啤酒称赞自己，基廷一定心花怒放。至此，谈话者仿佛又回到了当年两人"对酒当歌"的气氛。谈到在中国的投资前景，启正用一句"英雄所见略同"肯定来访者的决策。在话题转入中国的金融市场时，我们看到大段的客人谈话，启正认真听，很少插话，并真诚地鼓励他们向中国领导人反映他们的观点。经常看到外国人写的报道中，说中国官员善于听取客人意见，并以此说明中国的开放进取态度。显然，这次谈话就是一例。

（黄友义）

让世界知道中国的真实情况

(1999 年 7 月 22 日在北京与法新社社长吉伊利的谈话)

我的誓言是中国的新闻报道要提高水平，
使中国的真实情况让世界知道

赵启正（以下简称赵）：我作为中国的新闻官员，愿和世界上各重要的通讯社作朋友，所以你应当是我们最重要的朋友之一。你上任三个月，我上任一年零三个月，也就是说我们将有充分的时间来合作。我们也都注意到法新社记者对我们在北京举行的新闻发布会的报道，你的记者每次都去，我们的任务就是使中国的真实情况让世界知道，我们能做的事情很多，但最重要的是两件：一个是不断地把中国的发展情况传递出去，还有一个就是做好与驻在北京的外国记者的联络工作。我不知道你今年 5 月曾在北京，本来我们应该会面的。

吉伊利（以下简称吉）：我上次来北京是因为我的前任选择在这里召开一个会议，是一个非常重要的会议，表明我们对中国发展前景的重视。我来之前与巴黎的中国大使馆联系过，但他们似乎没有与你取得联系。

赵：你在今年 3 月 9 日对法国《解放报》记者的谈话表明了你的态度，你的誓言是保持国际性大通讯社的地位，我的誓言是中国的新闻报道要提高水平，要使中国真实的情况让世界知道。你说你要充分地利用多媒体的技术来发展事业，我也期望用多媒体技术来加强中国的新闻报道。在互联网的挑战面前我们不能落伍。

准确地、及时地、有深度地报道中国，
不仅是我的任务，也是你的任务

吉：我们不仅要保持而且要发展国际性大通讯社的地位，目前我们的发展战略就是要进一步拓宽国际市场，尤其是亚太地区的市场，我们认为我们目前在亚太地区已经占有一定的地位，还有很大的发展潜力。中国对于我们来说是一个非常重要的国家，不仅因为它幅员辽阔，而且还有许多其他的原因。目前对于中国信息量的需求非常大，不仅是一些报社，一些企业也需要了解情况，因为法国和欧洲有很多企业在中国投资，他们希望了解中国的发展和变化。作为新闻社，我们应该尽可能提供顾客感兴趣的信息，所以我们希望发展法新社在中国的业务。最近我们提出向北京办事处增加一名记者，目前我们正在等待中国政府的批准。

赵：你对法新社在亚洲和中国的任务规定很清楚。在希拉克总统访问中国之后，中法之间的关系其中包括经济关系有明显的发展。我当时作为上海市副市长陪了他在上海的全过程，我对他的谈话非常直率，我说，法国作为世界第四大经济强国，对中国的贸易和投资却在十名以后。他问我这是什么原因造成的，我说法国的企业，尤其是小企业对于中国投资环境的了解不够，因而不知在中国如何竞争。依我看，准确地、及时地、有深度地报道中国，不仅是我的任务，也是你的任务。最后取得的效益不仅是法新社的，而且是整个法国的。

我的一些希望和忠告

吉：我完全同意。这次我来北京会见了法国驻中国的大使毛磊先生，他强调说法新社不应该局限于对北京和上海等大城市的报道，也应该报道中国

各个省份发展的情况。对于法国的企业来说，中国的各个省都有投资的机会，并不仅仅局限于首都和大城市才能投资。所以我们非常愿意在未来加强我们在北京工作的队伍，我们也与你有同样的希望，希望我们的记者也能更多地报道中国各省的经济发展。

赵：毛磊大使是我们共同的朋友，我是在安排希拉克访问上海时与他有过接触。法新社记者到中国各个地区访问，我的机构可以帮助。当然我也有一些希望和忠告，就是报道要准确，降低意识形态的色彩，比如他们最近对中国西藏的报道，猜测性和其他来源的错误加在一起，人云亦云，报道了一些不符合实际的内容，对于这样的报道我们不满意。也可能他们对西藏的历史和现状所知太少，才发生这样的错误。

吉：一些记者对消息报道也可能出现错误。工业生产有一个标准，可以对质量进行监督，新闻报道要求可信度非常高，非常准确，同时要求迅速，当然我们会非常注意提高我们报道的质量。法新社这样的新闻社，我们的顾客要求我们是多元化的新闻，要有来自不同方面的消息，所以我们必须反映大家的意见。当然我们的记者应该在时间允许的范围内核实消息的来源，同时更应该注意反映不同来源的意见。

赵：对于记者，我们并不要求他在评论中刻意地赞扬中国，中国不好的地方也可以报道，但是有一条，事实要尽量准确。比如在西藏，藏汉双语教育是最受欢迎的，那里的人如果不接受汉语教育，就不容易接触现代社会和学习科学知识。计算机的说明书，不是英文就是中文，当然我们要帮助他们译成藏文，但是有不少现代的科学词汇藏文中没有，必须创造新的藏文。在那里的许多工程师，也没有能力用藏语来讲授工程技术。你如果以后直接去西藏看看，也许能出个好主意。

吉：我非常高兴。有这样的机会，我将感到非常荣幸。

点评：

这是两人的头一次见面，但谈起话来，如同故人。对于外国来访者，启正是一位细心、周到、热情的主人，会见首次见面的客人之前，启正要认真了解相关背景材料，见面之后，还要把重要的内容制成卡片，下一次见面之前，再将卡片取出来复习一下。这不仅说明他严谨认真的工作态度，更能让客人感到受到尊重，感受到启正的真诚和热情。这一次谈话时启正能轻松引述来访者过去的讲话，显然事先充分备了课。然后他先求同并晓之以理："准确地、及时地、有深度地报道中国，不仅是我的任务，也是你的任务。最后取得的效益不仅是法新社的，而且是整个法国的"，这又能让法国客人感受到他情真意切。有了这种基础，启正再解释为什么西藏人要学汉语。这时，客人不可能不领悟到，启正是在真诚地帮助他准确报道好中国。

（黄友义）

有战略眼光的企业家不能不重视中国

(1999 年 12 月 5 日在北京接受美国之音采访记录)

（美国之音 5/12　21:00）《焦点透视》记者：听众朋友您好，这里是美国之音。我们今天在中国北京，应邀参加专题访谈的嘉宾是中国国务院新闻办公室赵启正主任。他是一位由学者和专家转而从政的领导人，是一位改革型的、务实型的政府官员。今天我们要谈一个非常有趣的题目，而且听众朋友们一定会感到这个题目涉及非常广泛，题目是《改革、交流、公关文化和美中关系》。我们知道赵主任在就任中国国务院新闻办公室主任之前的主要工作在浦东新区，上海市是整个中国经济的龙头，浦东可以说是上海这个龙头的"龙嘴"。

目前中国进行国际经济交往最重要的城市，
一个是上海，一个是香港

记者：您曾经是上海市的副市长兼（浦东）新区管委会主任，浦东一系列的改革带动了上海，带动了全国。您认为未来 50 年的上海，在哪几方面会对整个中国的改革产生推动作用呢？

赵启正（以下简称赵）：上海市是中国最大的城市，它的地理位置十分优越。它是中国两个经济发达带的交叉点。一个是中国沿海的经济发达带，另外一个是长江流域的经济发达带。在浦东开发之后，上海的经济得到了更健康的发展。目前上海 GDP 的人均值是全国人均值的 4 倍，而浦东地区的人均

193

GDP值是全国的6倍。所以说它在人均GDP和总税值方面对中国的贡献是很大的。中国已经逐步成为世界经济中的一个重要角色，它的国际贸易量更是国际经济中不可忽略的重要部分。在经济全球化的过程中，中国当然需要加强和世界各地的交往。世界各国政治的交往当然是通过首都进行的，而经济交往往往是通过最重要的经济城市进行的。像美国纽约、芝加哥、洛杉矶都是进行国际经济交往的城市，欧洲是伦敦、巴黎、法兰克福。在中国应当是哪里呢？目前中国进行国际经济交往最重要的城市一个是上海，一个是香港。而香港实行的是"一国两制"，它的制度和上海不同，它们之间在许多方面是互补的。您问未来50年上海会对中国的改革产生什么样的推动作用，这是一个很大的题目。我想它首先是中国和国际经济交往最重要的接触点之一，它对于世界、世界的金融流动将有重要意义。当然从长远看，中国不仅引进外国的高科技和资金，今后也会输出中国的高科技和中国的资金。上海的教育、人才积累在中国也是属于名列前茅的城市之一。在这里会产生一些能够懂得世界经济法律和国际操作的人士，这些人在中国内部也是流动的，它会向中国其他地区输出人才。所以可以说，对于整个中国来说，上海也是一个很重要的经济城市，它的这种推动作用对外和对内都是长远的和有力的。

有战略眼光的企业家不能不重视中国

记者： 是的，我觉得整个上海现在的文明程度从浦东开发以来又得到了新的提升。在上海最近刚刚召开完财富论坛会议，您是负责组织会议的主要负责人。您觉得这次会议有哪些历史性的进展和成果，它会对未来美中的经贸交流和世界的经贸交流有什么样的帮助？

赵： 美国《财富》杂志今年在上海举行了《全球财富论坛——上海1999》，中国方面我是主要的联络人，主办方还是美国《财富》杂志。这样的会议是全球性的，这次选择在中国并选择在浦东，这是经过美国方面深思熟虑的，也征求了世界很多包括外国大公司负责人的意见。这次会议有两个方面很突出：一是在形式方面，它的规模很大，出席人数超过了前四次全球论坛的总和，单记者就有 600 人，其中接近一半是外国记者。第二个特点是讨论的题目十分重要，是"中国未来 50 年"，这和您刚才所问的问题差不多。世界的跨国公司在选择它的利益时，它的着眼点是看全世界的，是在地球仪旁边来思考问题。而这 20 年来中国经济稳定增长，平均 GDP 的增长率有 9.7%，因此有战略眼光的企业家不能不重视中国。而中国觉得自己的经济进步一定要靠坚持改革开放政策，因此对这些跨国公司理所当然地持欢迎的态度。就这样，双方有这种相匹配的见解才促使了这次会议的成功。

中美之间不怕存在着什么重大的问题，
关键是双方要有决心互相了解

记者：刚刚通过美中两国政府签订的有关中国加入世贸组织的协议，您认为 WTO 的通过对美中关系、中国改革，对双方经贸交往会有什么影响？在经济利益互相渗透的前提下，美中两国的关系会有什么样的变化？

赵：中国加入 WTO 当然会促进中美的经济关系和政治关系的发展，这毫无疑问。双方都认为中美签订双边的 WTO 协议是重要的，经过了 13 年才取得了这样的成果。13 年的经验使我们有这样的见解：就是中美之间不怕存在着什么重大的问题，关键是双方要有决心互相了解，能够加强共识，能够着眼未来，才能够解决中美之间重要的问题。中美双边达成协议之后，中国进入 WTO 的道路就比较清楚了。中国现在要和欧盟谈，和其他国家谈，中国进入 WTO 是指日可待了。

文化的多元性是事实，这是不能回避的

记者：您觉得 WTO 协议的达成会促进美中关系的良性发展吗？

赵：我想一定是这样的。

记者：我们也关注到，实际上这个 WTO 协议的形成也是两国的领导人、两国人民、两国经贸界的交流的一个成果。在交流中由于文化的不同，好像也出现一些很有意思的细节。举个例子，当江泽民主席访问美国的时候，因为克林顿是一个大个子，他用的话筒比较高，当江主席讲话时，他就弯下腰来给江泽民主席调整话筒。江泽民和朱镕基他们是一代不同以往的领导人，英语都比较不错，而且江泽民有时候又弹钢琴、朗诵古诗、背名言，他们能以这样的方式来和美国领导人、外国领导人沟通。外边的观察家认为江泽民懂得和西方沟通的一些方式，我们觉得这是一个很大的本事。

赵：江泽民主席访问美国，克林顿总统访问中国，都取得了巨大成功，这是双方的人民和媒体所持的看法，这没有什么异议。克林顿总统亲自为江泽民主席调整话筒和演说台的高度，这一点中国观众的反应很好，认为这是很亲善、很友谊的表现。国家交往往往是领袖个人交往来促进的，所以领袖的魅力、风格对于这种交往的作用很大。江泽民主席在他担任国家主席职务之后，中国对外的交往、他对外的访问是很频繁的，也是很见效的。我想这都受到了被访国家和中国人民的支持。至于文化的区别，最近有很多讨论，如美国一位教授的关于东西文化冲突的书也译成了中文，各方面也有不同的反响、不同的见解。我个人认为，文化的多元性是事实，这是不能回避的。那么它是起促进的作用还是起阻力的作用？我想还是起促进作用为主，起阻力作用为次。因为不同的文化好像是不同的圆圈，它们有一部分是重合的一致的，有一部分是不重合的。不重合部分加起来，比所有的圆圈全部重合起来面积要大，只保留重合的部分，就丢掉了许多人类的财富。

关于跨国婚姻

记者：我们希望能够避免一些文化上的障碍，推动美中关系的良性交流。

最近根据有关的资料统计，海峡两岸间的通婚已经形成了潮流，正式结婚的已经有 5 万多对。从太平洋两岸来看也出现了很新鲜的结婚的现象，20 多年来中国人和美国人以及其他西方人通婚的现象应该是超过 5 万对的一两倍或者两三倍。最有意思的是最近美国前副总统奎尔，大概一两个月前访问上海，参加了他儿子的婚礼，他的儿子娶了一位上海姑娘做太太。从您个人的角度，您认为官方或是民间应该如何看待这种通婚？中国政府是支持还是反对还是很不高兴？我们漂亮的上海女孩、中国女孩儿嫁到西方去了，是不是民间的心里有一种失落的感觉？

赵：你说得很有意思。在中国改革开放以前，中国人和西方人通婚的例子很少，有一些早期的留学生和外国人结婚，那都是凤毛麟角，极个别的例子。最近 20 年来，这种现象多起来了。回忆 1977 年，有一位法国小姐和中国小伙子结婚，当时他们去有关部门登记，有关部门不知所措，这是怎么回事呀，觉得不能给他们登记。最后传到邓小平那里，邓小平说这很自然嘛，应该准许登记呀。当时是这样的困难。在民间，很多人认为国际婚姻悲剧多，由于文化的差异也许会发生问题。比如中国人很喜欢储蓄，中国人的储蓄率在城市几乎是 40% 以上。美国人的储蓄率为 1%，听说最近下降到 0.5%。结婚之后，美国女孩子说咱们把一年的工资都花掉吧，咱们到巴黎玩一下，而中国小伙子会说我们要节省，我们还要买房子。中国政府现在有关于和外国人结婚的一个对婚姻法的补充条款，保证这样的自由。但要让他们严肃，要绝对避免重婚，不许隐瞒自己在本国有夫人或先生。政府是以法律来保证他们有婚姻的自由和质量。民间仁者见仁，智者见智。有人不赞成他的孩子和外国人结婚，当然也有人持无所谓的态度。我认为地球变小了，喷气式飞机变大了，飞得更快了，这种事情恐怕今后会更多。

美国国会的议员们是通过美国媒体来看中国的，
他们应该到中国来

记者：下面换一个话题。听说您也认识基辛格先生。基辛格先生曾经强调过美中关系的个人交流。他认为应该加强民间大规模的交流，应该让西方世界更多地了解改革开放中的中国。如何让美国的政界朝野人士客观地了解中国的改革事业的进步，如何让美国更深入地了解中国，中国是否在考虑应该建立一个民间形式的机制来推动这方面的工作？因为您主管这方面的工作，而新闻办公室主要是让外部世界了解中国，您是不是谈谈这方面的见解？

赵：美国国会和中国全国人民代表大会之间的交流以往是少了点儿，但是近些年有所改善。前两周，中国全国人民代表大会派出了代表团，团长是中国全国人大外事委员会主任曾建徽先生，他带了一个有很多重要人物参加的全国人大代表团访问了美国国会，访问时间将近两周。据我所知，他和美国国会进行了多次座谈，也和媒体进行了接触，也有很激烈的争论。但是，这些争论都是有益的。因为，首先你要知道对方的观点，然后再提出自己的论据和找到共识之处，可以要求对方解释和说明。这里涉及的问题很多，中美关系中最大的障碍是台湾问题。WTO 现在已经解决了，贸易逆差问题不能算大问题，还有对中国人权问题的一些指责等，都可以进行广泛的交流。

记者：我知道，我也会见了曾建徽先生。他说，交流比不交流要好得多。今后会不会再派遣第二个代表团呢？

赵：我想会不断派遣的，但是我特别希望美国国会的议员先生们，众院也好参院也好，也多到中国来。美国国会很多时候对中国内政发表看法，并且不断地通过一些对中国有所指责的提案。但是我想，投票反对中国的议员中，相当多的人对中国的了解是不够的，他们是通过美国媒体来看中国的。而美国媒体绝不像有人以为的是很清楚的平面镜来反映现实。我觉得，这面镜子有时是一个哈哈镜，虚像是变了形的。所以我想，中国问题是重要问题，中美关系又是重要的课题，他们应该到中国来，我们欢迎他们来。不仅中国全国人大欢迎，我们的政府也欢迎。所以中美交往应该有政府交往、国会交往、名人交往、民众交往、学者们的互相往来，还有媒体交往。我觉得媒体交往也很重要。据我个人的经验，凡是来过中国的人在临走的时候他会说一句话："与我原来的想像不同。"是比原来想像的更坏了还是更好了呢？都说比原来的想像要好。

对美国国会议员要有所区分

记者："百闻不如一见"，正常访问是一个方式。美国国会议员产生的方式实际上和中国大陆还是有相当大不同的。许多议员是由当地人选出来的，有的确实对国际事务了解不多。据我们的资料，大约有50％的国会议员没有护照，就是说他们没有到国外访问的经历。但是，大部分国会议员有时批评中国的人权问题，我觉得其中大部分人是出于一种对人权的维护。主观愿望上是希望中国大陆能够不断地向着繁荣的、民主的、统一的方向走，老百姓能够不断享受更多的权利。

赵：恐怕我不能够完全同意你对美国国会议员的评价，说他们都希望中国享有民主、自由。我觉得对他们要有所区分，有的议员并非抱着善意，有时甚至是先有了一个不好的结论，然后勉强地用政治观点来证明他对中国的错误论断。对于这样的议员，我们仍旧是欢迎他到中国来。这样就可以克服他们的一些偏见。中国全国人大常委也就相当于美国的议员了，可以说几乎百分之百的人都有相当的国际知识和出国的经历。我想，通过交往必能达到新的进步、新的了解，会促进和谐的关系。

未来的中美关系是很重要的

记者：我大概在去年4月还是3月访问上海的时候，在酒店里遇到了美国国防部部长的两位助理。这两位助理和我聊天，他们说，在我们来上海以前，没有想到上海有这么大变化。我们来了以后觉得，上海的变化使我们感到美国人对中国的了解实在是很少，因此他们说，希望更多的人访问中国。最近，美国各党的总统候选人都坚决地、不断地表达自己对对外政策的一些看法。我们比较关注地注意到美国民主党候选人布莱德利，他是美国 NBA 球队的一个有名的球星，他自己还是剑桥大学的访问学者。他谈到自己的对外政策时认为，美国民族、美国民众正在经历孤独的感觉，所以在未来的政策中要强化和世界各地的交流，要避免孤立主义①。美国前总统乔治·布什曾经在得州大学的一次演讲中反复强调，未来美国对外关系中，美中关系是最重要的关系。今天，我们请您讲一下未来 50 年美中关系为什么重要？美中关系会发展到怎样的一个状态？您是一位专家和学者，现在又是一个主管新闻部门的领导人，能不能谈谈您的看法？不用官腔讲好不好？（笑声）

赵：美国和孤立主义这两词的联系有两次，一次是 1941 年"珍珠港事件"②爆发前，欧洲和亚洲都已经打起来了，美国置身于战火之外。罗斯福总统说，美国是孤立主义。而"珍珠港事件"爆发之后，美国打破了孤立主义，此前还签署了《大西洋宪章》③，这样使美国参加了反法西斯战争。那个孤立主义和现在的孤立主义相比，好像一个影子又回来了。但是这次和那次不同，和 60 年前的孤立主义不同了。布莱德利说的孤独主义原文我没看过，但我

---

① 孤立主义：20 世纪二三十年代美国奉行的外交政策，不卷入与当时的热点地区也就是欧洲地区的任何纠纷。

② 1941 年当地时间 12 月 7 日（星期天）凌晨，由 6 艘航空母舰上起飞的日本 353 架俯冲轰炸机、鱼雷机和战斗机偷袭位于珍珠港的美国太平洋舰队基地以及位于夏威夷欧胡岛其他地方的美国空军基地，美方损失惨重，史称珍珠港事件。

③ 1941 年 8 月 14 日，美英两国首脑罗斯福和丘吉尔签订了《大西洋宪章》，其主要内容是：两国不追求领土或其他方面的扩张；不同意未经有关民族同意的领土变更；尊重各民族自由选择政府形式的权利；促成一切国家在经济方面的合作；在纳粹暴政被摧毁后，重建和平，以使人类自由生活，无所恐惧，不虞匮乏；各国必须放弃使用武力。

想，美国在处理国际事务的时候，如果以美国自己的主张为主，而不征求联合国和世界各国的意见，这种孤独主义是一种新的孤独主义，无论如何应当避免。如果是指这个含义，我觉得他说的是对的。中美关系多么重要，我觉得可以这样看，美国占全世界财富的27%，并且现在又连续104个月经济呈正增长；中国人口占全世界21%。就是说，五分之一的人口在中国，四分之一的财富在美国。这两个国家的关系如何，既影响这两个国家本身，也影响周围的国家。也可以这样说，很多国家是看美国的脸色行事，是跟着美国的。在欧洲也有，在亚洲也有。但是也可以说，中国也有它的影响，也有很多发展中国家和中国很友好，也参考中国对美国的态度。所以这两个国家的关系如果处理得好，对下一个世纪不仅是50年而且是100年甚至更长都会有影响的。但我们可以回忆一下本世纪以来，在1900年八国联军侵略中国的时候，当时有美国。但是在抗日战争时期，美国确实是帮助了我们。它当时有一个向中国运送武器的计划，中国将之翻译成"驼峰计划"，因为当时的飞行高度超不过喜马拉雅山的高度，因此是很危险的。当时牺牲了上千名飞行员、损失了五六百架飞机。这些贡献中国人并没有忘记。最近又发现了一架当年的美国飞机，中国人冒着生命危险去探险。你们美国之音的一名女记者还滚到了山下，中国农民去救了她。有人问他为什么去救她？这位农民回答说，当初美国人帮助我们，我为什么不去救她呢？对这件事，克林顿总统还有印象，他给中国领导人写了一封信，感谢中国农民的英勇行为。

在中美之间如果找友好的理由比较容易，它是客观存在的。如果找不友好的理由，我觉得比较牵强。比如说贸易逆差问题，这是不友好的理由吗？很多国家有贸易逆差问题，而是不是一有贸易逆差问题就不友好了？能不能解决这个问题？能解决，贸易逆差现在到了什么程度呢？两边的计算都不一样。不一样的很重要的原因就是香港的转口部分有附加值。这个附加值如果算高了，逆差就高；附加值算低了，逆差就少。有学者算过之后得到一个数值正好是美国和中国官方公布的中间值，您也许能够接受吧。我相信对美国的逆差会减少一些，美国高科技的东西，可以多卖给中国呀！当然，也许不是很容易就能把这扇门打通的。

其他问题，人权问题，中国有中国的人权观，美国有美国的人权观，这可以交流，但不能以此作为干涉中国的一个借口。我觉得，中国的人权纪录不断地进步，可以说现在是中国几百年来最好的人权状态。但是，一些美国人特别是美国国会的一些人和美国媒体的某些主笔没有看见，只是道听途说，再发挥他们的观点，确实对中美关系有消极作用。未来的中美关系是很重要的，是占世界人口五分之一和占世界财富四分之一国家之间的关系，怎么说这个重要性都是不过分的。像刚才我们说的，国会加强交往、政府加强交往、人民加强交往、媒体加强交往。我作为中国新闻办公室的负责人，我的责任就是向世界介绍一个真实的中国，特别是中国的现状和中国的进展、中国的政策和中国的明天，并且应该回答外国人看不清楚的问题，来解释他们不理解的方面。因此，我很愿意和美国媒体主动地对话。事实上，我们已有很多交往。美国的一些政界人物我也曾多次接待过，如戈尔副总统、基辛格博士等。和这些人见面的积极效果是非常明显的，我们欢迎这样的交往。我们也加强了互联网的建设，加强英文的内容，请你们也从互联网多看看中国的情况。

几年内必有一方碧水蓝天还给北京市人民

记者：是的，这些交流都是很有必要的。我想能不能讨论下一个问题？我来到北京以后看到这里的空气污染很厉害，我相信新闻报道是真实的，是空气压力的关系，使得城市废气不能往外散发。但我想还有很重要的原因，可能和汽车废气管理制度的松散或没有建立有关。这是一个很严峻的问题。

就是说，中国面临经济的大发展，同时也带来了污染的大灾害。您当然不是主管污染控制的，但您是对外新闻发布的重要人士。您认为中国政府（应该）如何来处理这个问题？如何看待这样的发展中形成的严重问题呢？

赵：中国的国策是要保持可持续的发展，这有两个含义：一个是不能在本代人中过分地攫取自然宝藏而不给后代留下储备；第二个含义是不能破坏环境或者说不能再加重污染并应该改善污染情况。因为在世界上很多国家在工业发展过程中都出现过污染，但也有很多国家避免了污染，或者有污染以后改进了。伦敦就是一个例子，泰晤士河又有了鱼。不久前我到伦敦去了一趟，我看见河水的确很清了。"雾都"的名字已经成为历史。据我所知，北京市政府、市长把改善北京的空气质量作为他们最重人日标来衡量他们的工作，他们对北京市民有所许诺，一定要改善北京的空气。措施很多，首先消灭北京居民的煤球炉，尽量减少工厂烧煤的数量。几千万吨煤烧进去，哪怕是万分之一的灰尘，一平方公里一个月落的灰尘是以吨计算的。早上穿的衬衫晚上就黑了。将来应当是用 LNG、LPG，这是液态的天然气或液态的煤气。北京的一些公共汽车已开始用 LPG。当大西北的天然气能够通到北京的时候，污染就会少得多了。在日本东京和大阪，我看到过这种出租车，的确是很干净。虽然不能说指日可待，但是指年可待。就是几年内必有一方蓝天碧水还给北京市人民。我知道北京市政府是肯花钱、肯花力量（做这件事的），市民也很支持。

防止沙化扩大，最好的手段是修筑防护林

记者：听说北京市郊区的沙化状态很严重，沙漠离北京城只有 70 多公里。这是否是事实？

赵：是有这样的报道。我本人多次参加过植树，在沙化来的方向先植起一片防护林。据我请教，沙化的主要原因是近年来的降水量有所减少所致。

从对戈壁滩的考古来看，那里历史上并不是戈壁滩。但是现在那里的蒸发量是降水量的百倍。沙化有扩大的危险，对于保护首都来说是一个重要课题。现在最好的手段或比较现实的手段就是修筑防护林。

记者：作为美国之音的节目主持人，我很荣幸能就各方面的话题与您进行讨论；我们很高兴能够和具有改革和务实精神的中国高官进行交流。同时，我们觉得中国已经有了很大的进步，但中国还面临着一个很长的路途需要走。从某种角度来讲，中国共产党是为了救国而去革命而不是为了革命去救国。今天为了民众福利去改革，因此改革已经到了一个关头，已经面临经济体制、政治体制的各种弊病。我相信中国现在的领导人有眼光、有远见，能够突破历史的局限展望未来，为中国老百姓谋利。也能够推动美中关系，使美中关系提升到一个新阶段。面向 21 世纪，让美中两国人民携手为一个和平的、民主的、繁荣的世界而共同奋斗。

谢谢您的收听，谢谢赵主任接受我们访问。

点评：

这是一次广播访谈，访者是代表美国政府立场的电台——美国之音，被访者是中国政府高官——国务院新闻办主任赵启正。而从整个访谈节目来看，与其说是一问一答的访谈，不如说是一场讨论，一次交流。访者从改革、交流、公关文化和美中关系四个方面切入，不仅有问，更有大段大段的观点阐述，或明或隐地带出美国政府立场和美国价值观；被访者接过话题，有问必答，语言平实、坦率、生动。平实中客观地说明着中国，坦率中理性地表达着观点，生动中鲜明地展现着个性。

平实是赵启正主任在整个访谈节目中的一个突出的特点。访者是电台，被访者面对的却是听众，被访者是在通过电台这个平台，对听众，而且是文化背景各异的海外听众讲话，这就需要很好地贴近听众，把握听众的心理，用听众所熟悉的语言和表达方式来吸引他们，使他们理解和接受。赵启正主任在访谈中，紧紧地把握了这一点。在谈到上海作为中国一个重要的经济城市的问题时，赵主任十分巧妙地用美国的纽约、芝加哥、洛杉矶和欧洲的伦敦、巴黎、法兰克福来比较；在谈到美国媒体对中国的报道时，赵主任形象地使用"哈哈镜"一词指出了美国媒体对中国的报道中存在的不公正与片面性；在回答北京的空气污染问题时，赵主任用"早上穿的衬衫晚上就黑"来形容问题的严重，用自己也参加过植树来说明中国政府治理污染的措施和行动。面对一次真正意义上的政治性采访，话题不可谓不大，不可谓不严肃。但赵主任在阐释中国政府立场和介绍中国相关情况的过程中，并没有生硬地去做"官样文章"，而是尽可能地用平实的语言，甚至是平民语言来拉近与听众的距离。这种做法无疑会给听众一种亲近感。

坦率是赵主任在访谈中的又一重要特征。这种坦率首先表现在不回避问题，不绕圈子，单刀直入，开门见山。关于东西方文化的交流，他表示："我个人认为，文化的多元化这是事实，这是不能回避的。那么它是起促进的作用还是起阻力的作用，我想还是起促进作用为主，起阻力作用为次。"表达直率，观点鲜明。在谈到中美关系时，他明确地指出美国应该吸取历史教训，在国际事务中避免"新孤立主义"。他同时强调，占世界五分之一人口的中国和拥有世界四分之一财富的美国之间保持良好关系对世界是十分重要的。当被问及北京的环境问题时，赵主任在强调保持可持续发展是中国国策的同时，直面环境问题的严重性，并客观地介绍了北京市政府为改善环境所采取的行动。他还赞扬了英国伦敦在环保方面取得的成绩。这种坦率，给听众留下的印象是真诚。与此同时，赵主任的坦率还表现在对原则问题的鲜明立场。当美国之音主持人谈到美国国会议员中对中国人权状况持批评态度的人中，大多数还是出于一种对人权的维护时，赵主任当即指出："恐怕我不能完全同意你对美国国会议员的评价，说他们都希望中国享有民主、自由。我觉得对他们要有所区分，有的议员并非抱有好感，甚至于是有了一个不好的结论然后勉强地用政治观点来证明他对中国的错误论断。"赵主任指出："中国有中国的人权观，美国有美国的人权观，这可以交流，但不能以此作为干涉中国的一个借口。"他还表示，欢迎美国各界人士，包括对中国持有偏见的美国国会议员到中国来，以了解真实的中国。这种坚定的原则性与政治上的宽容姿态，相信会产生积极的外宣效果。

生动是赵主任在访谈中表现出的又一大特色。他的话语既活泼，又生动，并在言谈中不时闪现出机智的幽默。例如，在谈及中国人如何理解与外国人通婚的问题时，赵主任介绍了中国人这些年来在这个问题上观念发生的变化，以及中国政府如何通过法律来保证涉外婚姻质量。他谈得很轻松，结束话题时用了这么一句："我认为地球变小了，喷气式飞机变大了，飞得更快了，这种事情恐怕今后会更多。"幽默的语言给人留下不少回味，也留下了开放的思索空间。再如前面提到的，他用"哈哈镜"来比喻美国媒体对中国报道的片面性，以及他用"一个影子又回来了"这样的形象表述，来说明美国在国际事务中奉行单边主义如同历史上"孤立主义"一幕的重演。访谈中语言的生动，展现出的不仅是语言的功底与口才的精湛，更是智慧的火花，增强了谈话的可听性和感染力。

博学是赵主任通过访谈节目留给人们的一个突出印象。访谈话题涉及面广，从政治、外交到经济、环保，从文化交流到人文社会，面对一个个问题，赵主任不仅应对自如，更显出其博学的一面。他用"中国人的储蓄率在城市几乎超过40%，美国人的储蓄率为1%"来说明消费观念的不同；他引用美国前总统罗斯福的话来比较美国历史上的"孤立主义"与今天的"新孤立主义"；他用"美国占全世界财富的 27%，并且现在又连续 104 个月经济呈正增长；中国人口占全世界 21%"这样的精确数字，来说明发展健康稳定的中美关系对世界是十分重要的；他用抗日战争时期美国空军支援中国抗战而牺牲了上千名飞行员，损失五六百架飞机的"驼峰计划"来说明中美之间有友好的历史和继续友好的理由；他还使用了 LNG、LPG 这样的专业术语，来说明液态天然气和液态煤气对改善环境的积极作用。在整个访谈中，面对任何问题，赵主任总是善于用事实说话，用数字说话，用事例说话。他对不同领域的了解和他对问题的独到见解，都显现出他的博学。而他的博学，折射出的是中国新一代领导层、政府高官良好的政治素养、执政能力和知识水准。听众会得出这样的结论：中国政府的高官是开放的，有知识的，充满智慧的。

赵主任的谈话为我们做外宣工作的人树立了典范，是我们做好外宣工作的好教材。

（中国国际广播电台副总编辑　马为公）

人民之间的友好是非常重要的

（2000 年 8 月 17 日在北京与美国驻华大使普理赫[①] 共同举行记者招待会记录）

"中华文化美国行"活动情况

普理赫（以下简称普）：赵启正先生是一个非常直爽的人，他曾经担任过上海市副市长。他将向我们介绍这次"中华文化美国行"活动的有关情况。

赵启正（以下简称赵）：谢谢大使先生。已经给了大家有关的中、英文介绍材料。这次活动包括三项内容：一是展览，二是演出，三是演讲。举办这样大规模的活动，是为了促进中美两国人民之间的相互了解。不言而喻大多数美国人没有来过中国，通过这个活动可以使他们速成地了解中国文化。这次在纽约贾维茨展览中心的展览面积就达 8000 平米，包括了微缩中国景观，参观者可以像旅游一样观赏中国的风光。这不仅对外国人，就是对中国人也很有吸引力，因为没有一个中国人能走那么多地方。在华盛顿有中国摄影艺术展和民族音乐表演。还将在纽约等 9 个城市演出民族舞蹈。最重要的活动是 8 月 24 日在联合国大会堂的中国民族乐团的演出和 9 月 7 日、8 日在林肯艺术中心的演出。他们曾在维也纳演出过，获得了巨大成功，我希望美国人也能喜欢。我建议他们用中国乐器演奏几首美国歌曲，试试能否成功。

还有三个主题讲演。一个是《二十一世纪的中国文化》，另一个是《二十

---

① 普理赫（Joseph Prueher）：1999～2001 年任美国驻华大使。

一世纪的中国旅游》，由中国文化部部长孙家正和国家旅游局局长何光暐演讲。我在华盛顿、旧金山和洛杉矶有三场演说，题目是《中国人眼中的美国和美国人》，讲一讲中国人一百年来对美国和美国人的看法有什么变化。内容视当地的文化和历史而略有不同。我知道，演讲越短越好，好有更多的时间来回答问题。

举办这样的活动，目的很简单，就是要促进中美两国之间的交流，也表示中国人民对美国人民的友谊，可以克服社会制度和意识形态的障碍。

非常感谢普理赫大使对这件事的支持，他不仅曾经是卓越的军人，现在也是卓越的大使。在我们上次的谈话中我发现，他对数学还很有研究。我们俩讨论过概率论，他能写出概率论的公式。他的才华使我钦佩。他是很好的大使，我们合作没有问题。

人民之间的友好是非常重要的

普：9月7日、8日刚好是千年首脑会议的时间，你们为演出付出了很大的努力。中国人和美国人都有共同的理想。我们可以通过这样的文化交流活动来加强相互了解。我们希望美国媒体有积极的报道，使更多的美国人参加这个活动。

《纽约论坛报》记者：我想问一个问题，你们两位谁回答都行。你对派这样一个文化团去美国的主要看法和态度是什么？两国人民之间要相互了解，而现在两国人民之间是了解得很多，还是了解得不够？两国人民之间还有哪些障碍？

普：我的看法一贯就是这样的。我们两国人民之间缺乏对彼此的认识，相互了解不够，大部分美国人来中国之前，无论他们以前对中国是什么样的看法，但当他们来过中国后，接触过普通的老百姓，他们通常都会改变看法，而且这种改变都是比较积极的。所以，我们看最大的障碍可能是相互了解得不够。我们不仅在地理上距离比较远；在观念上，在对一些问题的看法上也存在差异。但我认为，我们的共同点还是多于我们之间的分歧，沟通不够会带来误解和猜疑。因此，我们要加强交流与沟通。对这个问题，我们过去与媒体、各界人士进行过交流、讨论，他们大致上都同意我这个看法。所以，我们现在要尽量努力来加强我们之间的交流，以增强彼此间的相互了解，使我们能够相互信任，相互支持。

赵：我赞成普里赫大使的话。我想再多说一点。中美之间的误会还表现在美国总统大选的时候，竞选者往往说中国不好的话。在当选总统后对中国的政策就会向正确的方向有所调整。特别是在第二个任期内。因此，我认为正是美国选民对中国有误解，才会出现这样的现象。所以，人民之间的相互了解是最重要的基础。我希望多少年后，美国总统竞选的时候，要多说中国的好话才能多得选票。因此，我们想提供给美国人了解中国更多的机会。

中国在美国的留学生很多，大概是美国在中国留学生的几十倍以上。在美国有不少中国血统的美国人，他们也自然地成为中美沟通的桥梁。我认为总体上，美国人对中国人的了解要比中国人对美国人的了解少得多。在这种情况下，我们就有必要把一个小的"中国"搬到美国去让美国人看看，这也是节省美国人旅费的办法。（众笑）

普：赵主任曾经跟我说过，以前你们看美国的竞选和美国的行政当局，还有立法单位，你们认为是演戏给人看的，但现在你们知道了这种均衡的作用十分复杂。所以，这个看法我认为是非常有意思的。

赵：中国的政府和人民代表大会的关系是和谐的。以美国的政府和议会的关系来理解中国政府和人民代表大会的和谐性也很困难，用自己固有的想法去想对方就容易误解。

记者：最近有一个美籍华人被中国有关方面逮捕。中国最近打击的贪污腐败中，逮捕了一些异己分子和练"法轮功"的人，是不是下一步要对付文化界的人？

赵：我没有听说这件事。但是我可以告诉你，中国政府决不会对付文化界的人。如果一个农民因犯罪而被逮捕，就意味着下一步要对付农民了吗？一个文化界的人被捕，不能说下一步就要对付文化界的人。

记者：你认为"中华文化美国行"这种活动今后会经常搞，还是一年搞一次？

赵：主要是经费问题。在法国的活动以后，我们驻日和驻德大使馆都提出希望在所在国搞这样的活动。明年这种活动可能会在德国举办，但是各种形式的文化活动还是会经常在美国举行的。

普：美国也希望带文化团来中国表演，加强交流。

赵：有的中国企业家知道了这个活动后，表示支持，并给予了赞助。美国的企业界也给予了支持和赞助。

记者（问普理赫）：刚才提到被抓的人，美国大使馆能否知道被关押在哪里？这样的事件会对中、美文化活动有什么影响？

普：我们官方表示对这个事件的关注。美国有人权法，在美国人看来，很严重的事情就是人权问题。这也是美国和中国之间存在很大分歧的一个问题。但中国对人权问题的态度还是有所改变的。

这个事件对两国之间有一定的影响。但是我也发现，这样的事件不是政府有计划的行为，而是个人行为，在很短的时间里就会得到解决。

中国人的创作是自由的

记者：有一个持有美国绿卡的中国人，他出版了一本杂志，里面有一些文章，遭到批评和禁止。

赵：中国人的创作是自由的。用一句中国话说，就是"百花齐放"。只要是花，都可以开放的。

对艺术品的判断是很难的，特别是不容易用政治的观点判断。比如，人们对毕加索的画可能会有不同的看法，有很多人说它好，但的确有很多人不欣赏它。

记者（问普理赫）：大使先生最近两年看过不少中国的演出和展览，就中国文化表达方面，你认为中国是更开放了，还是更封闭了？

普：某些事情是视情况而言的。总的来说是渐向开放的，而且在谈话方面也是更加自由的。

我第一次到中国是 1996 年的秋天，而且那个时候接触的对象是中国人民解放军和外交部，跟企业界和文化界没有很多的交流。

现在我的工作能够让我和中国不同阶层的人有更多的接触。我认为学术界越来越开放。中国人民解放军和外交部方面也是渐向开放。赵部长这个人就是非常开放和坦率的，我认为他在回答问题和会谈方面都很公开、坦率。

但是在某些领域，比方说政治方面，我们感到有些起伏不定，有时候向前迈几步，又退几步。在这个方面，我们应尽力地来解决我们之间的分歧。

总的来说，政治、经济、文化或安全方面肯定是往更开放的方向努力。我可以举个例子，我想这种情形在美国可能也是一样的，就是一个地方跟北京或是华盛顿的距离有多远呢，就要看你怎么做，不能完全看距离。比方说我最近去了云南的丽江一带，遇到了那里的一些少数民族，白族、纳西族……那是个非常漂亮的地方，让我想起美国的黄石公园那一带。

赵：我遗忘了一件重要的事情。中国残疾人联合会委托我告诉各位记者，他们将有一个非常好的残疾人舞蹈团到美国去。这个残疾人联合会的主席就是邓小平先生的儿子邓朴方先生，他在文化大革命中受到迫害，成了残疾人。

舞蹈团是应美国卡西尼基金会、肯尼迪艺术中心和卡尼金音乐厅的邀请。

美国副总统戈尔有一封信欢迎他们。

完全失聪的人能够按舞蹈节奏跳舞，这样的表演是令人感动的。弱智人能够指挥交响乐，失掉一条腿的人能够跳芭蕾舞。我没见过，也难以想像。一定很感人，我替残疾人联合会传达这个信息。

中美之间的分歧通过交流一定可以减少

赵： 另外，前天下午，CBS 的华莱士先生[①] 采访了江泽民主席，他们谈了四个小时，从下午三点到晚上七点。谈话将在 CBS 9 月 3 日 19 点的《60 分钟》节目中播出。由于内容很丰富，还可能会在 C-SPAN 中播出更长时间的纪录片。

我相信这样的评价：他们的谈话很友好，但也很尖锐。像打网球一样，华莱士不断发出 smash 球[②]，但江泽民主席可以轻松地拨回。（众笑）我事后对华莱士说，你有的话过分了，甚至失礼了。他说，为了美国的观众看得热闹，我必须这样做，我告诉你一个秘密，事实上我很喜欢江泽民主席。

我认为，中美之间的分歧通过交流是一定可以减少的。美国人对中国的事情看不懂的原因很多。一个没有到过寒带的热带人会说："你们穿得太多啦！"但寒带的人会说热带人："你们穿得那么少？"

我希望有机会和你们经常见面，我将鼓励我办的人员能有更多机会和你们一起喝咖啡。只喝咖啡，不是行贿，也不是"政治献金"。（众笑）

点评：

这次的答记者问再次展示了赵启正同志谈话风趣的风格，又体现了在原

---

① CBS 为美国哥伦比亚广播公司的英文简称。华莱士为该公司著名记者，他主持《60 分钟》节目。1986 年曾采访邓小平。

② Smash 球：网球中的抽球。

则上不模糊、回答铿锵有力的作风。他可以把要到美国办的文化展形容成"把一个小的'中国'搬到美国去让美国人看看",在表示要请美国记者会面时说"只喝咖啡,不是行贿,也不是'政治献金'"(当时美国政坛上正在炒作克林顿总统接受政治献金问题),又毫不犹豫地回击故意挑衅的记者。外国记者提出中国"下一步要对付文化界的人"。启正告诉他,"中国政府决不会对付文化界的人",同时反问:"如果一个农民因犯罪而被逮捕,就意味着下一步要对付农民了吗?"以此揭示提问的荒唐。

在这个谈话中,我们看到启正刚柔并举,游刃有余;张弛结合,恰到好处,而这正是贴近美国人的思维习惯的谈话方式。

(黄友义)

中美之间的沟通要成十倍地加强

（2000 年 9 月 1 日在纽约会见美中贸易促进会会长爱德华·莫瑞森① 的谈话）

中美之间的沟通要成十倍地加强

赵启正（以下简称赵）：在你来之前，我又复习了一遍我们上次（1998 年 4 月）的谈话，你建议我们少用 propaganda 这个词，而多用 public education。

莫瑞森（以下简称莫）：非常高兴在我的城市再次见到你。非常感谢你上次在北京会见了我们。在过去两年中发生了很多事情，情况有些变化。中美之间友谊的愿望非常强烈。你在这儿主持文化交流活动很有意义，中国政府和人民在这里获得了非常好的印象。文化不应有国界，你在这里发起的活动是一个非常好的切入点，受到了很多的尊重。现在关于中国的负面报道还是多一些，今天的《纽约时报》就有关于中国人权的报道。

赵：到了美国，这种负面舆论的印象很强烈。我在华盛顿讲，中美之间的沟通要成十倍地加强。就是在今年，华盛顿一个大电台的负责人访问北京，带了很多方便食品，担心吃饭有问题，但到街上一看，麦当劳和肯德基也许比美国还多。几年前，有位美国议员问我，为什么不买美国的核电站？我说问问你们的能源委员会，是他们不卖给中国。在美国，从重要人士到普通人，

---

① 爱德华·莫瑞森（Edward Morrison）：美中贸易促进会（U.S.–China Association for the Promotion of Economy & Trade）会长。

大多数人对中国不了解。这就是你两年前对我说的，对美国要做 public educa-tion 而不是 propaganda。因为你做过纽约市副市长，我做过上海市副市长，所以谈起来有的是共同话题。中国经济发展的火车头之一是上海，但有人认为，交朋友不像北京人那样爽快。

消除人的无知，惟一的办法就是教育

莫：这点也像纽约人。

赵：事实上上海人与纽约人都很可爱。我非常喜欢教育这个词。消除人的无知，惟一的办法就是教育。但我想问你：公开说中国对美国进行"公共教育"（public education），有没有对美国人不尊重的意思？

莫：我不这样认为。人和人之间的理解需要教育来完成。现在的文化交流活动，是很好的教育手段。你所创造的这项工作应该受到尊重。我还想补充一点，就是应该对美国领导人，舆论界的领导人以及媒体的领袖进行一种教育。我有时在华人区，看那里的中文报纸对中国好的方面有广泛的报道，但在英文媒体上却没有反映。就是对美国政府和媒体还没有输送这种信息的渠道。我现在有一个想法，组织一些在中国有投资的美国公司成立一个委员会，和国务院新闻办保持一种良好的联系，在重大问题上把重要的信息及时供应给这里的英文媒体。如果需要费用的话，由这些公司共同负担。如果有一个公司帮助中国说话，只是一个手指，没有力量，如果有一个委员会协调，形成一个拳头，力量就大得多。

赵：我不知道这些公司有没有这种勇气，因为这可能会受到攻击。

莫：他们并不需要像政治家那样说话，而是代表公司、股东的利益讲话，这样的事情是不怕讲的，关键是协调。

赵：这需要有几个大公司做带头人。

莫：很对。

赵：Westing House 在中国不能投资核电站，就慷慨地把机会让给了其他国家，像这样的故事会对股民的中国观有一定的积极影响。

莫：完全正确，而现在的情况恰恰相反。你们有一件事情特别不会做：要和美国商会谈，谈了也要传递出去，而这些人是不需要让你说服的，他们明白需要促进美中关系的发展。你们天天都要有新闻稿，至少周周都有，首先要满足美联、路透这些大的媒体。

赵：你说得很正确。

莫：我也许不该这样说，但我想和你分享这种想法。你所面临的是思想战，一定要通过教育达到目的，这并不是得罪人，你们的传播应该更广泛。过去表明，美中之间经济联系并不是惟一的，思想斗争还是要由思想来解决，必须要通过教育来加以解决。

赵：我同意你的话，因为我们开放得比较晚，对中美之间的误会了解得不够。有这样的笑话，一个美国大学的代表团到西安参观兵马俑，其中一位教授问有美国专家参加挖掘吗？没有，那可能是假的。同样的问题是，长城没有美国人参与建设，可能是假的。这样一个有很好教育背景的人有这样的误解，令我十分惊讶。

莫：你有基辛格这样的朋友，他每天在电视上讲话。而你们应该让公司的老总和专家们替你们讲话。

赵：我们可以主动提供一些数据和资料，而不只提供观点。

莫：比如说，中国的《经济日报》，他们在美国有记者，但它是中文的，没人把它变成英文。这些人本来就可以把经济上的要闻每天变成英文稿提供给这里。

赵：我们的英文版《中国日报》有关于经济的报道，但篇幅可能较少。

莫：你们要利用这样的资源，中文的《经济日报》就是一个，把它变成你们的新闻稿，提供给可以利用的人和机构。每次和你谈话印象都十分深刻。

赵：我们以后还有更多要谈的。

点评：

有亲和力的人才可能朋友多，搞外宣特别需要外国友人的帮助。面对一位美国老朋友，启正的第一句话就是："在你来之前，我又复习了一遍我们上次的谈话，你建议我们……我们采纳了你的建议。"

这个开场白让我想起来，启正曾任上海市副市长，分管过外事工作，主持过浦东新区的开发，结识了许多外国经济界的重量级人物，加上诚恳待人的态度，让他有了一个长长的人名单——国外政要、大公司老板。本次谈话的对象就是曾经当过纽约市副市长，后来从事促进中美经贸交流的人物。在这次谈话中，莫瑞森作为一个美国经济界要人，能如此直率地表达对中国外宣工作的意见，是双方开诚布公的结果。

就在他们二人这次谈话前后，由国务院新闻办公室牵头，中国开创性地在美国举行了横跨美洲大陆的"中华文化美国行"大型文化交流活动。这次活动成功因素很多，但一个关键的因素是许多美国顶级大公司在道义和物质上给予了支持，而这些大公司的老板均是启正的私人朋友。

（黄友义）

美国媒体对中国的报道往往不准确

（2000 年 9 月 14 日在旧金山接受《旧金山纪事报》采访记录）

关于台湾问题

问：中国政府现在对台湾的态度是怎样的？

赵启正（以下简称赵）：中国对台湾问题的政策是"一国两制，和平统一"，台湾是中国领土的一部分，这就好比一个人的胳膊和大腿与身体不可分割一样。

问：如果胳膊大腿不愿作为身体的一部分怎么办？

赵：这样身体就残废了，而且断肢也不能存活，因此身体决不答应。

问：如果统一，对台湾怎样？

赵：你如果接触在大陆和台湾生活的中国人，你会发现他们的生活方式没有多大的区别。你不要看在很多场合斗争很激烈，可是台湾人和北京人上海人见面都很亲切。语言的幽默都是相同的。统一后台湾将会有广泛的市场和资源，将和整个国家一起享有崇高的国际地位。事实上，台湾现在对大陆的直接投资就在迅速增加，两岸关系日益密切。

问：是不是愿意就统一，不愿意就不统一？

赵：愿意，热烈欢迎，不愿意，则同绝大部分中国人的意志相悖。很明显，必须统一，但尽量争取和平统一。

关于美国媒体对中国的报道

问：您在演讲中提到美国媒体对中国的报道有很多不准确，能否详细说明这一点？

赵：美国报纸经常对中国的内政有很多评论，并且这些评论往往不正确。如：《纽约时报》的一篇社论坚决反对世行贷款给中国开发西部，说我们实行汉化，实际上这完全不符合实际，我们正是为了改善那里的生活。

问：这是真的吗？

赵：我们不需要汉化任何民族。如果认为学习汉语就是汉化，那么学习英语就是美化和欧化吗？我们学了英语，也不会美国化的。在中国藏区的学校，可以用藏语教物理、数学、化学，但在美国能用少数民族语言教这些课程吗？

问：可能美国个别学校可以，但很多人反对。还有别的媒体歪曲的例子吗？

赵：很多，比如对西藏的报道就有重大歪曲。

问：你认为法轮功的报道也不全面吗？

赵：法轮功是邪教，起初一些美国媒体也是这样报道的，但当中国政府宣布它是邪教后，他们就不这样报道了。

问：现在美国媒体把它当做宗教报道，或认为它是邪教。主要是中国政府把他们抓起来了。

赵：只是逮捕了极少数违法的组织者，都是经过法律程序的。美国有些报纸对中国的用词也不太友善。（柯亚莎参赞提到，历史上美国曾经塑造了一个名叫 Doctor Fumanchu 的被丑化了的中国人的形象，拖着长辫，在美国广为人知。）

问：你认为《华盛顿邮报》驻京记者的报道如何？

赵：我们经常阅读他们的报道，有的准确，有的不准确。

问：刚才你提到中国媒体的新闻主要靠他们自我管制？

赵：是的，给它原则，而不审稿。

问：今天演讲会上有那么多的人在向你提问题时宣传自己的公司，你感到意外吗？

赵：都不是大公司。大公司不这样发言，他们不必这样做。

问：以上主要提了三个敏感问题，一个台湾问题，一个法轮功，一个新闻自由。您回答得很好，您讲的是汉语，但说的是美国话。

赵：这样美国人才能听得懂。内容是中国的，表达是美国的，美国人能明白。

美国人需要更多了解中国的文化

问：您觉得美国人对中国不懂是哪一方面？

赵：美国人不太懂中国的文化传统。中国文化讲究人与人如何相处：如何对朋友、父母、家庭，是从和气来组织家庭的，也以和气对待邻居。从本质上说中华民族不具侵略性。在中国汉族人占主要成分，满族人曾经统治过中国，但满族文化后来大部分与汉族文化融合了。

问：你是不是间接地告诉我，美国人应该更好地了解中国文化？

赵：美国人大多是通过美国人写的书和电影了解中国的，难以避免曲解中国，甚至丑化中国。应该更直接地了解真实的中国。

关于是否误炸中国使馆，美国起码应该交待清楚

问：你认为美国轰炸中国使馆是故意的吗？

赵：美国应该诚实地交待这个过程。现在的说法中国人很难接受。美方说是几次使用了错误的地图造成的，但 NIMA（National Imagery and Map

Agency,国家图形局）很快就说他们没有提供过错误的地图。

问：他们认为自己的地图从来没错。两个星期后，美国给各国送地图，确认使馆的位置。中国人觉得 CIA（美国中央情报局）什么都该做对，不出错，美国人认为它什么都做得不对。

赵：我曾经负责上海浦东的开发，我都用卫星地图。难道作战还用旅游地图吗？

问：我知道这是很荒唐的。

赵：你会掷骰子吗？三次都一样，概率有多大？

问：我同意。但不同意中国坚持认为美国是故意的。

赵：我现在不能相信这不是误炸，但美国起码应该交待清楚。

台湾是我们的兄弟，我们希望两岸关系能发展得更好

问：我理解。你认为 5 分钟内可以改善中美关系吗？

赵：美国政府首先要恪守中美三个公报，其中包括了逐步减少售台武器。但 5 分钟内做不到。

问：什么是三个公报？

赵：这是中美之间曾经达成的建立外交关系和有关台湾问题的三个公报：美国承认中华人民共和国政府是代表中国的惟一合法政府，世界上只有一个中国，台湾是中国的一部分等等。

问：是把台湾作为一个省吗？

赵：是一个省，中国的一部分。

问：如果美国这样做，对台湾有什么后果？

赵：会使台湾感到，与大陆统一是势在必行。

问：需要马上统一吗？

赵：当然越快越好，但要有一个过程。

问：如果台湾现在就同意要统一，怎么办？

赵：那就马上开始谈判。

问：假设美国真的不插手干涉了，是不是说解放军就登陆了？

赵：不是。两岸要好好在一国两制的前提下进行具体商谈。

问：这样对整个中国是不是更好？

赵：是的。台湾甚至还可以保留自己的军队。

问：干什么用呢？

赵：可以让它自己担负起台湾的防务。

问：台湾为什么要有自己的军队？

赵：这是一个历史过程。这比对香港的政策还要宽，香港没有自己地区的军队。

问：台湾会有什么变化？

赵：首先减少了军费，和大陆加强了全面联系，台湾人可以到中央政府任职。普通民众也会和大陆民众一起受到国际的尊重。

问：台湾老百姓对自己的政府也有意见，你们可能会高兴。

赵：台湾是我们的兄弟，我们希望两岸关系能发展得更好。

问：今天您讲得非常好，问题答得应付自如，看得出来听众很感兴趣。我们有个网站www.sfgate.com，也请您有空看看。

点评：

这是赵启正主任在作了《中国人眼中的美国和美国人》长篇演讲和回答听众问题后又接受了《旧金山纪事报》记者的采访记录。所以，长段的话语不多，回答多数简练、干脆，回答中还向记者提了五个问题，其中三次是以反问的方式强调自己的观点，使得回答更加清晰有力，掷地有声。特别是启正熟练掌握美国人所习惯的表达方式，令提问的记者不禁称赞刚刚听到的讲演说："你讲的是汉语，但说的是美国话。"从向启正所提的问题看到，美国记者竟然不知道中美关系的三个公报，也更令人思量对外宣传的重要！

（黄友义）

中国的变化是很快的

（2000 年 11 月 2 日在北京日本驻华记者茶话会上的谈话）

请各位转达我们的谢意

赵启正（以下简称赵）：日本驻华记者最多，很多是老朋友。今天因为人比较多，希望每个人一次只谈一个问题，随便说任何问题，从天气到交通，到中日关系。

在大家提问前我先表达一个谢意：朱镕基总理在日本访问期间，蒙日本各通讯社大力报道，在 TBS[①] 有很成功的对话，我们从互联网上和电视上都看到了，也请各位将我们的谢意转达给参与报道的其他记者朋友和各个新闻机构的领导人。

古森义久（以下简称古森，《产经新闻》记者）：日本记者到中国赴任前在东京办签证，往往给我们一个指定的地方，一个小窗口。据我所知，到中国的许多日本记者对这个事情很恼火，为什么要采取这样一种方式给我们办签证呢？

赵：不知道一个什么样的小窗口会让你们这样不满意。我也会向陈健大使表达大家的心情。

古森：谢谢您。

---

① TBS：日本东京放送的简称，为日本四大广播公司之一。

预测美国总统大选的结果是很危险的

竹冈伦示（日本经济新闻）：您如何看美国总统大选？你们希望谁当选？

赵：预测美国总统大选的结果是很危险的，因为两位候选人当选的可能性几乎相等。这次两位候选人的竞选演说并未以中国为焦点，我们不好判断谁会对中国更好或者更坏一些。不论谁当选美国总统，他都应该维护中美关系的大局，因为这符合中美两国的共同利益。我本人只接触过老布什和戈尔副总统。我在上海任副市长期间，向到访的布什先生介绍浦东开发的模型时，用了一个激光指示器，他说他很熟悉这个指示器，鲍威尔将军曾用这个指示器向他介绍海湾战争的打法。我告诉他说，我和鲍威尔有很大的区别，我的笔指到哪个楼，哪个楼就要长起来，鲍威尔的笔指向哪个楼，哪个楼就要被炸掉。（笑声）老布什对中国有一定的了解，小布什是否有遗传因素，希望答案是肯定的。（笑声）戈尔副总统访问上海时，我知道他曾大力提倡信息高速公路，我说中国要发展互联网，他表示愿意帮助我们，但他现在选举很忙，我们也不能打搅他。（笑声）

原来我想我们谈话轻松一些，现在看来变得沉重了

清水美和（东京新闻）：中国市场经济的发展越来越多元化，但思想意识形态方面还是一元化。

赵：中国是由中国共产党领导的。这是由中国的历史和中国社会发展决定的。这也是人民的选择。我们在学术思想方面是多元化的，百花齐放的。不能说中国实行社会主义，思想意识就是一元化。

原来我想我们谈话轻松一些，现在看来变得沉重了。如果大家愿意以记者招待会的答问形式，我们可以专门组织一次，那个时候就不放咖啡了。（笑声）

我希望今天下午欢乐、轻松一些。因为日本和中国的关系太重要了，有太多的话要说。我去过很多国家，但去日本最多，粗略地算一下大概有十二三次。TBS 这次与朱总理对话节目取得了很大的成就，难道 TBS 没有人想讲话吗？

日下部正树（TBS）：这次我们与朱总理进行了直接对话，这是一个很重要的任务，我们公司从上到下都很重视。在中方的支持和配合下取得了圆满的成功，对此我们表示感谢。

赵：你们的砂原社长最近有两封信给我，主要是表达朱总理访日的过程和高兴的心情。TBS 的准备非常认真，体现了日本人的细致和周到。曾经有人告诉我，TBS 不太重要，但我发现 TBS 很重要，和 NHK 一样重要。（笑声）我对 NHK 有点感情。他们一个摄制组曾用了 10 天的时间拍摄我在浦东的活动，叫做"赵启正的一天"。后来日本另一个大电视台告诉我，下次的拍摄让我们做吧，因为 NHK 不是民间的电视台，还是我们更好一些。（笑声）

地位越高的人可能说话越谨慎，这也是理所当然的

服部健司（以下简称服部，时事社）：我又回到严肃的话题。（笑声）朱总理访日时坐了高速列车，什么都没有讲。如果您听到他有何感想的话，是否可以透露一点？

赵：我听说朱总理坐法国的高速列车时也未说话。（笑声）因为日本方面说目前磁悬浮列车尚不够成熟，未来如何？日本的工程师都不作最后的判断，他作为中国的总理就更不便评价。地位越高的人可能说话越谨慎，这也是理所当然的。大概你担心德国的高速列车与日本竞争吧。（笑声）

服部：不是我担心，是日本政府担心。（笑声）

赵：这是同日本有关的事，你一定也担心。（笑声）我乘过日本的高速列车，我的印象是很好的，磁悬浮我还没有乘过。

希望大家看到中国落后的方面不要着急，
中国的变化是很快的

古森：我提一个轻松的问题。（笑声）我们通过外交人员服务公司雇用了一个北京的服务人员，他很优秀，我们很满意。我想问一下，雇用当地人员只有外交人员服务公司这一个渠道吗？

赵：这个问题外国人已经问了我 20 年了。（笑声）他们不知道是否有某种垄断的经济上的意义，这似乎使外国的机构减少了选择性。就要进入 WTO 了，这个问题也许会有进展，我们一起观察吧。（笑声）

我不知道在座的 10 ~ 20 年前是否在中国生活、学习过。那时候中国许多地方还是很落后的。1981 年我去美国看到高速公路和超市，我很惊奇。当时中国是没有的。1991 年我去东京，看到东京的超市我也赞叹不已。现在中国也有了这些东西。希望大家看到中国落后的方面不要着急，中国的变化是很快的。

胁田哲志（以下简称胁田，NHK）：按照规定，我们的签证每半年就得续签一次，我们感到很不方便，这种状况是否能够有所改善。

赵：半年一次是很不方便，我愿意转达你的意见。中国的记者在日本也是半年续签一次吗？

胁田：不知道，可能是对等的。

记者不能发表意见，社长要负责

中川茂（西日本新闻）：中国记者可以在中国报纸上发表对日本的意见。但据我了解中国记者不能在其他国家的报纸上发表对其他国家的意见。中国有这方面的规定吗？

赵：中国没有这方面的规定。也许日本有这方面的规定，如果你碰到这方面的困难，请你告诉我，我去帮助你做你的社长的工作。（笑声）记者能不能发表意见，社长要负责任，这不是哪个国家的问题。我刚刚买到一本书，叫做《被禁止的新闻》，美国人写的，中国的翻译版。中国的、外国的报社社长都有权管他的报纸。如果他的记者在外国报纸发表对某一个国家很不适当的言论，无论登在自己的或其他的报纸上，就有可能被社长禁止。

某记者： 如果我们给您发信您亲自看吗？

赵： 我都能看到。我觉得今天的会见很愉快。希望我们保持联络。你们有问题可打我们记者联络室的电话询问，也可以写信或发电子邮件来。

谢谢大家。

点评：

如何同记者打交道在哪儿都会是一个难题。在这次茶话会上，日本的驻华记者就从他们的工作环境到中国的政治体制、从两国关系到美国大选提了很多问题，几乎每个问题都可能是一个陷阱。在觥筹交错（这里是茶杯和咖啡杯）之中，启正应付自如，虽然智慧地拒绝了预测哪个候选人当选美国总统，但是提供了不少轻松的背景；既没有简单地回绝记者要改善工作环境的要求，也引导他们承认，许多条件是双方对等的，而不是中国自己一方的责任。几个回合下来，原则得到了坚持，误会得以化解，问题得到澄清，如饥似渴的记者也得到了满足（据说他们喝了不少咖啡）。

（黄友义）

中国的进步是实实在在的

(2001 年 9 月 8 日在伯尔尼与瑞士《商业金融日报》总编辑皮埃尔·维亚[①] 的谈话)

瑞士信贷第一波士顿银行，因为与台湾政治领导人保持着特别紧密的政治关系，其作为中国联通股票海外上市承销商的资格被取消。这件事引起了广泛重视，普遍感到惊讶。美国财政部长 Paul O'Neill（保罗·奥尼尔）正式提出抗议。中国则摆出在敏感政治问题上决不退让的姿态。国务院新闻办公室赵启正造访瑞士，接受本报独家专访。对上述事件，他非常明确地表示：瑞士信贷银行缺乏政治辨别力。可以和台湾做生意，但中国对一个银行为一个不被承认的政府搞政治牵线，看法非常不好。现在，中国自我感觉已足够强大可以教训一个国际银行。这是件新鲜事。另一方面同样可以发现，这个国家不否认问题，并愿意承认自己缺乏经验。（本段文字为原《商业金融日报》的编者按）

皮埃尔·维亚(以下简称维亚)：部长先生，今年内中国能加入世贸组织吗？

赵启正 （以下简称赵）：当然能够加入。正如您所知道的，谈判已经结束。中国加入世界贸易组织，在今年 11 月份卡塔尔多哈会议上将获得通过。对中国来说，这无疑是一个重大事件。我们已开始整理相应的法律。这是一个巨大的任务，因为这涉及到所有经济部门。

---

① 皮埃尔·维亚（Pierre Veya）：瑞士最大的法语财经日报——《商业金融日报》总编辑。

维亚：具体说，中国加入世贸有很多好处，但也要付出重大代价，都有哪些？

赵：根据我们的分析，较多的冲击会在农业方面。对中国来说，这是一个真正的挑战。不要忘记，只有 36% 的人居住在城市。生产成本高，竞争力就低，一旦大量外国农产品进入中国，农民的就业就会有问题。中国政府要采取措施帮助农民，不是用向他们提供补贴的方式，而是要改进整个农业生产机制，提高质量，增加附加值。同时还要创造条件接受更多的农民到城市来，也就是说，要创造居住和就业条件。对来自农村的年轻人来说，就意味着要更多付出，要努力学习知识，以便未来能到城市的各行各业中去工作。

维亚：中国的工业将同样受到影响？

赵：当然要受到影响，比如汽车工业。目前汽车工业受到保护，有很高的进口关税。目前在中国，平均每千人有 5 辆汽车，市场潜力是很大的。如果按更接近西方的标准平均每 10 人有一辆车计算，那就意味着存在一个能容纳 1.3 亿辆汽车的大市场！市场开放是有挑战，但要和市场的潜力联系起来看问题。

维亚：知识产权保护，这是市场经济的关键问题，对中国来说也是一个挑战，您怎么看？

赵：您说得对。这是一个非常重要的问题。我曾是上海市的副市长并负责浦东开发区的工作。对这个问题，我是特别重视的，也是我的重点工作之一。另外，我本人是搞科学的并拥有几项专利。在浦东，我们建立了中国第一家知识产权法庭。我们正确地处理了许多问题，在上海的大的国际公司都没有什么抱怨。我们有决心对各种形式的侵权行为给予严厉的打击。毫无疑问，保护知识产权既符合外国的利益也符合中国的利益。

维亚：日本经济衰退，美国经济大大萎缩。中国经济是否有危险？

赵：日本是中国的第一大贸易伙伴，去年的贸易额在830亿美元，我们和美国的贸易额是740亿美元，和欧洲的贸易额是690亿美元。显然，这三个贸易伙伴的经济走向如何，对中国的经济增长会有影响。今年前六个月的数字显示，中国的外贸增长在10%以上，但近几周以来，没有增长。但我们并不担心，因为中国经济首先决定于国内市场。

维亚：您不担心日本、台湾、新加坡对华投资会发生大幅度下降吗？

赵：我不担心。这些国家和地区对中国投资有好处，可以降低生产成本，找到市场。但整体上看，即使世界经济对中国产生影响，也要与中国的国内市场性质相对来看。另外，我们有数量可观的外汇储备，可以减少这种影响。当然我们希望美日的减缓投资是短期的。

维亚：人民币何时可以自由兑换？

赵：没有确切的时间表。当中国经济实力及其财政体制能够达到承受的水平时，人民币就可以自由兑换。我感到自豪的是，浦东新区第一个被允许外国银行进行非资本项目的人民币业务。这个做法后来在全国各地推广。可兑换性，主要取决于财政体制的成熟和中国经济的发展水平。在这个问题上要谨慎。我们分析了1997年的亚洲金融危机，很明显，中国经济能顶住这次危机，主要有两个重要因素：中国的股票市场没有国际化；人民币不自由兑换。再强调一下，决不要忘记中国是一个发展中国家，人均年收入在800美元。这个情况经常被人忘记。

维亚：具体说，沿海地区有很大的发展，北部和中部地区没有多大发展，怎么改变这种情况？

赵：政府实行大幅度的税收再分配。像上海这样的地区，向中央上缴的税收占64%。不发达地区需要发展基础建设以便能够吸引投资。另外，还要向这类地区提供优惠条件。

维亚：中国为什么取缔法轮功？

赵：法轮功在中国是一个突然出现的严重问题。其教主利用一些人的无知，散布世界末日论，唆使信徒拒绝就医，夹带着许多明显的反人道、反文明的意图，造成社会的不安定。我们对少数极端分子采取了法律的手段，但对绝大多数信众，我们则主要采取说理和说服的方法，帮助他们从中解脱出来。在处理邪教问题上我们没有经验。我们要研究法国国民议会对邪教的定义[①]，研究如何防止邪教对社会造成危害。

维亚：您怎么看中美关系的恶化？

赵：回顾历史可以看出，美国和中国的关系自 1972 年以来尽管有波折，但一直在向前发展。美国和中国的关系紧张都和台湾问题联系在一起。美国在台湾问题上干涉中国的内政。另一方面，我们有共同的利益。美国是中国的第二大贸易伙伴，中国是美国的第四大贸易伙伴，即使中国对美国的贸易有一定的出超，也还应当承认，进口中国商品有利于美国的低膨胀。另外，在军事和安全方面，中美有着共同的利益，如在反核扩散、反走私方面等。最后，我要指出，布什总统将去中国访问，也会有新的成果。总之，对中美关系的发展，我持乐观态度。

维亚：瑞士信贷第一波士顿银行因为和台湾当局的关系而被取消作为中国联通股票海外上市承销商的资格，是这样吗？

赵：（笑）和您一样，关于这个问题，我也看了许多东西。首先，选择哪一家银行一般都是在最后一刻才决定的，一些自以为被选中的公司未必就是选择对象，这是经常发生的事情。中国认为，瑞士信贷是一个非常有名的银

---

① 法国"国会邪教调查委员会"对邪教的 10 个参考标准：

1. 使人精神不稳定；2. 具有财政上过分索求的性质；3. 教徒与原来环境决裂；4. 妨害身体完整；5. 隔离儿童；6. 言论或多或少反社会；7. 扰乱公众秩序；8. 招惹司法诉讼；9. 侵吞传统的经济流通；10. 企图渗透公营权力机构。

行。显然您对这个回答并不满意。坦率地说，瑞士信贷第一波士顿银行参与了最敏感最复杂的问题。从某种意义上说，它脱离了做生意的轨道。中国对此不满，那是自然的。

维亚：中国和俄国都反对美国的导弹防御计划，您认为该计划有什么妨害？

赵：美国的导弹防御计划会使世界力量对比失去均衡。因为，这个计划会使美国在保证其安全的旗号下，大大增加它的军事能力，而国际社会所签订的条约、协定的目的则是稳定甚至削减军事力量。很清楚，这样一个导弹防御计划会引起新一轮的军备竞赛，对谁都没有好处。

维亚：再回到国内政策上。江泽民主席把共产党的大门向企业主开放，为什么？

赵：江泽民主席在他的7月1日讲话中没有像有些人所说的那样，把党的大门向私人企业主大大开放。他只是说，党应当代表最广大的中国人民的根本利益，在这个意义上，私人企业主、合资企业中的职工，只要他们遵守党章，愿意承担党员的义务，就可以加入共产党。事实上，一些企业主原来已经是共产党员。江泽民主席的讲话在中国和国外都受到普遍的重视。

维亚：那还是要承认企业主在现代中国发展中的作用？

赵：当然承认。私人企业对中国的发展有贡献。共产党应当代表社会先进生产力和它的发展方向。承认这一点不会损害党的性质。请注意，恩格斯本人就是资本家。

维亚：北京赢得奥林匹克运动会的承办权，中国取得了卓越的胜利，但在人权方面也将受到更大的关注。您怎么看？

赵：在中国，人权事业的发展完全符合中国政府和中国人民的利益。正如您所了解的，中国有一个很长的封建历史。在封建社会里皇帝有绝对权威，包括决定人的生死。1911 年，在中国发生了一场革命，推翻了封建王朝。但由于内战和第二次世界大战，革命没能进行到底。新中国的历史是很短的，刚刚 50 年，其中还有 10 年文化大革命。世界上没有任何一个国家不是用 100 年到 200 年的时间才建立起民主政体的，世界上也还没有一个适合各国民主发展的统一模式。

中国人大重视修订法律和修改已不适用的法律规定，这是它的任务。但人民也要培养具有法律观念。例如婚姻法，在城市就得到很好的执行，在一些农村就有问题。这需要一个很长的过程。在西方，经常有人批评在中国发生的一些事情。但我也要指出，进步也是实实在在的。例如，有人批评建设电站迁移长江三峡居民。我刚刚去那里看过，我可以对您说，搬迁农民能获得更好的土地和帮助，对迁移到新的地方，他们是高兴、满意的。

点评：

国务院新闻办公室主任赵启正，应邀于 2001 年 9 月 7 日至 10 日访问瑞士，8 日在首都伯尔尼接受瑞士《商业金融日报》总编辑皮埃尔·维亚的采访。9 月 11 日，该报在头版以《中国有能力顶住经济发展减缓》为标题详细刊登了采访内容。

赵启正主任就"世界经济"、"加入世贸"、"知识产权"、"人权问题"、"法轮功"、"新党章"、"瑞士银行"等当时瑞士舆论乃至世界舆论最关注的"热点问题"发表了意见，态度诚恳，观点鲜明，语言简练，内容精确。既正面阐明观点又不回避问题，既有很强的针对性又有突出的新闻性，既有高度又有深度。谈话受到采访者的高度评价。总编辑亲自撰写社论《中国从未如此强大》，配合这篇报道。

《商业金融日报》是瑞士最大的法语财经日报，不但在瑞士畅销，在法国、比利时等国也有许多读者，在金融财经界有相当广泛的影响。赵主任的这篇谈话在瑞士政治界、外交界、新闻界、财经界以及友好人士中引起了广泛的重视和好评。

读这篇谈话，可以学习到许多东西。例如：在面对面的情况下，答西方记者问的思路原则和语言技巧等。

（中国前驻瑞士大使馆新闻参赞　静瑞彬）

文化的理解是最重要的基础

（2001 年 9 月 14 日在柏林亚太周记者招待会上答记者问）

文化的理解是最重要的基础

赵启正（以下简称赵）：我们这次来柏林的主要任务是参加"亚太周"活动，它包括许多内容，其中大量的节目都是文化类的，也有一些经济座谈会。德国是中国在欧洲最大的贸易伙伴，我们希望利用这次机会加强两国的相互了解，而文化的理解是最重要的基础。

德国是一个历史文化悠久的国家，产生过许多伟大的哲学家、思想家、音乐家、文学家、科学家。对这样的国家，我们从哪个角度来介绍中国是个新的课题。有一位日本老人告诉我：他总觉得每个中国人都像是他的文字老师。从这个意义上来讲，中国人总觉得每个德国人都像是哲学家。（笑声）现在我愿意回答大家的问题。

打击国际恐怖主义活动更应加强国际间的合作

德国记者：目前有一个现实的问题是美国遭到恐怖分子的袭击，世界上许多国家都表示了对美国的同情与支持。据说，中国年轻人则表现出幸灾乐祸的情绪，请问是否有这种现象？

赵：事件发生之后，我也在思考，这次恐怖事件对我们会带来什么样的影响？可能我比其他中国人感觉更敏感之处在于，我本人在上海工作时，在那里建造了一座与纽约的世贸中心几乎一样高的大楼——金茂大厦，属世界第三高度。金茂大厦在设计、管理等方面与世贸中心有着良好的关系，现在它失去了一个好姐妹。由此我想到，这样的恐怖活动不仅对美国，事实上对所有国家都具有威胁。

至于你刚才所说的中国某些年轻人的反应，我相信是有的。但中国人口很多，光是在校大学生就有1000多万人。而真正在网上表达这种情绪的人，在1000人中不会超过1人。他们显然联系到了中国驻南使馆被炸和中美撞机这样的事件，因此这只是他们一时的感情表达，而不是哲学的思考。（笑声、掌声）在东方和西方一样，成年人需要和年轻人交朋友，经常交流思想。

事件发生之后，江泽民主席很快给布什总统发了电报，又与他通了电话，充分表达了中国政府和中国人民的立场。中国人民和德国人民一样，强烈谴责这种恐怖活动，并提出愿意提供援助。

"德国之声"电台记者：我们注意到，江主席向美国表达了深切的哀悼，并表示予以援助。中国是否认为这次恐怖事件是伊斯兰极端恐怖分子所为？另外，中亚五国合作机制也有共同遏制伊斯兰原教旨主义①的责任，因为它们对中国的西北也是一个威胁。请问中国是不是也面临着伊斯兰原教旨主义挑战和扩张的问题？中国将如何与之斗争？

赵：这次恐怖活动是不是伊斯兰原教旨主义者所为，应该由美国的中央情报局和联邦调查局回答。似乎他们已发现了很多线索，我相信美国会很快将真相公之于众。

上海五国组织，实际上已有六国，明确提出共同打击恐怖活动，不管来自何方，包括极端的宗教主义派别的恐怖活动，都要坚决打击。对危害中国西北地区的恐怖活动，中国政府当然将严厉打击。我认为打击国际恐怖主义

---

① 伊斯兰原教旨主义主张复兴伊斯兰教义，使其回到最初的原始教义，履行先知穆罕默德的遗训，恢复《古兰经》，……他们认为今天阿拉伯人之所以受欺侮、贫穷，就是因为没有按伊斯兰原旨教义去办。

活动更应加强国际间的合作。

德国记者：我有两个问题：中国将在哪些方面给美国以支持，包括在具体打击恐怖活动方面？美中两国贸易已经受到美国国内经济疲软的影响，这次是否会受这次恐怖袭击事件的影响？

赵：第一个问题我没法具体回答你，这要看美国的要求。顺便说一下，中国的医疗水平和生产药品的能力比一般人估计的要好。（笑声）至于在打击恐怖活动方面的国际合作，具体内容需要细致讨论才能决定。中国政府的意愿是明确的。

中国正在进一步开发国内市场

赵：美国是中国第二大贸易伙伴，去年双边贸易额为740亿美元。美国经济的不景气对中美贸易会有影响，在这次事件之前中国已进行了多方面的研究和应对。今年前几个月，中美贸易还是有所增长，但和去年相比，增长得较少。顺便说一下，中国在美国的贸易公司有18家在纽约的世贸中心设有办公室。我们对他们的生命安危非常关注。

《法兰克福快报》记者：现在已确定中美双边贸易额将低于去年，中国有没有考虑在此情况下提前启动"经济景气计划"或扩大建设规模？

赵：我们的具体措施就是加强基础设施建设和政府投资；加强西部开发建设；进一步开发国内市场，对于东部发达城市促进消费，如以银行贷款方式鼓励购买住房等。

欧盟是中国第三大贸易伙伴，去年对华贸易额为690亿美元，和美国、日本差距不大，加强和欧盟的贸易也是促进国内经济发展的一条重要渠道。

德国是排在中国人的视线前列的

《光明日报》记者：赵部长，刚才您坦率、全面地回答了有关 WTC^① 事件的相关问题。我的问题是有关这次"亚太周"活动的：中国政府组织了这样一个庞大的代表团来柏林，是想给德国人带来什么？是以经济为主，还是文化为主，还是文化搭台、经济唱戏？

赵：主要是文化的内容，包括传统的和现代的，其中有刚刚出现的先锋派艺术，它能否长久生存下去，还需要时间的考验，现在想请德国人也看看，不知他们有什么见解。另外，中国民间的社火、腰鼓、戏剧也都是最具传统和最朴素的。

在经济方面，我们组织了中欧经济论坛，中德双方都有不少重要人物出席。希望以此来帮助那些还没有和中国建立联系的欧洲公司能够明白中国市场的潜力。去年欧盟 15 国对中国投资只有 44.7 亿美元，只相当于欧盟对世界各地投资的 1%。在德国的对外贸易中，对华贸易只占 2%。而中国是一个有 13 亿人口的大国，美国人会计算，如果每人每天喝一瓶可口可乐，这是多大的数量。柯达公司和富士公司曾计算过，中国有 3 亿家庭，如果每个家庭每年用一盒胶卷，一年销量将达 3 亿卷。而爱克发（Agfa）没有计算过，所以丢掉了中国这块市场。（笑声）

德国《经济周刊》记者：这次在柏林举办的文化活动规模很大，选择德国是偶然的，还是另有深意？中国通过这次活动有什么样的愿望？对中德经济关系有什么期望？

赵：选择德国当然不是偶然的。世界上国家很多，排排顺序，德国是排在中国人的视线前列的。中国人知道德国是欧洲最大的经济发动机，德国在

---

① WTC 为世界贸易中心（World Trade Center）的英文简称。WTC 事件即"9·11"事件。

中国的投资项目都取得了成功。听一位德国朋友说，世界上吊车最多的城市是上海、北京和柏林，但大众轿车最多的城市是上海，（笑声）它的成功是众所周知的事实。此外，西门子、德国电信也都很成功。上海磁悬浮列车工程已经开工，这也是德国地铁在中国的成功的延续结果。还有很多案例可以留待晚上的经济研讨会继续讨论。

我们对各种形式的恐怖活动也怀有警惕

《金融时报》记者： 中国政府是否纵容和包庇阿富汗和巴基斯坦政府？与他们之间有何联系和接触，比如和塔利班政权？

赵： 中国政府已于1993年撤走了驻阿富汗大使馆，因此目前和阿富汗处于非正常的外交关系，更谈不上与塔利班政权有什么联系。巴基斯坦是中国的友好邻邦，两国关系正常。

在和各国的接触中，我们坚决反对恐怖主义的立场在许多方面是一致的，也是一贯的。和其他国家一样，我们对各种形式的恐怖活动也怀有警惕。

应当提倡《欢乐颂》的主题，亲如兄弟姐妹

凤凰卫视记者： 美国遭受恐怖分子袭击已成为全世界的焦点所在，对世界造成了巨大的影响，这次"亚太周"活动可以说是"天时不利"。赵部长，您如何评价这次活动的意义与效果？另外，是否可以透露一下中德两国领导人的题词？

赵： 这次"亚太周"活动筹划了近一年，不幸赶上了恐怖分子袭击美国的事件。所以经过研究，我们取消了少量过于有热烈喜庆色彩的活动，有一部名叫《紧急迫降》的电影也被取消了。但总体来说，对这次活动的影响不会太大，日程目前没有什么大的变化。

此次"亚太周"活动的意义之一在于促进中德乃至亚欧的联系，增加相

互间的了解和友谊。我想这样的活动符合贝多芬《第九交响曲》最后合唱《欢乐颂》的主题，（笑声）应当提倡全人类相互团结，亲如兄弟姐妹。（掌声）

在活动的开幕式上，我们会表达对美国遭受恐怖袭击的同情和慰问。既然恐怖主义已成为全人类的公害，我们就应该坚决地反对它，并把它从地球上驱逐掉。

中德两国领导人对"亚太周"活动写了富有感情的贺信，都表达了对对方文化的敬意。例如江主席在贺词中说：中德两国都具有悠久的文化传统。中国人民为中华民族古老而辉煌的文明骄傲，也对产生了举世闻名的伟大音乐家、科学家、文学家、哲学家的德国人民怀有敬意。

中国政府非常重视艾滋病的防治

德国记者： 据最近的统计说，中国艾滋病人数大增。部长先生，您对此有何看法？

赵： 你说的艾滋病在中国蔓延的情况，中国政府非常重视。目前这种情况多集中在云南边境的吸毒地区，还有河南省的一个村庄，那里有人从事非法血液买卖活动。中国感染艾滋病的实际人数有多少，像许多国家一样，很难统计准确，尽管卫生部门公布了统计数字。当然我们会争取尽量准确。

在东方文化中，对涉及性的话题以前往往不愿公开讨论。有人如果患了性病，就不愿去医院。现在这种情况有所改变，政府也拨出一定的费用用于医疗补贴和全民防病教育。许多村庄、学校和居民区都加强了预防艾滋病的宣传，在北京街头可以看到预防艾滋病的宣传画。

德国人在文化艺术上是很挑剔的

中央电视台记者： 这次柏林"亚太周"活动将耗资多少？和 1999 年巴黎

"中国文化周"以及去年的"中华文化美国行"相比，最大的不同点是什么？

赵：这次活动的成本是 600 万马克，其中包括柏林市政府的投入。（问身边的柏林市政府代表）不知德方是否愿意公布？（柏林市政府代表说：这次德国对整个文化活动将花费 300 万马克，目前德方投入的精确数字不好估算，大概还另有 40 万马克左右。除此之外，柏林还提供了一些博物馆、剧院等场地，以及其他人力物力上的投入。）

这次"亚太周"比前两次在法国和美国的活动的内容与种类有所不同。德方选择节目的标准很高，要求也十分细致。有时幽默很难翻译，让我试一试：德国人在文化艺术上是很挑剔的，不好伺候。（笑声）换句话说，我们的交响乐队就不能来，因为德国人的耳朵早已被（德国的乐队）惯坏了。（笑声）

点评：

在美国刚刚发生了"9·11"事件之后回答记者问题，既要对美国人民表示同情，又要对我一些青年人的不成熟表现作出合理的解释，化解外国人的误会，在这两点上赵主任都拿出了具体的实例，做到敢于触及敏感问题，着眼以理服人。他说纽约世贸中心的倒塌使上海浦东的金茂大厦"失去了一个好姐妹"，形象生动，令人印象极为深刻。他谈到中国驻南斯拉夫使馆被炸和中美撞机，合理地解释了一些中国年轻人的反应。他说"这只是他们一时的感情表达，而不是哲学的思考"引发了笑声，获得了理解。然而，中德文化交流和经济合作才是招待会的主题。赵主任在十分严峻的国际条件下，从容不迫，机智幽默，以德国盛产思想家、音乐家、文学家和科学家开头，以德国人的耳朵对音乐最有鉴赏能力结尾，首尾呼应，始终紧紧抓住主题不放。

（黄友义）

战略性伙伴的合作

（2002 年 2 月 22 日在北京会见美国在线时代华纳首席执行官李文的谈话）

中国与世界航母型大公司的合作
是战略性伙伴的合作

赵启正（以下简称赵）：很高兴再次与你见面。这几天是媒体关注美国的日子。布什总统刚在清华大学演讲完，与学生问答的结果是 1 比 1 平。

李文（以下简称李）：目前美中关系十分重要。其中也包括我的公司和你以及你的同事有着深厚的友情，在过去许多项目上都对我们有帮助。我想借此机会向您介绍美国在线时代华纳公司在中国的业务进展，我们明天将举行一个庆祝华娱电视重播的活动，该台要提高文化层次，请你还要不断指出需改进之处。我们在纽约已经提前使 CCTV - 9 落地，今天起，该节目也开始在休斯敦落地。我们上次见面后，中国加入了 WTO，我们与联想的合作也有了很大的发展。我们为联想提供咨询服务，同时也要为他们在网络服务方面提供帮助。在电影方面，华纳兄弟公司在帮助中国的影片走向世界。另外，我们还准备在中国发展多厅影院。当然，我们也要向中国输入电影。《哈利·波特与魔法石》在华发行很成功，下一步就是《指环王》。在技术方面，我们也乐于涉足，如互联网、视频点播等。还有我们要与中方合作制作动画片。明天我要去我们在华的各个公司的办事处。这些都表明我们与中国的关系十分紧密。

现在，我要谈谈我退休后的承诺。99 年我率时代华纳代表团访问中国两周，从西部开始旅行和考察，最后在上海举行财富论坛。当时我们之所以来华就是要较全面地了解中国对我们是多么重要。我们的团队中就有我们未来的 CEO Mr. Parsons。你知道我们参加了中国建国 50 周年的大庆，其中凯斯（Mr. Case）先生也参加了。而美国在线与时代华纳合并的想法就是在那时在中国形成的。我 4 月份再访华时会把我们的首席运营官带来。我们英语中有这样一个说法，就是：中国已经植根于我们的 DNA 之中了。我现在很健康，退休后会担任公司的顾问，我希望见到美中关系健康发展，同时也希望不久能在美国见到你。

赵： 你高度概括了你在中美关系中的作用。现在评价你也许早了一点，最好是 4 月份你访华时再评价你。中国媒体很注意你，有很多关于你和你的公司的文章，其中说到你当年还见到了邓小平。我想起了一位美国企业界人物，AT&T（美国电报电话公司）的总裁 Mr. Alen，他没有你幸运。他想与我们在浦东合作通讯项目。他退休前来中国，希望在他在任的最后日子里看到合作的开始，可是没能看到。直到 1998 年朱总理访美时此项目才得到批准。你是比较幸运的，AT&T 在他手中一分为三，而你却实现了与美国在线的合并。你在中国有许多合作项目，比起他人来，你是先行者。我们每次谈话都要讨论到中国市场的机会，今天我再告诉你一些数据：中国加入 WTO 后，允许外资进入增值电信领域，包括 ISP、ICP、传呼等。现在中国有 4400 家增值电信公司，其中 ISP 有 980 家，ICP 有 1200 家，传呼公司有 1200 家。你也许认为这方面没有市场了。其实不是。这些企业大多数都太小了，竞争力较弱，所以你们还有很多机会。美国在线与时代华纳的合并使你们具备了这样的力量。5 年前，我与美国的 Mictronic 公司（该公司发明并生产心脏起搏器）谈到，中国占世界人口的 21%，而使用起搏器的人只占世界的 1%。如果不是上帝赐予中国人的心脏特别与众不同的话，中国市场就一定需要起搏器。他们在中国投资了，获得了巨大成功。中国与世界航母型大公司的合作是战略性伙伴的合作。

友谊地久天长

李： 现在对我的评价就已经太好了。我同意你的看法，我们是战略性伙伴。中国市场潜力巨大。在网络方面，我认为在整个世界范围都处于初级阶段。在中国加入WTO之前，我们只能给联想提供咨询服务，现在我们不仅可以投资，而且可以主动发挥作用了。在网络方面，我们可以利用美国在线的经验帮助中国，为你们提供服务和信息。这也符合我对两国关系的看法。我们在此方面的潜力很大，我们决心以我们的经验帮助中国跨越发达国家曾经历过的发展阶段。目前英语还是网络的主要语言，但我认为中国将会成为网络的主要用户，中文也会成为主要语言。布什总统访华的主题是文化交流，除了交换学生、文化活动之外，更重要的就是通过网络交流。在去年香港的财富论坛上，江主席就说过，他孙子就常使用互联网与美国的朋友交流。我们与您的友谊地久天长，您对我们帮助很大。

赵：上海财富论坛之后，在中国举行的一些国际论坛都希望能像财富论坛那样成功。财富论坛现在已经成为一个标准了。另外一件事就是今年在海南岛的博鳌论坛，主要是亚太地区的国家首脑的聚会，我们也希望时代华纳参加。

李：你说的事情非常重要。在这次会议上，人们既可以谈中国，也可以讨论亚洲事务。在你的协助下，我们的上海财富论坛很成功，同时也显示了中国的成就。从那以后，我们不仅宣传中国，而且在许多具体业务上与中方有合作。中国加入WTO后，更是如此。正如你所说，要想模仿上海财富论坛获得成功是不容易的，就像在APEC期间，有人曾想组织一个CEO的高峰会，也没有成功。但如果是新闻办邀请我参加的会议，我一定尽力参加。

点评：

李文，曾长期领导美国时代华纳集团。他曾率领庞大的时代华纳代表团深入中国西部考察，他曾率先提出在中国举办财富论坛。1999年我国50周年大庆时，我曾看见他乘坐着高级轿车，领着长长的车队，在北京参加国庆活动，场面颇为壮观。有趣的是，在这次中国之行期间，他与美国在线的创始人凯斯达成了合并的协议，而他这位媒体老帅将新公司首席执行官的位置让给了年轻人凯斯。

也还是他，协助中央电视台的 CCTV - 9 套节目在美国纽约等地落地，并将中国电影推向世界影院。实践证明，与这种能够在美国传媒界呼风唤雨的人物领衔的大公司建立战略性伙伴关系是将中国文化产品推向发达国家的有效途径。

启正多次会见李文及其他官员，推动中国传媒界与时代华纳集团全面、多层的合作，在中美两地频频掀起中国热潮，是有着战略考虑的。小布什当选总统后宣称中美两国不是战略伙伴关系，他的班子成员也公开将中国定位于美国的潜在对手。而启正对李文说，"中国与世界航母型大公司的合作是战略性伙伴的合作。"可见启正加强中美关系、营造有利的国际环境的良苦用心和坚定信念。

当然，与外国大公司建立合作是需要诚意的，而诚意不是空谈，需要落实到工作关系上，有了真诚的合作关系，才有可能取得相互的信任。在本次谈话中，启正的这种诚意不仅体现在对李文的肯定和赞赏上，更体现在他向李文仔细分析和展示中国电信市场以及博鳌论坛为其提供的机会上。从这篇谈话我们完全可以想象到，在日常工作中，启正作了多少的努力，不懈地促进这种战略性合作。

（黄友义）

中国人为民主奋斗了一百多年

（2002 年 3 月 29 日在北京会见瑞士新闻代表团[①] 的谈话）

问：瑞士企业在上海的投资有多少？你认为瑞士的中小企业是否适合到上海投资？

赵启正（以下简称赵）：我手头没有瑞士企业在上海投资的最新数据，但可以询问上海有关方面然后答复你。

瑞士，包括其他国家的中小企业来中国投资的比较少，主要困难在于他们没有足够的力量在中国作市场调查，需要瑞士商会和其他咨询公司的帮助。瑞士罗氏（Roch）制药厂是在华投资比较成功的例子，它们来到中国的时间较早。我当时用了一个例子来说服他们：1994 年，世界医药品市场价值 2200 多亿美元，中国只占其中的 3%，但中国的人口占世界人口的 21%，可以预见中国的医药市场潜力很大。

瑞士生产的产品质量好，但价格高。以前中国人的购买力低，但现在情况不同了，相当一部人已经富裕起来，可以更多地购买瑞士产品了。像瑞士传统的机械手表曾一度被忘记，但现在又开始走入中国人的生活，一些讲究品位的中国人又开始选择瑞士手表了。

中国媒体对瑞士的高科技产品报道较少，主要是缺少信息来源，如果你

---

① 瑞士新闻代表团由瑞士《时报》、《商业金融日报》、《自由报》等媒体的总编辑及副总编辑一行 7 人组成，瑞士新闻俱乐部执行主席吉·麦当先生任团长。

们能提供更多的信息，中国的媒体会很愿意报道的。

（在会谈当中，赵主任将向上海方面了解到的有关数据当场通报给对方：到 2000 年底，瑞士在上海的投资为：合同外资 13.42 亿美元，占上海外资的 2.47%，共有 98 个合同项目，占外资项目的 0.39%。瑞士是中国在西欧除欧盟以外最大的贸易伙伴，2000 年，中瑞贸易额达 22.09 亿美元。记者们对如此快的回答十分惊讶）

问：部长先生是主管新闻的官员，你对中国对外公布数字的透明度问题怎么看？许多人认为中国公布的数字与实际数字有不小的差距。

赵：我个人认为，中国政府在对外公布数字时，绝没有有意地公布虚假数字来欺骗公众和媒体，但中国全民受教育水平还比较低，受过高等教育的人只占总人口的 3.5%，与西方发达国家相差 10 倍左右。由于各地统计工作者素质的差异，有些地方做不到准确地统计数字。个别地方基层官员，为显示政绩弄虚作假的现象也存在，这种情况一经发现，这些官员会受到惩处。另外，中国在统计方法上也有与国际惯例不一致的地方。如工厂未售出的库存商品会按生产时的价格，而不是当前的市场价格计算。有些企业所在地和注册地不一致，可能其产值被重复计算。

观察中国经济运行情况可以参考如能源消费指数等其他数据指数来印证，我现在送给各位一本在德国出版的德文版的有关中国经济的书，你们可以通过这本书详细了解中国经济发展情况，其中第八章有关中国互联网发展情况是我撰写的。

问：按美国的说法，美国对华贸易逆差达 40%。美国现在实行严厉的贸易保护政策，如近期采取的限制钢铁进口的措施，你对此有何看法？

赵：布什总统上台以后，强调美国利益，实行色彩很浓的保护主义。我们称之为单边主义，有的亚洲朋友称之为美国主义。有关美国对华贸易赤字问题，我们与美国的计算方法有所不同，如美国将从香港转口的货物增值也包括进去，这是不合理的。在美国，像我身上穿的这件衬衫只卖 8 美元，但在纽约的旅店里洗一件衬衫就需要 18 美元，可见中国产品对稳定美国的物价是作了贡献的。另外，美国在卖给我们计算机时，只卖低档货，高档的不卖，这说明美国自身对贸易逆差也是负有很大责任的。

问： 近几年中国经济增长速度很快，在经济增长的同时，中国面临哪些挑战？

赵： 中国在很多方面都面临挑战。经济结构需要调整，生产效率需要提高，农业人口过剩，应该创造新的就业机会。中国加入 WTO 以后，国外廉价的农产品会对国内的农业产生很大冲击；工业方面要增加高科技产业的比重；国有企业需加速改革，以现代企业制度进行管理；国有银行要进一步商业化。中国银行商业化水平不高，关于这一点，早在 1994 年，我就和瑞士联合银行的先生们讨论过。

问： 一些国家反对全球化，西雅图会议① 期间曾发生了大规模抗议全球化的活动，请问中国会不会对全球化发生类似的抵触，这种抵触会不会引发社会问题？

赵： 中国对经济全球化已引起的和可能引起的问题，一直在仔细观察。全球化的势头是不可阻挡的，因此要积极迎接挑战。对外开放对中国是有利的，中国不会出现像发生在西雅图那样的激烈抗议。中国经济发达的东部对加入 WTO 持欢迎态度，但西部地区有些担心。中国政府会帮助西部的。

问： 你认为中国同瑞士目前关系如何？两年前江主席访瑞时曾出现过一些不愉快……

---

① 1999 年 11 月底至 12 月初，世界贸易组织（WTO）的部长级会议在美国西雅图召开，因内部缺乏信任基础、立场严重分歧，外部又遭到当地工会和环保组织的抗议示威而宣告破裂。

赵：你说的是一些人捣乱的事吧？都已随风而逝了，我们大脑硬盘的容量是有限的，要用来记录最重要的东西。目前，中瑞关系良好。

问：国际社会经常指责中国不尊重人权，你如何看待这种指责以及西方舆论？

赵：西方对中国的人权状况所知不多，且有很大的误解，这就需要讨论和交流，像你们这样来中国访问就是最好的方法。看中国的人权，应先将中国的昨天与今天相比较。瑞士人对西藏问题误解最多，这是我们之间最需要沟通的问题。因为住在你们国家的一些西藏人对中国人权状态散布了许多不实之词，你们接触他们多，听他们的观点太多，而对真正生活在西藏的人的话听得又太少。

问：感谢你回答这个问题，你的介绍很全面。现在互联网越来越普及，使用英语也越来越多，这会对中国的本国文化造成什么影响？你们是否有这方面的担心？

赵：整个互联网上中文的内容大约只占 4%。为了中国的发展，我们也必须去学习英语，由于英语的逐渐普及，西方文化也更多地进入中国。我们会对西方文化加以区分，吸收其中的精华部分。截止去年 12 月份，中国人自己建立的中文网站大约有 45 万个，中国互联网用户已达到 3300 万。我们保护和发展中国传统文化的对策一是要加强中文网站的内容建设，二是对优秀的网站充分推荐。

问：中国的互联网用户越来越多，据称，到 2008 年，北京的每个家庭都会接入互联网。如果这样，用户会很容易从互联网上看到他们想看的信息，这种新闻自由化的趋势对中国的新闻控制有何影响？

赵：中国人通过阅读国际新闻可以进行比较，会更清楚中国在世界上的地位，更好地为自己的国家服务。记者和编辑也要正确理解什么是新闻自由，主动承担对社会的责任。要避免虚假新闻。中国政府鼓励媒体揭发官员腐败问题，中央电视台有一个栏目叫"焦点访谈"，揭露出来的问题有关部门都会予以处理。中国新闻自由的着眼点是能否符合人民利益。中国公开发行的报纸有 2200 种，有近 400 家电视台 2000 多个频道，政府没有，也不可能控制这么多的媒体。

问：我们看到中国的经济正在发展，中国的这种经济发展与资本主义有何区别，中国最终的政治目标是什么？

赵：我们的目标是建设中国特色的社会主义。中国共产党和中国政府代表的是人民的根本利益，而非某一阶层的利益。在经济上实行混合经济，以公有制为主，对那些关系到国计民生的重点企业实行国有控股。外交政策方面，维护世界和平，谋求各国共同发展。

问：你认为市场经济的发展与民主是否有联系？

赵：有联系。中国经济越发达，中国的社会主义民主也会越发达，民主首先是一种思想，只有人民有了这种民主思想，才能有民主的操作。中国人向往民主，为民主奋斗了一百多年，没有民主的国家不会成为一个强大的国家。中国人拥护现在的执政党，这也是历史的选择。对此你们理解起来可能会很困难。我现在送你们一本书：《外国人镜头下的八国联军》，书中描写的 100 年前的屠杀场面令人恐怖。结论就是没有共产党的领导就没有站起来的新中国。

点评：

2001 年 9 月 7 日至 9 月 10 日，赵启正主任访问瑞士，会见了瑞士联邦外交国务秘书弗兰茨·冯丹尼克，双方就加强两国间的新闻、文化交流等问题交换了意见并达成共识。这次会谈对开展两国新闻界的互访和交流有较大的促进作用。

在我方积极推动下，应中国记协的邀请，瑞士半官方新闻机构"瑞士新闻俱乐部"执行主席吉·麦当，率瑞士新闻代表团于2002年3月访华。这标志着自1989年后中断了13年的两国新闻界的正式来往又重新起步。2002年6月，中国记协主席邵华泽率中国新闻代表团回访瑞士。自此，中国和瑞士两国新闻界的互访和交流完全恢复并步入正常轨道。

2002年3月29日，赵启正主任接见瑞士新闻代表团，很有说服力地回答了代表团成员提出的各种问题，让这些总编们的笔记本里记满了回国后可以报道的题材和内容。在对外宣传中要"抓住机会积极利用外国主流媒体宣传介绍中国"，这就是一个范例。

瑞士新闻代表团是由瑞士《时报》、《商业金融日报》、《自由报》等主要媒体的总编辑及副总编辑组成的，他们都是知名人士。他们访华后，在各自的媒体上发表了长篇报道，介绍中国的发展和变化，文中充分引述了赵启正主任的谈话内容。这些报道，在瑞士各界引起了广泛的兴趣和关注，产生了良好的影响。

（静瑞彬）

媒体要在中日关系间起稳压器的作用

（2002 年 5 月 13 日在东京中日媒体研讨会上答记者问）

互联网需要管理

《每日新闻》记者：去年 11 月，中国出台了关于互联网管理的条例，由政府对互联网进行控制，这对信息交流和媒体发展会产生什么影响？

赵启正（以下简称赵）：中国对互联网的内容有一些规则，这些规则是比较宏观和原则性的。我们也问过日本、美国、法国等一些国家，似乎他们就是把传统媒体的一些规则视为对互联网也有效，所以不能说他们对互联网就不管。互联网的任意性比传统媒体广泛得多，一个没有经过专业训练的人也可以非常容易地在网上发表新闻或表达自己的看法，这是一种方便，也就是说大家对话和交流更轻松和自由。但是全体国民的素质并不是整齐的，有的比较优秀，也有的素质比较差。在中国就出了一些私人的网站，刊载了大量的黄色图片，这当然要禁止。还有一些人不负责任地发布假消息。有的例子，甚至涉及到国际间的关系。这些管理条文虽然有几页，如果概括起来就是一句话，就是它要有利于社会发展，它应当是健康的，更具体地说，它不能违反中国的宪法。除此之外并没有更多的规定。与其说是控制，不如说是管理。目前对几十万个网站进行管理谈何容易，控制更不可能。没有一个机构能够做到。管理有两个内容：网站如果有新闻栏目，我们要求它必须注册，要审查它有没有合格的新闻专业人员。

关于在中国设立镜像网站

共同社记者：中国在两国网络媒体合作相互发出对方文字方面会不会更加开放？能否在对方设立镜像网站？

赵：互联网本身和传统媒体相比，它的特点是开放性和互动性，我们觉得应该充分发挥它的这个特点。在中国能够看到日本大使馆的中文网页，我们的电脑大都没有阅读日文的软件。至于日本媒体要求在中国建立镜像网站，这不是我这个部门管理的范围，这由中国信息产业部来批准，到现在还没有遇到过申请的例子。

媒体要在中日关系间起稳压器的作用

共同社记者：关于5个朝鲜人闯日本驻沈阳领事馆之事，您有何评论和看法？

赵：昨天晚上，我看了电视，虽然我不懂日语，但大体知道日本媒体对这个问题如何渲染。这类事情的交涉应该是日本的外务省和中国的外交部的事，他们正在进行调查。就这个事件，我们是否可以讨论一下媒体和民众、政府间的关系，这三者间是相互刺激和推动的，媒体在其中是最活跃的。这个事件本身并不复杂，也是刚刚发生，并且还有人事前安排拍了电视，要以电视为证。不清楚的是细节，比如，日本副领事到底说了什么？但事实很清楚，就是有人闯进了领事馆，中国警察阻拦了，但没有成功，又进去把他们拉出来。

中国武警的任务就是保卫大使馆的安全，这是最重要的，其他都要服从这个任务。"9·11"事件后，中国武警的反恐教育和训练得到加强。这些武警的头脑中总有红灯在闪烁，总担心恐怖分子会进来。"秘鲁事件"① 就是恐怖分子闯进了日本大使馆。有人往沈阳日本领事馆里闯的时候，武警在很短的时间里作出反应，拦住并把他们拉出来。假如闯入者身上带着炸弹怎么办？那样日本是否要感谢中国武警？我对中国的武警十分钦佩，他们 18 岁应征入伍，都是高中毕业生，要他们在一瞬间作很复杂的政治判断很困难。但是他们忠于职守，也许冒着同归于尽被炸死的危险，这不是危言耸听，因为在从前北京发生过这样的事，当时我们的武警战士牺牲了。请想一想，在可能会牺牲的背景下，我们的战士英勇地冲上去，对他们是否应该表示敬意？为什么把它歪曲成了敌意？为什么电视台要反复播放这样的镜头？为什么要画漫画讽刺两国的领导人？好吧，我们反过来说，今后中国武警再也不硬性阻拦闯入者，日本使领馆是否欢迎新的闯入者？是准备接纳 50 人、500 人，还是 5000 人？你们的报纸说在中国这种人很多很多呀。日本领馆很大，没有日方引导中国武警也不知道从哪个房间把闯入者找出来。这是显而易见的道理。

随着调查的深入，事情会更清楚，中国方面是否怀有恶意，也请各位给予公正的评论。我认为，媒体要在中日关系间起稳压器的作用。这个事件很快，或者两三天，或者一周就会弄个明白。我希望，这个事情不应伤害中日关系。

谢谢大家！

点评：

一些日本记者热衷于对中日之间的矛盾炒作是有目共睹的，当年朝鲜人闯入日本驻沈阳领事馆后，一些日本媒体的处理方式就是最典型的例子。联

---

① 1996 年 12 月，秘鲁反政府游击队组织图帕克阿马鲁革命运动趁日本驻秘鲁使馆举行庆祝活动之机劫持了在场的 400 多人为人质，其中包括很多国家驻秘鲁的大使和外交官。这一事件持续了 126 天，最后秘鲁军警人员采取行动击毙了全部恐怖分子才结束了整个事件。

想到近两年中日关系的困难，媒体的炒作往往起着加剧而不是化解的作用。特别是一些日本右翼媒体混淆视听，推波助澜，作用极坏。要媒体"在政府和民众间起稳压器的作用"，至今具有现实意义。据了解，这次答记者问在日本被广泛报道，欧洲也有媒体转载，过了几天，日本媒体对此事的渲染大幅下降了。

（黄友义）

时代造就英雄，英雄推动时代前进

(2002 年 10 月 13 日在东京与日本著名电视时政节目主持人田原总一朗①
的对话)

（直播节目前半小时，先播出的一段预告）

日本朝日电视《周日论坛》节目主播：首先介绍一下中国来的尊贵客人。我们为制作日中邦交正常化 30 年专题节目，特别邀请了中国国务院新闻办公室主任赵启正先生。赵主任早晨好，请多关照。田原先生，您和赵主任在中国已经进行过会谈了吧？

田原总一朗（以下简称田原）：前一段时间，我们在北京的人民大会堂会谈了 3 个小时。

主播：虽然田原先生在 8 月份已经就会谈作了报道，但我想有很多观众还是特别希望知道他们会谈的具体内容。所以为了将他们的精彩对话呈现给电视观众，我们制作了这期特别节目：赵启正与田原总一朗的对话——朝日电视"周日论坛"现场直播节目，播出时间：2002 年 10 月 13 日 10 时 30 分。

朝鲜会走上经济发展的道路

田原：赵主任，您好，请多关照。在谈话之前，我想先送您一件东西，

---

① 田原总一朗是日本著名的电视时政节目主持人。他主持的《周日论坛》节目以采访日本和世界政要为主，在日本具有较高的收视率。

就是这本书。我在这本书里写了田中角荣① 的事情，谈到洛克希德事件② 和田中角荣的一些事，其中一些是大家关心的有疑问的事情。我把此事作为作业来做，现在终于完成了。我从田中角荣的去世，一直写到今天，书很厚。从这本书上可以了解到日本的政治，日中邦交正常化至今已有30 年，他是日中友好的开创人，希望赵主任能够看一看。

今年是日中邦交正常化30 周年，中国和日本都想搞好关系，但是发生了北朝鲜事件，大家把目光都集中到那里去了。北朝鲜承认了绑架事件，金正日总书记对此表示了道歉，在日本引起了很大的反响。我想问的是，北朝鲜是否要改变现状呢？还是只是做做样子看呢？赵主任是怎么看的呢？

赵启正（以下简称赵）： 我没有比你更多的资料，我只知道金正日总书记到中国访问过，他去了上海浦东新区。据上海的朋友告诉我，他很仔细地参观了，提了很多问题，最后对浦东开发给予了肯定。当然他们要根据朝鲜的国情发展自己的经济，无论哪个国家，人民都希望和平地生活，希望富裕地生活，我想朝鲜也不例外，他们会走上经济发展的道路。

时代造就英雄，英雄推动时代前进

田原： 中国的改革开放获得了巨大成功，那是因为有邓小平这样的伟人出现的结果。北朝鲜会不会有可能有像邓小平这样的人物出现呢？

赵： 我想时代可以造就英雄，英雄可以推动时代前进。我们期待着朝鲜能很快地繁荣，很快地富强。

---

① 田中角荣（1918～1993）：1972 年7 月任自由民主党总裁、日本首相，同年9 月访问中国，签署中日联合声明，实现了中日邦交正常化。

② 洛克希德事件：1976 年2 月5 日，日本国会正在召开例行会议。三木武夫内阁因经济萧条而面临困境，国会审议的各项议题也因在野党和执政党的意见分歧而无结果。与此同时，美国参议院跨国公司小组委员会主席、民主党人丘奇揭发了洛克希德公司为了推销飞机向日本首相田中角荣行贿5 亿日元的丑闻，最终确定涉嫌者有包括首相田中角荣在内的政界高层人士共16 人。田中角荣因此辞去首相职务。

田原：另外一个问题是，中国的毛泽东主席，还有他以后的主席，都没有让自己的后代接班。但是北朝鲜这样做了，问题是不是出在这里？

赵：各国的国情不一样。

田原：今后的北朝鲜是要变的，可以这样考虑吗？

赵：我觉得从最近的动向来看，比如和韩国之间，铁路也要开通了，公路也要开通了，小泉首相的访问也获得了一定的积极成果。除了小泉首相的努力之外，朝鲜的金正日总书记也是努力对待朝日关系的。这些迹象前8年并不明显。

中国人眼中的日本和日本人

田原：今天赵主任来到我们的演播现场，为此我们《周日论坛》做了民意调查。调查显示，日本人喜欢中国的为38.6%，讨厌中国的为22.8%，喜欢中国的人比讨厌的人多。朝日新闻社和中国（中国社会科学院）做了民意调查：1997年喜欢日本的占10%，讨厌日本的占34%；2002年的调查结果是，喜欢日本的10%，讨厌日本的一下子升为53%，讨厌日本的一下子增多了，这是为什么呢？

赵：我注意到这个调查是说喜欢不喜欢日本，而不是说喜欢不喜欢日本人，这有很大的区别。两国朋友之间的交往在增多，中日之间的航线也在增加。最近全日空和日航的日中航班比原来也增加了一倍。这个民意调查要看是什么时候做的。如果是在小泉参拜靖国神社后，或是教科书一类事情发生之后做的，就对日本印象坏一些，但这不表明中国人就那么讨厌日本人。一些日本政要去靖国神社参拜；或者有的时候极少数人，也许是日本人的千分之一或者更少，认为那场战争不是侵略，是从白种人手里解放亚洲人。这个时候做民意调查，效果会差一些。我觉得中国媒体也需注意，在报道日本问题时，应该把极少数人的思维方法和大多数人的思维方法更明确地分别开来。

我希望下次（调查）能够有大的改变，这也是我的愿望。

涉及到靖国神社问题，小泉首相言行要一致，中国人才能理解

田原：这个调查确实是在今年 8 月 26 日至 9 月 2 日之间做的。结果也许是和参拜靖国神社有关系。接下来，我想谈谈靖国神社问题。小泉首相去年8 月和今年 4 月参拜了靖国神社，给中国政府带来了很大的不愉快。我想直截了当地说，这实际上是一个误会。如果他选择 12 月 8 日[①] 去参拜靖国神社的话，也许有继续战争的含义。而他之所以在 8 月去参拜靖国神社，因为这一天是战败日，他是抱着发誓不再战的想法，为了安魂才去的，为了再不发动那样的战争才去的。在自民党集体参拜的 30 年里，小泉一次也没有去过。他反对日本军国主义，他是为不再战而去的，这一点我希望得到你们的理解。

赵：涉及到靖国神社问题，中国人和中国政府的判断是综合的，对于普通战死者的家属，到靖国神社进行一般的参拜可以理解。我本人也知道像当年"神风队"[②] 的十七八岁的孩子写给母亲的信是多么凄惨，他们也是受欺骗而去的，当了炮灰。我们对这样的人是很同情的。但是，政界要人去参拜，性质就不同了。东条英机等甲级战犯是日本当年军国主义的主要负责人。因此，中国对此进行批评。有人说这是日本的内政，中国人不应当批评。中国人认为东条英机不是一个纯日本的政治人物，他是国际人物，他曾是关东军的司令，在中国有罪行，所以中国人对供奉日本甲级战犯的靖国神社是有反感的。小泉首相曾经去过中国的卢沟桥抗日战争纪念馆，讲了一些很不错的话，中国人也是非常理解的。此后，在海南的博鳌亚洲论坛上，他也谈到，

---

① 12 月 8 日日本偷袭珍珠港，太平洋战争爆发，珍珠港当地时间为 12 月 7 日。

② "神风特攻队"是太平洋战争后期日军以飞机撞击敌舰的特种航空部队。1944 年日军在太平洋战场连遭惨败，为阻滞美军的海上进攻，决心使用潜艇、快艇和飞机撞击敌舰以挽回败局。自 1944 年 10 月起，日本海军先后组建了 8 个"神风特攻队"。这些飞机只携带单程汽油，有去无回。

中国经济发展和日本经济是互补的，并不对日本构成威胁。当时我也在场，他是这个会议上外国首脑中风头最足的人物。但是，很难想像10天后他突然参拜靖国神社。因此我们觉得，言行要一致的话，中国人才能理解。

田原：有关靖国神社，取而代之的是，准备建一处新的墓地，或者是把靖国神社的战犯分祭。关于这些，在日本国内也有很多议论，所以小泉首相才会去参拜，请理解这一点。

赵：不论怎么解释，小泉参拜靖国神社都是对受到战争伤害的民族的再次伤害。关于分头祭祀的问题，这完全是由日本自己讨论的问题。我从日本舆论中看到的，也许不是很简单就能分开的。在日本也有人反对，也有人说，分开以后能够如何如何，我觉得，这是将来的事情。

田原：我知道中国人很在乎这个问题，我特别能理解。但是，在很在意这些的同时，还在搞中日友好。小泉说，我一点儿也没有想搞军国主义，我想和中国搞友好。我觉得应该欢迎他去中国，你认为怎么样？

赵：你为小泉首相说了很多话，我也充分理解你的好意。小泉首相到中国访问的事，日本外务省和中国外交部，一直都没有停止进行协商。有些重要的事处理好了，就能实现。我想中日间高层领导人的交往，无论如何都是重要的，一定要长期保持高层交往。

关于"中国威胁论"

田原：现在日本觉得中国对日本构成威胁，中国的经济发展很快，日本的工厂、公司都迁移到中国。假如今后中国经济迅速发展，日本企业变得空洞化，日本越来越不行，日本会感到很不安，到底该怎么办好呢？这一点您怎么看呢？

赵：这个担心我觉得有些过分。确实日本的许多工厂到中国来生产，但是不是会引起日本企业空洞化，我觉得需要分析。因为美国在中国的直接投资和日本是差不多的。但是，美国关于空洞化的说法就比较少。中国现在大体上相当于日本 70 年代初期的水平，说中国是世界工厂，可能是贬义，也可能是褒义。但是中国确实距离世界工厂还有很大距离。不要说 GDP，就是说工业产值，中国只占世界工业产值的 5%。日本占 15% 以上，美国是 20%。但是，大家谁也没有害怕美国和日本。何况中国的生产大量地使用日本材料，虽然说中国空调机占世界产量的一半，中国电视机占三分之一，洗衣机占四分之一。但是其中的重要材料，很多是从日本进口的，包括冷却器的铜管，都是从日本进口的。所以中国出口越多，购买日本产品越多。大约中国进口的一半是购买了原材料。

关于 ODA[①]

田原：中国的 GDP 的顺序已经上升到第 7 位，超过了加拿大成为经济大国之一。认为 5 年后中国对日本构成威胁的日本人占 73.8%。此外，2008 年奥运会将在北京举办。因此，许多日本人认为，对中国的 ODA 援助应该停止，或者应该减少。您是怎么想的？

赵：先说一个哲学问题。某一个国家经济发展了，不能就说是威胁，充其量是有竞争了。如果说是威胁的话，那么有威胁的国家就太多了。至于日本对华 ODA 援助，中国一向给予足够的评价，在中国的建设中起到很大作用。以我本人经历过的说，在浦东国际机场的建设中，就有 ODA 资金，大约 4 亿美金。那个机场对中日乃至于亚洲的航线都起到了重要作用。正好我手头有一张照片，这是上海浦东国际机场的开工典礼。（打开一本画册，展示给观众）当时日本驻上海总领事桥本逸男也在现场。

---

① ODA 的全称是 Official Development Assistance，意为"政府开发援助基金"。日本给中国提供的 ODA 分两个部分：即有偿援助和无偿资金援助。有偿援助是指日元贷款，这在 ODA 项目中占了绝大部分，而无偿资金援助主要是指技术援助和智力援助。

日本方面说，中国的报纸报道 ODA 太少了。但据我所知，有这方面的报道，但是可以更多。就最近几年，《光明日报》、《人民日报》都对 ODA 进行过整版报道，说到中国感谢 ODA 的援助。至于说中国经济发展了，或者说日本经济有些困难，ODA 数字要有些变化，这应该由日本自己决定。至于中国的经济是不是威胁，我认为目前中国的经济大体是日本的四分之一，按人均来说，只有四十分之一，人均 GDP 追上日本，50 年的时间都不够。

财部诚一（经济评论家）：我每半年去中国采访一次，最近给我印象最深的一次，是采访了一位成功的中国企业家。他说，日本公司的经验我们不能借鉴，其中一个主要理由，就是日本的公司对变化的对应太慢。另外，对中国投资时，日本企业的投资方式总是半途而废，这点和欧美不一样。您是否给我们指点一下，与欧美相比，日本做得好的地方，做得不好的地方以及应该改进的地方是什么？

赵：跟你谈话的这个中国企业家我不知道是谁，我不觉得他谈的都正确。对日本和欧美在中国的投资，我有着直接的经验。我在浦东新区时，在 10 年内吸引了中国国内和国外的总投资达到 300 亿美元。日本和美国在浦东的投资额大体相同。他们的投资领域有些区别。对房地产美国人就不投资，日本的房地产在中国就搞得很成功，管理方面各有特点。也许在周密性、在质量管理方面，日本人是独特的。当然有些领域日本显得慢一点，如汽车和手机。

中国共产党制定的政策是符合中国社会发展方向的

田原：现在，我们迎来了日中邦交正常化 30 周年，恕我直率地说，在这 30 年里，大家都一直在说友好。或许正因为不友好，所以才总说友好。日中关系走过了 30 年，我们应该将友好深入下去。我觉得我们相互之间该说的话还是要说出来。中国的经济是自由化，而中国的政治是共产主义，我认为这是一对矛盾，这种矛盾中国今后将如何解决？

赵：中国经济的改善，是大家都肯定的。它确确实实是中国共产党制定的政策，并领导执行的。这就证明了中国共产党制定的政策是符合中国社会发展方向的，它代表了中国人民的要求。我想说一句，我们的制度是中国共产党领导的多党合作制。

田原：经济自由地发展，就是要承认各种各样人的想法，政治也是这样。可不可以这样说，中国允许有各种党派存在？

赵：现在，除了中国共产党以外，还有 8 个民主党派，或称参政党派。这里有两个制度，一个是人民代表大会制度，一个是政治协商制度，这和日本有些区别。

亚洲安全保障问题

田原：我希望下次我有机会去采访中国的民主党派，请您一定欢迎我。关于美国把一些国家确定为邪恶轴心国家，计划要打击伊朗、伊拉克以及北朝鲜。美国要统治世界，这是毫无道理的。作为亚洲安全保障体系，远东地区的安全保障应该出远东地区自己来考虑。中国、韩国、日木、俄罗斯，美国加入进去也可以，以这些国家为中心。亚洲安全保障当然需要军事力量，在亚洲的安全保障中，如果日本的自卫队加入到里面去，中国是赞成还是反对呢？我认为这是一个关键的问题。

赵：美国把一些国家定为邪恶轴心国家，我不赞成。这样不利于解决问题，反而会使问题恶化。至于亚洲的安全，当然由亚洲人自己来负主要责任。美国作为亚洲以外的国家，也应该起积极的作用。但是，亚洲的和平还是要靠自己。至于和日本合作，有很多方面可以进行。

田原：日本可以和中国、韩国一起共同承担亚洲的安全保障责任，是吗？

赵：现在亚洲的安全在"9·11"事件之后，有了许多新的含义。如反恐怖问题，还有非法移民问题，走私问题，跨国界刑事犯罪问题，甚至于海盗问题，这些都是可以合作的。

田原：我想问的是，中国到那时，可以借助日本的力量吗？

赵：这个问题十分敏感，不可含糊。一定要说清楚，在什么情况下行使武力，在什么情况下不能行使武力，这一点需要法律明确地限定，之后才能进行。

田原：那就是说，要向前看，可以这样考虑吗？

赵：要看是什么样的问题，要看什么样的范围。因为这里涉及到美日安保条约的新指针问题。这其中关于周边事态的表达是暧昧的，中国对此是不放心的。

田原：即使担心，也希望能够考虑。

赵：那么我希望日本方面把这个问题明确地表达出来，明确地表达才能换来积极的看待。

点评：

我有幸从青年时代起就在中国外文局的《北京周报》日文版工作，从创刊（我当时是 27 岁）到退休，为对外报道事业奋斗了几十年，如今已年近古稀，仍在对外报道的前线与年轻人一起奋斗。我热爱这个事业，因此，对热心于此业的人士也很关注、很敬佩。我也常听别人谈起赵启正其人，不过，从来没考虑过去评论他。后来，一次偶然的巧遇，使我有机会接触到赵启正。此次接触赵主任给我留下了深刻的印象：尽管他是一个正部级领导，但他非常敬业，而且平易近人。他善于用浅显易懂的语言，贴近"受众"，在"神侃"和聊天之中，把大事讲透，使那些对中国心存疑虑的人，心服口服，至少使他们觉得有必要三思而后下结论。

那次接触后不久，日本著名电视节目主持人田原总一朗访华，朋友推荐我承担中日媒体人士座谈会及赵启正与田原的会见的翻译。我记得当时赵主任还特意让我坐他的车赴人民大会堂。在谈话过程中，我发现他是一个知识渊博、求知欲极其旺盛而又非常谦虚的人。据我所知，赵出身于"书香门第"，年轻时学习物理学，先前在一个核工程设计院工作，后来在一个生产无线电设备的企业当领导，以后，在上海浦东新区担任领导，与国外大企业人士、政治家、外交官交友甚多。丰富的经历，加上敬业好学，形成了他被日本媒体称为"中国第一大说客"的知识结构和行为方式。

在这次赵主任与田原总一朗的会见中，初步形成了在日本朝日电视王牌节目中对话的构想。

国新办选派我赴日做赵主任幕后的直播的同声翻译，这是一个难得的锻炼和学习的机会。赵主任对我说，会涉及敏感问题，不仅语言要准确，感情也要准确，只有拜托你了。我把这项工作视为一项重大任务，极力克服把它视为语言技巧表现机会的思想。有一千多万受众观看的日本王牌电视节目，其影响之大可想而知。由于多年来中国外文局给我参加党和政府重要文件的翻译、定稿、改稿工作的机会，以及多次担任过国家领导人翻译的工作经历，对这个工作我心里是有数的。但田原是个很厉害的主持人，他身上集中了中国中央电视台王志、白岩松、水均益、崔永元等主持人的特色，而且又是以善于提出"怪问题""刁话题"而往往使受访者束手无策而出名的人。

2002 年 10 月 13 日，日本朝日电视王牌节目《周日论坛》节目开始之前，节目主播田原与赵主任进化妆室，我则被请到另一房间与日方同声翻译人员大森女士碰头。我与大森已多次合作过，没太多的事需要事先磨合。大森曾在小时候与其父（在中国某大学任专家）在中国住了好几年，是一个很有才华的中日语翻译人才。节目一开始，就宣布这天节目要加播经济新闻。日本股市大波动，舆论哗然，任何电视台都不能保持沉默。戴上耳机的我当时感到要在原先构思的一半时间里去完成工作任务。当然，这种事我遇到过多次，胸有成竹。我分析，根据多次参加中日政治、经济、安全为主题的国际会议同声翻译的工作经验，估计话题大体上离不开历史、贸易、领土、台湾等问题，再增加在华遗留原日军化学武器等问题，关键在于怎么样准确地、恰如其分地用日语表述赵主任特有的具有说服力、感染力、具有鲜明个人风格的谈话。

田原在开场白中谈到了他写的有关田中角荣的书。这可以说是导播和他设计的"热身"活动。然后，田原就突然提出有关朝鲜的问题。在国外媒体对一千多万受众去谈邻国的事，这显然是一个敏感的问题。特别在现在东北亚地区的复杂的国际关系中更是如此。赵主任灵活地从另一个角度阐述了自己的看法。关于中国人如何看待日本的问题，这在日本也是受人关注的问题。赵主任也非常客观地回答了这个问题。众所周知，关于中日之间的很多问题，都是少数日本政要挑起的。中国人早在建国初期已经在老一辈无产阶级革命家们的教育之下，把一小撮日本反动政客与日本人民区分得一清二楚。特别是对从事外事、民间友好、国际报道的中国人而言，这是一个起码的常识。

谈到当年日本"神风特攻队"的问题，赵主任说："我本人也知道像当年'神风队'的十七八岁的孩子写给母亲的信是多么凄惨，他们也是受欺骗而去的，当了炮灰。我们对这样的人是很同情的。"一席话说得入情入理，打动人心，一下子就拉近了和受众的距离。很清楚，在我们来说，一小撮坏人和绝大部分受蒙蔽的人是早已分得很清楚的。我也遇到过很多当年参加侵华战争的"老兵"们，对这个问题也持有正确的看法。但，日本少数人一直在胡搅蛮缠。他们虽是一小撮人，但他们拥有一群为他们宣传的媒体及出版社。如果不注意这种动向，将会给亚洲的未来带来不利影响。

至于当时谈到的所谓"中国威胁论"已经开始有了一些变化，个别日本评论家"摇身一变"开始提出"中国救世主论",认为中国经济的高速增长,大幅度增加了日本的对华出口,从而对日本来说成为利好因素。很多经济评论家不断提出中国的高速增长,对日本一部分产业的带动作用,如"废车处理",已经堆积如山的旧车,几乎都成了向中国出口的钢材。不过,"威胁"和"救世主"都不是客观、冷静的评语,正确的看法应该是中日两国之间已经存在着较明显的互补性,应该正确对待这个因素才对。

这天的现场直播,因突发股市暴跌,时间大大压缩,在那么短的时间里,每一个问题只能谈三言两语(这也许是电视媒体的特点),还要插播广告。但赵主任充分利用了国外主流媒体的大舞台,以一个政治家的姿态,运用准确精练且受众能够接受的语言,巧妙地回答了田原的"怪问题"、"刁问题",表达了中国政府的原则立场,说明中日关系问题的本质,完成了对外传播的大任务。

总之,这个节目播出之后,反响很大,《北京周报》原来的读者们来电话说,中国是大国,应当很好地运用它的影响力,这种直接利用国外讲坛的做法很好。

赵主任的对外活动进一步向所有从事对外报道和与之相关的工作的老、中、青工作人员提出了一个要求,即每一个人应当在自己的岗位上,尽可能创造性地工作。我荣幸地参加了这方面的同声传译工作,这对我也是一个进一步提高水平的机会。

(《北京周报》日文专家　林国本)

北京是产生世界新闻的地方

(2002 年 11 月 5 日在北京会见加拿大广播公司总裁兼首席执行官罗宾诺维奇①
的谈话)

中国人对加拿大人有好印象

赵启正（以下简称赵）：欢迎你来新闻办公室做客。现在是中国非常重要
的时刻，中国共产党第十六次全国代表大会即将召开，因而，广播与电视博
物馆国际理事会年会在北京召开就更加引人注目。6 日晚上江主席会见你们
的时间会延长，他会回答你们的问题。会见之后江主席还将参加欢迎宴会。

我注意到，这几年中国人对加拿大的兴趣在不断增加，中国人对加拿大
人有好印象，原因之一是白求恩的关系。所以来到中国你就说"我是从白求
恩故乡来的"，你就一定会受到中国人的欢迎。（笑声）中国改革开放后，加
拿大与中国的经济合作与其他国家相比落后了，这并不是说加拿大的经济不
发达，而是相对于美国人而言你们过于谨慎。加拿大在中国的投资也很少，
会丧失在中国市场的一些机会。你作为加拿大广播界的权威与我们开展合作，
可能会带动整个加拿大与中国的经济合作。

罗宾诺维奇（以下简称罗）：现在我还清楚地记得 19 年前我来上海与江
泽民主席谈卫星合作的事情，当时我们与中国的卫星无线合作项目做得很好。
我很想告诉您，加拿大广播公司在中国已运作了多年，我们把报道中国作为

---

① 罗宾诺维奇（Robert Robinovitch）：加拿大广播公司总裁兼首席执行官。

重头任务。加拿大广播公司是非常大的机构，共有 4 个电视台，每个台都有英文、法文频道，还有两家新闻台，在美国就有 2400 万用户，所以我希望您把加拿大广播公司看成是北美的一家媒体。

加拿大面积很大，但只有 3000 多万人口，是一个小国，所以在中国的投资就少了一些。加拿大在电信和核能方面是非常先进的，我们在欧洲有很多合作。

赵：加拿大与中国合作的 CANDU 核电站[①] 一直进展顺利，一定会成功，中国的核电业有很好的前景。

罗：我不是技术专家，但我知道核反应堆的安全性和技术含量都很高。中国的发展潜力有多大，作为加拿大广播公司愿意把中国发展的信息告诉加拿大人，告诉他们中国的发展有多么的激动人心。

北京是产生世界新闻的地方

赵：希望你与我们保持联系。我们可以先合作小的节目，比如举办一个"中国文化周"。

罗：这很重要，我们驻北京的办事处与你们配合。我们也可以互相交换实习生，我们互相学习，不过我们向你们学得更多。我想我们在电台、电视台方面有很多合作机遇。在网络技术发展迅猛的今天，人类相处越来越友善，也越来越紧密，也许我们还能一起共事。

赵：我们保持热线联系。

罗：这太妙了！我们在京已有 25 年历史，在外国新闻社当中是驻京时间最长的。25 年来我们一直保持与中国的联系，去年中国电视代表团访问加拿

---

① 中国秦山第三核电站采用加拿大 CANDU6（坎杜 6 型）重水反应堆，总装机容量为 2×728 兆瓦，投资 28.8 亿美元，2002 年 11 月 19 日并网发电，同年 12 月 31 日商业运行。

大，我们还讨论了合作的可行性。

赵：你们的驻京记者的任务很重要，北京是产生世界新闻的地方。中国共产党的十六大你们一定会采访，江主席的报告，会议中就能出英文版。

罗：我希望能在第一时间拿到江主席的报告。

赵：我能看出来你是一个尊重历史的人，我送你一本介绍中国经济的书，这是美国人写的，也是从美国买回来的书，不过，送给你就又出口了，应该退税。（笑声）我这里有很多关于中国的书，你可以随便选。

上帝恩赐加拿大，对加拿大非常友好

赵：我只去过加拿大一次。

罗：我非常愿意在加拿大接待您，但您最好不要在冬天来。加拿大的气候与北京相似，春季是最好的。

赵：加拿大的空气比北京好，以后北京冬季取暖将取消用煤，家庭取暖改用电暖或气暖。我们没有加拿大那么多的水力发电。

罗：我注意到了你们三峡工程的发电设施，我住在蒙特利尔，都是用水力发电。

赵：我很羡慕，加拿大水利资源很丰富，上帝恩赐加拿大，对加拿大非常友好。（笑声）

罗：但我要说，中华民族是一个勤劳勇敢值得自豪的民族。这次我来北京参加年会，非常感谢您能接见我。

赵：不知大家注意到没有，现在有很多中国人去加拿大留学，这是因为除了能学到加拿大的文化和高科技以外，学费比较便宜，与到美国留学相比，生活费比美国低。

罗：我想告诉您，我是麦基尔大学的董事会主席，在麦基尔大学留学的中国学生很多。

赵：江主席会见时，你可以告诉他这件事。

罗：我想江主席对客人的提问一定会答得非常好，只是我怕自己提得不得体。

赵：江主席的会见是在钓鱼台，钓鱼台非常漂亮，西方记者都知道。

罗：19 年前我在人民大会堂参加宴会印象非常深，现在我期待另一个好地方。

点评：

面对加拿大首屈一指的广电媒体总裁，赵主任以一句"北京是产生世界新闻的地方"，并指出十六大就是有世界影响的新闻，一下子紧紧抓住了对方的注意力。媒体是追逐新闻、报道新闻的工具，没有比哪里出了新闻更能刺激媒体领导人神经的了。罗宾诺维奇肯定知道这一点。而我们，从启正这句话感受到的是他在外国人面前的自信和作为一位主管国际交流的中国高官的自豪。这句话让外国人听了集中精力，让中国人听了感到痛快、激动！

（黄友义）

中国的社会制度有无可替代的优越性

（2002 年 11 月 22 日在北京会见日本主要新闻媒体评论员访华团的谈话）

2002 年 11 月 22 日下午，赵启正主任在北京会见了日本主要新闻媒体评论员访华团。该团成员是《朝日新闻》、《读卖新闻》等日本 7 家主要媒体负责撰写社论的资深记者，对十六大后我国的内外政策十分关注。他们在会见中不断提出各种问题，赵主任都一一作了回答。会见后，有人说，这是一堂生动的关于十六大报告的讲解课。

日本主要媒体较准确地报道了"十六大"

（刚一落座，赵主任就将日文版的《十六大报告》送到了每一位客人的手中，客人们惊喜之余连声道谢。）

赵启正（以下简称赵）： 十六大后，诸位都在各自的报纸上发表了评论，我们也看到了一些。如，你们的社论称"以江泽民为核心的中国共产党第三代领导集体领导中国发展成为世界第六大经济实体"；评价"中国共产党领导集体顺利实现新老交替的历史意义"；认为"年轻、务实和高学历是中国共产党新一届领导集体的重要特征"；认为"中国共产党新一届领导集体将坚持以经济建设为中心"等等。

以上判断我认为是准确的。

新一届领导与中日关系

加藤千洋（《朝日新闻》编委、访华团团长，以下简称加藤）： 新的中央领导对日中关系会产生什么样的影响，这是日本老百姓很关心的一个问题。

赵：十六大报告明确了中国的内政外交政策都是要继承和发展的。总的原则、方向不会改变，在具体的思路方面，随着时间的进展，会有开拓和创新。这一点，请大家放心，中国决不会走回头路。

新的中央领导人在当选之前，他们在各自的领导岗位上，已经有了20多年对外交往的经验。他们在担任了中央领导人的职务后，就会继续发挥这些经验。

据我所知，有几位这一届中央领导人在日本也有很多朋友，因此，日本国民可以期望在老一代中央领导人奠定的中日友好关系的基础上，中日关系可以很好地继续发展。

"中国特色的社会主义"就是与其他的社会主义有所不同

冈本充（共同社编委）：和上次比起来，北京街头发生了很大的变化，给我留下深刻的印象。"中国特色的社会主义"可以理解为"中国特色的资本主义"吗？

赵：中国特色的社会主义就是与其他的社会主义有所不同，更不用说与资本主义社会不同了。"十六大报告"中的10条经验，可以理解为"中国特色的社会主义"的特点。日本的资本主义，与欧洲和美国也有很大的不同，可以认为有日本特色。虽然说中国的所有制是混合型的，但是中国仍然强调以公有制为主，在这点上与资本主义是完全不同的。中国共产党领导的多党合作制，日本人可能不太理解，但是中国人不仅接受这个制度，而且认为它有无可替代的优越性。这也是"中国特色的社会主义"重要内容之一。

我也有一个问题，希望你们回答

（在回答了"怎样防止政府腐败"和"新一届常委排序如何产生"等问

题后）

　　赵：从你们提出的问题可以看出，你们对中国的问题很用心，很有研究。最后，我也有一个问题，希望你们回答。

　　上个月，我在日本同《朝日电视》的田原总一朗对话，节目是直播的，由于问题多，时间短，没有能够充分表达我的思想。我接受他采访的初衷是认为这是一个可以与日本国民直接对话的好机会。我的问题是：我那样回答问题，日本一般观众能否接受，可以接受其中一部分呢还是完全不能接受？

　　清水美和《东京新闻》：总的感觉是那档节目时间太短，问题的游动性很强。在那么短的时间里，让日本国民完全理解谈到的所有问题确实有难度。所以，说"日本国民完全理解"有点言过其实。但是中国的部长来日本参加这个节目本身，它的意义是积极的。

　　加藤：第二天我到办公室，同事们都说，中国的官员接受日本电视的采访，问题回答得适度，感觉不错。一位负责欧洲方向的记者特意向我称赞："中国政府里还有这样的官员！"

　　赵：如果我们今天下午的谈话做成电视节目的话，可能日本观众也有兴趣。

　　点评：

　　早就听说，赵启正主任及其助手特别注意收集材料，做好与外国人谈话的准备工作。据说，他手上有数千张卡片，记录着会见过的外国人的基本情况和谈话主要内容。这次会见日本记者，他显然事先又做好了"家庭作业"，一开场他就说出了日本媒体社论的内容。有了这种背景，来采访的记者当然要认真倾听他的每一句话了。

（黄友义）

上帝并没有要求各国的政治制度必须一样

（2002 年 12 月 11 日在北京会见世界报业协会访华团谈"新闻自由"）

12 月 11 日，赵启正主任在国务院新闻办公室会见了以洪锡炫（韩国人）先生为主席的"世界报业协会（World Association of Newspapers）访华团"，对英籍秘书长鲍尔丁提到的"中国政府限制新闻自由"的说法发表了意见。

西方媒体对中国"新闻不自由"的攻击实际上
是对中国政治制度的攻击

赵启正（以下简称赵）：西方媒体认为中国新闻不自由，主要是指中国媒体不攻击政府的现行政策。但是中国政府鼓励媒体对公务员的行为进行批评。媒体对政府的政策也可以进行舆论监督和讨论。归根结底的问题是，中国不像某些国家那样实行两党制，没有两党之争。所以中国的媒体不存在由党派利益驱动的媒体对政府的攻击。（鲍尔丁频频点头）西方媒体对"中国限制新闻自由"的攻击，从根本上讲，不是针对中国的新闻制度，而是针对中国政治制度的，因为中国的政治制度与西方国家不同。

上帝并没有要求世界各国的政治制度必须一样

赵：对中国共产党领导的多党合作制。外国人一般不知道，知道的也不一定赞成，因为这种制度与西方国家的制度不一样。上帝并没有要求世界各国的政治制度必须一样！中国的制度是由中国本身的国情决定的。中国是世界上人口最多的国家，我们的人均 GDP，到今年年底，才刚刚接近 1000 美元，中国受过高等教育的人只占总人口的 3.5％。在过去的 150 年中，前 100 年里中国与任何国家的自卫作战都是失败者。中华民族要想成为世界上与别国平等的民族，必须强大起来。中国社会发展的实践证明，只有中国共产党才能使中华民族强大起来。也许外国人理解这一点有困难，但中国的现行制度是中国人民自己作出的选择，中国共产党的领导得到中国人民的拥护。像中国这样一个文化悠久的国家的人民，是不会选择一个"独裁"的政府的，这是很明白的道理。西方媒体对中国的炒作，除意识形态的原因外，也还有商业的原因。

鲍尔丁：你讲得很透彻，我理解起来没有一点困难。

点评：

这个谈话的精彩之处在于捅破窗户纸，明白无误地指出，西方媒体攻击中国没有新闻自由，"不是针对中国的新闻制度，而是针对中国政治制度的，因为中国的政治制度与西方国家不同"。进而用西方人熟悉的语言再提醒人们："上帝并没有要求世界各国的政治制度必须一样！中国的制度是由中国本身的国情决定的。"这种直截了当的谈话方式显然收到了很好的效果，因而英国人鲍尔丁表示："你讲得很透彻，我理解起来没有一点困难。"

（黄友义）

中国人同情犹太人的经历

（2003 年 1 月 3 日在北京与以色列驻华大使海逸达博士① 的谈话）

在历史上中国人同情犹太人的经历

赵启正（以下简称赵）：欢迎你的到任。我来京工作后见了两位以色列大使，你是第二位。

海逸达（以下简称海）：尽量提升中以关系是我的职责。以前，以色列有许多有关中国的展览，前一次展览来的观众非常多，可以说是以色列独立 52 年来最多的一次。我们对以中关系投入很多，也很热爱中国。一是因为在历史上，上海是惟一对犹太人敞开大门的地方。二是因为中国是少有的犹太人不被压迫的地方。我读过许多关于犹太人的史书，犹太人曾在中国的十多个城市居住，与中国人慢慢融合，不像在其他国家，犹太人必须紧密地团结在一起，形成组织，防止外来的迫害。三是因为中国已经是或者将成为一个超级大国，令别国不能小视。中国即便不是最重要的，也是第二重要的国家。我们希望中国可以在政治上更平衡一点。以色列渴望沟通，了解以色列最好的方式就是到以色列去看一看，了解我们在中东存在的问题。

赵：我同意你的大部分观点。但中国要成为真正的大国还有一段距离。中国人同情犹太人的经历，是因为在过去的 150 年中，中国人也遭受了歧视。

---

① 海逸达博士（Dr. Yehoyade Haim）：2002 年 9 月起任以色列驻华大使。

有些人把中国人和犹太人的聪明说成狡猾，努力奋斗说成钻营。世界各地对中国移民的迫害也很常见。我本人关于犹太人的知识教育在上海开始。我参观过犹太人在上海的居住地。来到现岗位后，很想有机会亲自去发掘中国人与犹太人的历史，因此组织专家编写了这本《犹太人在中国》的画册，公正、真实地描写那一段历史。有位欧洲企业家，一人购买了 1000 册。我们还决定出版德文版和法文版，并请哈尔滨、天津等地提供有关的历史照片，补充入新版。犹太人在哈尔滨的墓地被完整地保留了，我很惊奇，还特地去参观过。如果出希伯来文版本，你还要帮我们校对一下。对犹太人的称呼有两种译法，Jew 和 Jewish People。我们曾专门与犹太朋友商讨哪种译法更合适。

海：Jew 以前有轻视之意，现在两者区别不大。我学过几种语言，都是知道一点，但不专。

赵：你觉得出希伯来文版本有必要吗？

海：很重要的。因为语言是我们在世界上的标志，使我们紧紧团结在一起。

赵：我会尝试看能否出希伯来文版本，不为别的，而是对犹太文化的尊重。

海：到中国后，我尽量读关于中国的书，已经读了五六十本吧，刚才还从那边的书架上"偷"了一本。

赵：你可以随便挑选自己喜欢的书。要送给朋友的话，还可以多拿几本。

以色列一直支持中国加入联合国，中国人不会忘记

赵：中以之间的贸易总量还太少，双方需要继续开发贸易潜力。

海：以色列在中国有 200 多个公司。最近见过几个公司的朋友，都一致认为促进以中合作，有很多有待开发的方面。我们不是竞争关系，以色列是个小国，更需要合作，需要在农业、生物科学上建立相互联系。如果说世界

上有哪个国家理解中国的话，那就是以色列。

赵：在中国与美国建立外交关系前，以色列一直支持中国加入联合国，中国人不会忘记。

中东问题对世界有影响，对中国也有影响，前几天就有在那边打工的中国人惨死在自杀炸弹下。

也许你已经注意到，我这个机构组织大量人力，经过长时间调查，写出《东突恐怖主义势力罪责难逃》一文，得到国际的重视。希望你也能看一下。

奥地利音乐家马勒音乐中悲凉的成分总让人产生共鸣

海：我自己试图读有关中国的书，最重要的就是想知道中国人的思维方式是什么。我曾在乔治城大学研究伊斯兰原教旨主义，也在北大开设过研讨班。您如果有兴趣，我们可以一起吃饭，一起进行讨论。

赵：我很愿意听你的高见。

海：这种更多的是学术上的讨论，不是外交上的讨论。

赵：我个人的知识背景是物理学，但爱因斯坦的相对论对理解中东问题不会有帮助。奥地利音乐家马勒也是犹太人，他曾说过一句话："我是三重无家人，是在奥地利出生的波西米亚人，在德国生活的奥地利人，在世界各处流浪的犹太人。"他音乐中悲凉的成分总让人产生共鸣。由此也有助于理解巴勒斯坦人。

海：我很惊奇您对音乐有这样的知识。再次邀请您去大使官邸做客，并对以色列进行访问。

赵：谢谢。

点评：
犹太民族曾经遭受过深重的迫害，中华民族也曾饱受外国人的凌辱。在与以色列新任驻华大使的这次谈话中，启正强调了中国在历史上同情和帮助以色列人是因为中国人在150年间也遭受了歧视，因此能真心体谅以色列人。同时他也不忘感谢以色列一直支持中国加入联合国，突出了中国人不忘帮助过自己的人的优良传统。然而，谈话不能停留在互相表达友好情感上。我们看到，启正话锋一转，呼吁双方"继续开发贸易潜力"，从而把话题转到了一个实质问题上。一个令人印象深刻的内容是启正在与客人寻求共同点时，还建议与曾经是学者的大使开展学术讨论。他在谈话中顺便提及两位著名的犹太人爱因斯坦和马勒，使气氛更为自然融洽。这是一次亲切、平等、颇有人情味的谈话。

还应该指出的是，犹太民族是一个具有独特背景的民族，涉及以色列的任何问题，其影响都远远超过以色列的国界。推动中以关系的发展具有深远的国际意义。我理解，这也是启正会见以色列大使的一个考虑吧！

（黄友义）

只要交流，彼此就会有影响

（2003 年 1 月 23 日在北京会见美国犹太人联合会主席杰克·罗森的谈话）

只要交流，彼此就会有影响

（这是宾主双方在不到一年的时间内第三次见面。在回忆去年 11 月底罗森先生率领的美国经贸代表团来访时）

赵启正（以下简称赵）：去年 11 月你率领的经贸代表团的成员们的谈话我印象深刻，他们很有激情，想说服在场的每一个中国人。

罗森：我还记得当时不断地引导讨论，平息团员们的情绪。

赵：只要交流，彼此就会有影响。（拿出几份新华社播发图片的复印件给罗森先生看）上次戈尔先生拿出《中国日报》，说我们"只表现巴勒斯坦孩子在废墟旁的痛苦，为什么不反映以色列人遭受人体炸弹时的苦难"①？就此问题，我向世界最大的通讯社之一——中国的新华社转告了你们的想法。他们说，实际上在报道巴勒斯坦人遭受痛苦的同时，也发了许多以色列人遭受痛苦的照片，中国各大报纸都采用了这些照片，《中国日报》也不例外。如："以色列姑娘的泪水"、"以色列牺牲者的家属"、"失掉儿子的以色列父亲"，

---

① 2002 年 10 月 29 日，赵启正会见了以杰克·罗森（Jack Rosen）为代表团团长的美国犹太人联合会（American Jewish Congress）暨美国商业领袖一行。艾沙亚贸易公司总裁艾沙亚·戈尔先生为代表团成员。当时戈尔先生拿出 10 月 28 日《中国日报》上刊登的一幅图片，图片上一个巴勒斯坦小孩在看着一辆正在经过的以色列坦克。戈尔说，这幅图片反映的事件中，有三名以色列人被杀害。

等等。可惜你们没有看到这些，却恰恰看到了那一张报纸。请你转告戈尔先生，中国的报纸在报道中东的问题上会注意客观公正。这几张照片也请带给他。

罗森：我一定转达你的意见。上次，我也表达过双方的无辜受害者都应得到关注的意见。因为在中东问题上，世界对以色列的批评会多一些。有时候我们会产生误解。朋友间应该把问题说清楚，就像您刚才所做的一样，这样就会对事情有所帮助。

中美关系、中以关系、美以关系都是十分重要的关系。我们不能让媒体的报道决定我们的行动。我们可以共同讨论我们双方担忧的问题。对话可以产生友谊，也可以对媒体产生影响。通过我们和各自国家领导人的对话和由此产生的对领导人的影响可以影响更多的决定美国立场的人。我们希望有更多的交流，希望与更多的人建立友谊。我们之所以讲出来对中东冲突报道的担心，并不是要改变中国政府的观点，而是希望加强彼此的理解，让人们认识到巴勒斯坦和以色列都不会永远是正确的，我们希望媒体把他们的对错放到桌面上让人们去判断。

实际上我不是为以色列工作的。中东问题不是我要讨论的主要问题。我是美国人，我会更关心美国的问题，关心中美双方共同关心的问题。如果您有这方面的问题请您提出来，我将向我们的领导和媒体转达您的意见。

中国对待"东突"恐怖主义势力的立场

赵：坚定地反对恐怖主义是中国和美国、中国和联合国共同的立场。当然我们在中东冲突的问题上不能与美国的立场完全相同，但是在对待中国新疆的恐怖主义组织"东突"势力的问题上中美的立场是趋向一致的。我办根据"东突"势力的犯罪事实撰写的《东突恐怖主义势力罪责难逃》一文，得到美国政府的认可。在美国政府宣布"东突伊斯兰运动"为恐怖主义组织时也参考了我们这篇文章提供的情况。我们对美国政府的做法表示欣赏。联合国也将"东突运"势力列入了恐怖主义的名单。

罗森：能得到联合国的承认，说明你们的工作相当出色。

赵：对待"东突"恐怖组织中国政府在国内必须坚决制止他们的活动，就像你们对待恐怖主义组织那样。希望你转告美国重要的朋友两点：第一，"东突"势力不是一个组织，而是许多个。对所有的这样的组织，美国政府都应当给以足够的认识。第二，这些组织一方面进行恐怖活动，一方面又打出独立的旗帜。有人说"中国政府以反恐为由镇压独立"，这种说法是完全错误的。

"9·11"事件以后，美国的"国家安全观"发生了重要的战略的改变，中美在反恐的重大原则问题上的合作和交流十分重要。

事实是决定立场的根据

罗森：我曾经跟克林顿总统说过，在任何时候都不能支持酝酿恐怖组织的领导人，因为他们是恐怖主义的根源。我们不仅要反对恐怖组织，而且要找出支持恐怖组织并向其提供资金的领导人。美国认为伊朗、伊拉克、沙特和阿拉法特是支持恐怖主义活动的根源。也许你们不同意这样的观点。但是我们认为要尽量铲除酝酿恐怖主义的土壤。萨达姆利用叙利亚达到自己的目的。他们利用叙利亚发展恐怖势力。据我们所知，叙利亚一个清真寺就是恐怖组织最大的藏身地。我们认识到你们的立场是："东突"势力这样的恐怖主义组织必须铲除，为"东突"势力提供资金的幕后支持者也应该铲除。我们提到的萨达姆等人是整个问题的根源之一，"东突"势力的问题也是这个范围内的问题。关于你们面临的"东突"势力的问题，我会在我们的报纸上发表文章，支持你们的观点。昨天中央电视台采访了我。4月份我还会再来，如果中央电视台还采访我的话，我会公开地说出我们反对"东突"势力的意见。

赵： 如果你发表了这样的文章，我会仔细阅读的。我们认为支持恐怖主义的人应该受到谴责和制裁。

罗森： 感谢赵主任对这个问题的理解。美国的领导人应该依据这些观点作出决定。

点评：

对一个老朋友提的意见认真对待，绝不推诿，所以我们看到启正谈话一开始就利用事实资料回答了上次见面时对方所提的中国媒体报道对以色列不公正的问题。在取得共识的基础上，启正抓住机遇，强调中国反对和打击"东突"恐怖势力的立场，获得对方的理解和明确支持。

（黄友义）

世界人民对中国的兴趣越来越浓

（2003 年 3 月 20 日在北京会见美国星光映佳集团董事长兼首席执行官谢诚刚先生一行的谈话）

2003 年 3 月 20 日，赵启正主任在国务院新闻办公室新闻发布厅会见了美国星光映佳集团（Starz Encore）董事长兼 CEO 谢诚刚（John J. Sie）先生一行 15 人。他们此行主要目的是出席"第四届中外有线电视管理高级研讨会"。双方就加强中外文化的交流与合作交换了意见。

媒体的重要性从伊拉克战争中得到充分证明

赵启正（以下简称赵）：今天是美国向伊拉克开战的日子。在通讯卫星发展的今天，从万里之外就能观看战争的实况。这在以前是无法想像的。媒体战与军队作战交织进行，人们从媒体上了解战争，并深受影响。我们刚听说美军摧毁了伊拉克的广播电台，在科威特已收不到伊拉克的广播了（后来得知科威特收不到伊拉克广播可能有别的原因，伊广播电台是过几天才被轰炸的，而伊电视台是在北京时间 3 月 26 日凌晨 4 时被轰炸的）。媒体的重要性从战争角度得到了充分证明。

中国媒体发展的现状及问题

（应谢诚刚先生的要求，赵启正谈了中国电视发展的现状和问题。）

赵：中国的电视起步晚，但发展速度快。无论是有线电视还是无线电视，从规模上讲中国现在都是世界第一，但是中国没有像美国那样大的电视广播集团，以及美国那样的对世界新闻传播的影响力。虽然中国电视台和广播电台很多，但对资源的利用还不充分，所以在管理经验方面需要与诸位同行进行交流。

在电视节目交流方面，中国的出口不像其他商品那样多。中国购买了大量的外国节目，却没有相应地出口。但是出口电影到美国是个特殊的问题，因为美国人不大喜欢看外国的电影。最近一些年，其他国家的故事片在美国都很少有被广泛放映的例子。

反映中国的风景、文化遗产和风俗的文化短片不乏上品，希望各位注意我们这些文化上品可交流性的潜力。

世界人民对中国的兴趣越来越浓

谢诚刚：我们在研讨会上讨论的最后一个问题是：10年后，我们的会议将如何开？大家都预期，10年后，所有参加会议的外国人都会争先恐后地投标购买中国的电视产品。在您和其他致力于推动中外文化交流与合作的官员的共同努力下，中国在促进文化遗产在世界的传播、改变人民生活方式上做了大量卓有成效的工作。随着中国经济的发展，世界人民对中国的兴趣越来越浓厚，美国人开始愿意花大价钱购买中国服装。美国的主流电影开始使用中国的导演和演员，拍出具有浓厚中国特色的电影。最近，人们越来越对郑和下西洋的事情感兴趣，因为他不仅走到了东南亚，而且走到了非洲。中国媒体的发展是最快的，中国在国际舞台上的进步也是惊人的。

赵：你这是在夸奖我们，但我们知道我们的工作做得还不够好。关于郑和下西洋的话题，马来西亚一位副总理对我说过，郑和下西洋的船队比哥伦布的大多了，他带的船员有几万人，如果每到一地，就留下一些，今天的东南亚就都是中国人了。他问，郑和怎么就没有想起来这件事呢？这位副总理的结论是，中国人没有殖民传统和侵略性。（笑声）

中国是会走在世界前列的

赵：由于中国的文化出口很少，外国人对中国的了解就少。多数美国人对中国只是一知半解。不久前，美国的一个芭蕾舞团来北京演出，预订宾馆时，他们说，要订带洗手间的客房。（笑声）要了解中国，就要全面地看中国。中国现在一方面有高速公路，有宽带互联网；另一方面，中国还在使用马车和牛车。有一位美国作家说过，中国有 30 多个省、市、自治区，在这样辽阔的国土上，有豪华的车厢，也有漏雨的破车，对火车头来说，要用同一个速度前进，这是多么困难的事情！

鉴于外国对中国的了解太少，国务院新闻办公室的任务就是向外界说明中国的实际情况。我们要和国外的媒体成为伙伴，建立起一座双向交流与合作的桥梁。

点评：

作为中国外宣主管部门的领导，赵启正主任时时在考虑如何改变中国文化出口明显小于进口的入超状态，他对自己的使命十分清楚。这一点在这一次与客人的谈话中十分突出。宾主双方对中国对外文化交流的前景的乐观态度也令人鼓舞。

（黄友义）

中国人对韩国的了解越来越多

（2003 年 6 月 25 日在北京会见韩国国政弘报处① 代表团的谈话）

希望以你们的此次访问为契机，发展我们双方的交流

赵启正（以下简称赵）：非常高兴你们来访，对你们的来访我们期待已久了。你们给我们带来了好运（笑声），北京已"双解除"，也就是在昨天，世界卫生组织宣布，从当日起解除对北京的旅行警告，并将北京从"近期有当地传播"的 SARS 疫区名单中删除。SARS 是对中国卫生系统的严峻考验，我们经受住了。

赵永东②：感谢赵主任对代表团的欢迎及周到安排，对北京"双解除"表示由衷的祝贺。

赵：国务院新闻办公室与国政弘报处在职能上存在很多相似点，都是对外介绍本国的真实情况和对外政策。西方媒体对中国的了解存在片面性，对中国的真实性反映得不够。我们的任务就是让外国人了解真实的中国。

赵永东：对于韩国，欧美的报道也不是全都真实，特别是报道不客观。我们要改变这一状况，但这很难。

赵：就中国而言，如果只是报道不充分也可以谅解，但他们以文化差异

---

① 韩国国政弘报处：韩国内阁中负责宣传国家政策的重要部门，其主要职能是向国内外宣传韩国国家政策，掌握舆论状况，协调政府各部门的宣传工作，发表政府工作报告。

② 赵永东：韩国国政弘报处长官兼政府发言人，参加总统每周召开的内阁会议。

为由，凡不符合他们的价值观的就指责，这点我们无法接受。亚洲整体 GDP 占世界的 27%，但在新闻传媒上的影响力远没有 GDP 的比例高，显然这当中有语言和实力的原因。我希望以你们的此次访问为契机，发展我们双方的交流合作。

赵永东：我赞同赵主任的观点，今后我们双方应交换思想，交流经验。交流合作可以每年搞，并建立正式的交流合作关系。

赵：我们也有这个愿望。我们可以签个意向书。

足球、韩国车、辣白菜

赵：去年我曾率团访问韩国，当时的李总理送我一个足球模型。对韩国足球取得的成绩，同为亚洲国家，我们也感到高兴。

中国人对韩国的了解越来越多了，越来越具体了。以前中国人不熟悉韩国车，但现在韩国车在北京作为升级的出租车和警车。

赵永东：韩国人喜欢国产车，不坐进口车，美、日、西欧等国家对此非常不满。

赵：有些也是文化因素决定的。据我了解，韩国互联网也建设得非常成功。

赵永东：中国应建一个好的韩文网站，向在华的 36000 多韩国留学生提供信息。

赵：我们的国际台就开办了韩文网站（主任秘书拿来笔记本电脑，调出该网站给客人看），可能内容还不够丰富，我们可以帮助它发展。我们应该请国际台韩文网站负责人参加今天晚上的活动，以进一步听取代表团的建议。

赵永东：近年来汉语在韩国很受欢迎，高考时由于报考人数多，汉语专业最难考。在韩国，汉语的影响力以后会越来越大，我儿子也已在北京学了 10 个月的汉语了，我想让他在北京读大学。

赵：韩国人讲汉语，发音准确，很让人吃惊。现在学习韩语的中国人也在增加。

赵永东：韩国人学习汉语、日语比欧美人要容易些，因为都有汉字，属同一个文化圈。

赵：韩国的辣泡菜很好吃，这也是韩国文化遗产，朝鲜半岛没有 SARS，这也许都是辣白菜的贡献吧。（笑声）

点评：

韩国作为一个东方国家，在文化上与中国有类似的传统，又有许多共同的经历。因此，中韩两国主管对外传播的领导人的谈话不是一问一答，而更像是一起完成一篇文章，各自添补属于自己的上下句。谈话的结果是智慧的沟通。取得这种效果是因为赵主任抓住了两个中韩共同的话题：一个是赵主任所说的"西方媒体对中国的了解的片面性"，来访者（巧合也姓赵）所附和的"对于韩国，欧美的报道……不客观"。另一个是韩国客人所说的"近年来汉语在韩国很受欢迎"和赵主任告知客人的"现在学习韩语的中国人也在增加"。听说，两位官员见面以后不久，中韩在对外文化传播上的交流有了新的、实质性的进展。看了他们的谈话，我们知道了答案何在。

（黄友义）

圣彼得堡人很懂文化艺术

（2003 年 8 月 19 日在圣彼得堡接受俄罗斯电视台、俄《消息报》采访）

一、俄罗斯电视台的采访

问：部长先生，请您简要介绍一下"中国周"的基本情况，包括你们要向圣彼得堡人民介绍哪些项目，其中有一些什么样的文化项目？

赵启正（以下简称赵）：我们知道，圣彼得堡人很懂文化艺术，所以我们在选取项目时就格外注意。我们的想法是，一定要把最优秀的节目带给圣彼得堡人民。这次我们带来的表演项目有：

第一，中国民乐演出。这次来的是中国最优秀的民乐团，他们将用中国的民族乐器演奏传统中国民乐，也包括俄罗斯名曲。

第二，广东杂技团演出。该团是中国最优秀的杂技团之一，他们曾多次在国外演出，获得过许多国际大奖。他们的演出还吸收了一些芭蕾舞技巧，相信圣彼得堡观众一定会在欣赏他们的演出时体会到这一结合的精妙之处。记得 1956 年我上中学时，曾在中国观看过俄罗斯的马戏团演出，那是很精彩的，而中国的杂技也很有特点。

第三，大型历史及民族服饰展示表演。这一表演将向圣彼得堡人民展示2000 多年来中国历朝历代的服饰，以及中国 56 个民族的传统服装。

此外，我们还带来一个展览，主题是经联合国认定的在中国的世界文化和自然遗产。这些景观不能运到圣彼得堡来，只能以图片的形式展出。但我希望，通过这些图片展示，能激起圣彼得堡观众到中国去亲身领略这些自然风光的愿望，同时我对有此愿望的圣彼得堡人表示我们真诚的欢迎。

问：这次圣彼得堡市庆祝建城 300 周年，世界各国许多城市向圣彼得堡市赠送了不同的礼品，其中既有实物，也有精神文化方面的。请问部长先生，中国的礼物有哪些？

赵：我刚才介绍的所有由中国国务院新闻办公室在圣彼得堡举办的"中国周"项目，都是我们赠给圣彼得堡城的精神文化方面的礼物。作为姐妹城市，上海市将在这里建一个中国花园。顺便说一句，我以前担任上海市副市长时，就曾负责推动与圣彼得堡的友好城市的工作。中国驻圣彼得堡总领馆向圣彼得堡市赠送了一对瓷瓶，它们代表了中国的制瓷工艺水准。我们这次来，还给圣彼得堡市政府带来了一件礼品——一件精美的京剧人物造型工艺品。人物的原型叫包拯，人们都称他为包公，是历史上一位有名的清官，历代历朝的贪官都怕他。（第二天，当地电视台和报纸对此事作了广泛报道，报纸的标题是：《中国的礼品——一位永不被收买的清官》——编者注）此外，我还将就中俄文化交流和媒体交流发表两次演讲。

问：部长先生，您以前是否访问过圣彼得堡？您对这座城市有何印象？

赵：我以前没有来过。我早就想来，但一直未能如愿。这几天，我看了一些地方，感到圣彼得堡这座历史名城不仅属于俄罗斯，而且也属于世界。这次来，使我感到应该复习一下多年前学过的俄语了。

二、俄《消息报》的采访

问：作为部长，您是如何看待中俄文化交流的？

赵：我认为，我们双方都应该多派高水平的艺术团组互访。我在上海和北京都看过俄罗斯的艺术团组的表演。不过从近几年交流的情况看，俄罗斯到中国的艺术团组多，中国来的少。这种不平衡应该逐步改变。中国应多派艺术团组过来，希望圣彼得堡市可以提供帮助。

在电影方面，中国人对俄罗斯电影的印象是主题严肃，接近生活，充满幽默，艺术水准高。中国人对列宁格勒电影制片厂过去的作品就很熟悉。近几年少了，还是应该多交流。中国有很好的电影译制厂，我们可以高水准地译制俄罗斯电影。当然，你们也应引入更多的中国电影。

俄罗斯的音乐非常优秀，柴可夫斯基、肖斯塔科维奇和鲍罗丁的作品都很受中国人民的喜爱。但是在中国市场上出售的这些俄罗斯音乐作品的 CD，大多是由柏林或费城的交响乐队演奏的。应该把正宗的俄罗斯乐团演奏的作品介绍到中国去。

中俄两国的交流，除了文化领域外，政府间高层交流和互访是不可或缺的。中国国家主席胡锦涛前不久访问了圣彼得堡。俄罗斯总理卡西亚诺夫不久也将访问中国。这对于双边关系的发展都是十分重要的。我们期待着卡西亚诺夫总理访问的成功。

问：中国方面有没有在圣彼得堡建立一个中国中心或上海中心的计划？

赵：我知道有一个上海公司致力于此事，已经历了十几年，进展还可以快一些。但这只是一个较小的设计，并不是"中国城"那样的大计划。

问：我想问部长先生一个与"中国周"无关的问题。我想知道中国的人口政策现在有无变化？

赵：我们的人口政策叫做计划生育，也就是 Family Planning，这一政策就是鼓励只生一个孩子。这样做是因为我们有 13 亿人口，我们的耕地只占世界的 7%，但人口占 21% 以上，这就给我们造成了极大的压力。计划生育政策就是教育公民自觉少生，这在大多数年轻人中没有问题。同时我们的计划生育政策也不是一律的，如对少数民族，我们就有更宽松的政策。

问：请问这一政策仍然存在吗？

赵：是的，这已成为中国社会文化的一部分。在大城市，受过教育的年轻人都不愿多生。请问你们这里是否也是如此？（记者答：是的。）

点评：

称赞对方（俄罗斯的电影和音乐）是一种自信的表现，这种自信的背后是"一定要把最优秀的节目带给圣彼得堡人民"这一更大的自信。而这一切来源于一个决心："俄罗斯到中国的艺术团组多，中国来的少。这种不平衡应该改变。"作为中国外宣事业的主管，启正的这种信念令国人感到鼓舞。

（黄友义）

我们应该尊重别人的信仰

（2003 年 9 月 12 日在北京会见伊朗通讯社社长纳塞利① 的谈话）

赵启正（以下简称赵）： 我们国务院新闻办公室的职责之一就是加强与外国通讯社的交流，把中国真实的情况和真实的想法告诉世界，或许在这一方面我们有很多共同话题。

纳塞利（以下简称纳）： 很高兴与您会见。我们相信，只有东方国家与发展中国家拥有了强大的媒体，才能不受西方国家媒体的影响。西方媒体，尤其是美国媒体，不光对中国有偏见，如对中国人权横加指责，同时也对伊朗有偏见。因此，希望伊中两国能够通过媒体不断地说明真相。哈塔米总统最近建立了信息委员会，目的就是保卫人民的权利，我是该委员会委员之一，该会职能与贵办相似。布什追求霸权主义和单边主义，会影响人类的命运。我们应现实地看待问题，正视危机。很久以前，伊中两国就通过丝绸之路联系，丝绸之路是两国友好的古老见证。此次访问期间，我们和新华社签订了合作协议，决定加强交流，相信在新的时期，两国友好会有新的发展。

赵： 今年受伊拉克战争的影响，我们以为美国不再发表《国别人权报告》了，但他们终于在 4 月又发表了。尽管美国对中国的报道不好，我们还是欢迎美国记者来中国采访，因为我相信不是所有的美国记者都看不到中国的好。美国对中国了解得越多，对待中国的政策就会越正确。所以，我们愿意与美

---

① 纳塞利（Abdollah Naseri）：伊朗通讯社社长。

国媒体交流，越是不交流，对中国的误会就越深。

纳：正因为美国不愿意看到强大的中国和伊朗，才对我们进行负面报道。我们也愿意与美国开展交流，比如我们在华盛顿、纽约都设有分支机构，但美国竟然将我们在纽约的财务办公室关闭了。我很奇怪，像美国这样的民主国家为什么不容别国媒体存在？

赵：不管舆论如何，我们都要将改善人民生活当作首要任务。至于宗教，都应当尊重别国宗教，不要干涉，因为宗教问题太复杂了。别人信奉某种宗教，必然有他自己的道理，自己可以不信，但应该尊重别人的信仰。在宗教问题上互相尊重是世界和平的重要因素。

纳：的确是这样。伊中两国领导人提倡文明对话解决文明冲突。有少数极端主义者不奇怪，原因很复杂。我不反对美国打击基地组织、塔利班组织，因为这两个组织都是制造混乱，反对和平的。希望东西方国家都能和平相处。非常感谢您的接见。

赵：欢迎您再来北京访问。

点评：

在这次谈话中，赵启正说，"尽管美国对中国的报道不好，我还是欢迎美国记者来中国采访，因为我相信不是所有的美国记者都看不到中国的好"；"不管舆论如何，我们都要将改善人民生活当作首要任务"。从这些文字中，我们不仅看到国务院新闻办公室建设有利于中国的国际舆论环境的责任心，还感受到了赵启正从容不迫地面对各种舆论且带有浪漫色彩的自信。

（黄友义）

中日关系的发展令人忧虑

（2003 年 10 月 24 日在北京会见日本《产经新闻》主笔住田良能① 的谈话）

10 月 24 日下午，赵启正主任在国务院新闻办会见了日本《产经新闻》主笔住田良能，会谈内容如下：

中日关系的发展令人忧虑

赵启正（以下简称赵）：我们上次见面是在去年 10 月 27 日，正好一年没有见面了。

住田良能（以下简称住田）：听说您刚从美国回来，感谢您在百忙之中安排和我见面。我很想先听听您关于近来日中关系的见解。

赵：我对目前中日关系的发展十分忧虑。近一年来，在中国民间，对日不满情绪有所增长。这种情绪针对性很强。它和侵华战争时不同，不是针对整个日本，而是针对某些问题。究其原因，小泉首相多次参拜靖国神社的负面影响越来越严重；另外还有日军二战时期遗弃的化学武器伤害事件。上世纪 70 年代以前，日本政府不承认在华遗弃了化学武器。后来承认了，但是承认的数量与实际数字还相差很远。有些中国民众由此反对引进日本的新干线。国土交通大臣扇千景女士访华的本意是好的。她说，"先有求婚者才能谈婚嫁"。她说这番话，也许"幽默"，但让人难以接受。如何向中国民众，尤其

---

① 住田良能现已升任《产经新闻》社长。

是中国青年表达自己的愿望，要注意方式。

住田：有个问题让我很难理解，采用日本的新干线为什么会激起反日情绪呢？我们看待这个问题，注重的是经济价值，完全是从买卖行为来判断的。

赵：你的看法也许有一定道理的。但是小泉首相不顾来自各方面的反对，执意参拜靖国神社，还有遗弃化学武器致人死伤事件的背景，一些中国民众会问："为什么要和对我们如此态度的国家谈生意呢？"当然，中国民众对日本也有友好的表示，这一点，却被日本方面忽视了。比如，要求日方赔偿的中国民间诉讼、化学武器致人死伤案、福冈事件等等，得到了日本友好人士的声援，中国中央电视台作了采访报道，引起了积极反响：中国民众对日本民族的尊重感便自然增加。这些日本人士是爱国者，也是国际正义的声援者。东京地方法院裁定日本政府应对遗弃化学武器伤害事件负责并予以赔偿，也可以说明中国民众对日看法的多样性的原因。

住田：您刚才提到了一连串的问题，为什么要把它们联系到一起呢？在日本人看来，每个问题都是独立的，新干线就是新干线。新干线这个问题很有典型意义。扇大臣来华和中国政府交换意见，是好的。但是，恐怕她还有自己的目的吧。最好请中国政府的决策者听一听日本东海铁路公司总裁葛西先生的意见。他已经明确表明了向海外转让新干线技术的原则。

赵：我在浦东工作的时候，曾经引进了大量日本企业。和日本企业合作要注意的问题，我们都妥善地处理了。有些事情，处理好了，就是故事，处理不好，就会酿成事件。日本政府给中国政府提供了约 1480 万美元的援助，帮助中国人民战胜 SARS，居各国援助额之首。这些，中国也都表示了谢意。

战争已经过去，伤亡还在继续

住田：日本政府提供资金帮助中国抗击 SARS，首先是出于道义上的考虑。另外，SARS 在当时虽然只是中国的问题，但是，如果早控制，对日本也

有利。二战已经过去了 50 多年，还有一些遗留问题。中国政府早在上世纪 70
年代就放弃了战争赔款的要求，日本政府的做法按照法律是妥当的。历史的
遗留问题，引起了民间的反日情绪。日本方面对中国的支援和赔偿，具有道
义上的意义，如何从根本上解决问题才是关键。如果中国民间诉讼败诉，日
本政府和人民也不是什么都不做，感情上还是觉得有责任，应该作出表示。
在齐齐哈尔发生了遗弃化武伤害事件，日本政府赔了 3 亿日元。这只是开始。

赵：放弃赔款是事实，但是可能谁也不会想到 50 多年前遗弃的化学武器
今天还能造成伤亡。二战留下的炸弹"定时"了 50 年，甚至更久。难怪有人
说，战争已经过去，伤亡还在继续，日本政府应该重新考虑这一问题给中日
友好带来的不利影响。不要认为受害人只是要钱，钱是买不来生命的。日本
政府如果能主动搜寻当时日军档案，寻访老兵，为中方寻找化武提供有价值
的线索，也是为求得中国民众的谅解作出的积极的姿态。

住田：您的提议很好。两国政府间的接触应该提出这个问题。

赵：日本媒体对这件事的报道也太少了，只要拿出报道"沈阳领馆"事
件十分之一的版面，也会对中日关系带来有利的影响。在报道中日关系时，
日本媒体，还有中国媒体也是一样的，要遵循两条准则，一是爱国，二是公
正。两个准则同时存在，互为前提，缺一不可。不能只是一味强调本国立场，
把国际公理和正义放在一边。小泉首相执意参拜靖国神社，还说是"取得了
中国方面的理解"。这样做很难理解！

住田：为了追悼明治维新以来，包括在二次大战中，为国殉难的人，首
相去参拜靖国神社是应该的。但是，这一次小泉首相的言行不够谨慎，不该
说那些话。这个问题处理不好，对日中两国的实际利益都没有好处，尽管它
可以刺激日本的民族精神。围绕着靖国神社，两国产生的对立是非建设性的，
无益的。中国政府对此采取了克制态度，明确地表明了立场。日本一些媒体

借机炒作，被别有用心的人利用了，扩大了负面影响，激起了中国民众的愤怒。

赵：日本人大概不了解，中国的网民大多数是年轻人，尽管他们的观点不代表中国舆论的主流，也不能代表政府的观点，但确实是反应了一部分人的看法和情绪。了解一下网民的年龄、学历、职业、爱好等方面的构成情况，有利于我们作出较为客观的判断。最近我在大学里给研究生讲课，交流了对日本问题的看法，他们的观点还是较客观和从大局看的。

住田：新干线的问题很重要，对双方都很重要。最好的办法是葛西先生访华拜见赵部长，或者请赵部长和助手到日本实地考察一下。

赵：铁路项目不是我的工作领域，也就是说我是无关紧要的人物，我乘过新干线，不过我也很有兴趣参观一下新干线的控制部分。我在德国参观过AEG列车。在法国，一位工程师陪我在高速列车的驾驶舱度过了20分钟，听他的介绍，观看驾驶。有机会的话，可以在日本拜会葛西先生。

采取强硬办法，只能适得其反

住田：我很想听听您对朝鲜的看法。

赵：我从没有去过朝鲜，我很想去看看。我认为它有担心被孤立和封锁的感觉。越恐吓它，它会越表现出独特的反抗方式。美国过分相信它的威慑力，说明美国不懂东方人的哲学。日本可以多通过公开的和私下的接触，与朝鲜加强交流，消除隔阂。不要过分纠缠过去的事情。采取强硬办法，只能适得其反。不过这只是我个人的想法。

住田：感谢赵部长安排了今天的会见，希望有机会还能和赵部长见面。

点评：

中日关系中，参拜靖国神社几乎成了死结，还有不断出现的新问题，如日军遗弃的化武连续伤人事件等，其间日本媒体总体上起了消极的作用。应该让更多的日本人听到赵主任对媒体的要求：媒体"起码要遵循两条准则，一是爱国，二是公正。两个准则同时存在，互为前提，缺一不可。不能只是一味强调本国立场，把国际公理和正义放到一边"。

（黄友义）

德国人崇尚哲学，中国人也一样

(2003 年 10 月 29 日在北京会见德国《时代周报》经济部主编霍伊斯尔的谈话)

应国务院新闻办公室的邀请，德国《时代周报》经济部主编乌伟·霍伊斯尔（Dr. Uwe Heuser）先生于 10 月 25 日至 11 月 5 日访问北京、上海两地，就中国经济稳定持续增长的原因、中国在世界贸易中的作用、中国劳动力市场以及新一届政府的改革计划等问题进行了采访报道。

10 月 29 日上午，赵启正主任会见了霍伊斯尔先生。德国《时代周报》驻京记者花久志（Georg Blume）先生会见时在座。

中国媒体对政府的监督作用越来越强了

霍伊斯尔（以下简称霍）：非常感谢您能够抽出时间接待我们。国务院新闻办为我安排的日程内容很丰富，这几天我看到了许多，了解到不少情况。前总理施密特先生是《时代周报》的发行人之一。我们的报纸十分关心中国的事情。这次访问可以使我们了解到更多的有价值的资料。这几天我们去了一些地方，有了一些初步的认识。

我有一个问题，请问：有多少中国人经常读报、看电视？

赵启正（以下简称赵）：13 亿人口中经常看电视的有 9 亿多。报纸发行也很普遍。90 年代中期以来，中国开始发展互联网。根据今年 6 月份的统计，经常上网的人数大约 6800 万。近十几年来，媒体对政府的监督作用越来越强了。有些腐败现象、有些有意瞒报伤亡事故真相的消息，是媒体最先曝光的。政府制定法律法规，媒体也参加讨论。在全国人大讨论通过《道路交通安全法》之前，媒体吸引了很多人参与意见。中国高速公路限速每小时 110 公里，有人提议增加到120公里，还有人说不要限速，像德国那样。

霍：我们很愿意理解中国的做法。不过德国不限速的规定不好。（笑）

赵：中国政府鼓励媒体批评现实生活中存在的不道德行为、不负责任的政府机构和工作人员失误，要求舆论以正确的导向引导读者。所谓正确，就是客观公正，维护人民利益。

德国人崇尚哲学，中国人也一样

霍：中国的读者群数量大，生活背景和文化程度也有差别，媒体的定位也很重要。比如，发达地区和偏远地区、城市和乡村的差别都是存在的。

赵：各地媒体的差异，有时有所表现。对于中国加入世界贸易组织的看法有时也会有差别，以农业为主的地区希望中国晚些加入世贸组织，沿海地区则会认为及时加入对中国有利。不同地区经济社会发展的不平衡，是中国的国情。

霍：我同意您的观点。在欧盟国家，农民也反对加入世贸组织。

赵：国家每出台一项重大决定，都要交全国人民代表大会讨论，时机不成熟的话，就要缓行或者试行。时机成熟后再全面推开。政府曾计划，机动车用户缴纳的养路费等费用应并入燃料费用，用提高燃料价格的做法取消收取其他费用。有人提出意见，尤其是农村机动车用户，如拖拉机上路很少，而油费增加。所以，暂时没有全面推行，只是在海南省试行。人人制定法律法规，要广泛征求意见。一方面，广泛听取各方面的意见；另一方面，政府部门还要积极引导。改革开放以前，中国几乎没有私营企业，人们接受的教育也主要是计划经济的观念。从不允许、允许到鼓励私有企业的发展，经历了一个从理论到实践不断摸索创新的过程。这是认识论，也是一个哲学问题。德国人崇尚哲学，中国人也一样。现在，认识和实践都有了突破，要与时俱进地认识马克思主义，把马克思主义中国化。

让一部分人先富起来是过程，最终实现共同富裕是目的

花久志（以下简称花）：邓小平先生说，要让一部分人先富起来。根据西方现代化国家的教训，贫富差距的扩大会带来许多社会问题。而且，贫富差距一旦形成，便成了痼疾，很难去除。中国开始出现了这个问题，一部分人有失落感。如何解决这个问题呢？

赵：邓小平先生提出让一部分人先富起来，最终实现共同富裕。前者是过程，后者是目的。先富起来的人，具有影响力和带动作用，他们可以影响带动其他人实现共同富裕。这是邓小平先生的本意。从理论上讲，同时富起来是不能成立的，实践中也行不通。贫富差距在中国出现，引起了政府的关注，采取了一些措施。比如说，通过税收手段转移支付，扶持欠发达地区和弱势群体；发展教育事业，尤其是发展欠发达地区的教育，也是一条重要途径。通过改善教育状况，提高贫困人群的生产技能，可以使他们增加收入，摆脱贫困。国家鼓励东部人才向西部流动，西部培养的人才留在西部工作。在中国，平均每百人中只有不足4人接受过高等教育。

努力增加新闻发布会的次数并丰富其内容

霍：新一届中国领导人上任以来，出现了许多变化。比如说，媒体监督的作用强化了，中央政治局向中央委员会汇报工作，这是一种新的民主形式。媒体起了积极的作用。

赵：你的观察很敏锐。现阶段的中国，经济上处于发展中，法律体系尚不完备。我们举办新闻发布会的做法和美欧不同，不仅仅是简单解答几个问题。我们邀请政府的部长们在新闻发布会上介绍本部门本领域的发展情况，通过媒体向人民汇报。新闻发布会可以在电视上直播，中央电视台对外播出的第4、第9套节目，中央电视台新闻频道和香港的凤凰卫视上都可以看到。

花：最近，胡锦涛主席在曼谷的讲演在电视上很快可以看到。直播是个好办法。好多中国人都认识我，他们在电视上的发布会看到我。发布会不呆板，很活跃，很有特点，不是每个国家都办得到的，当然也还需要改进。

赵：国务院新闻办公室的任务是向世界说明中国，回答各国对中国的疑问。我们会努力增加新闻发布会的次数并丰富其内容。

花：我经常参加你们的新闻发布会，你们的工作做得很好，我有亲身感受。

赵：谢谢你的支持。

在发展中找到解决问题的办法

霍：您刚才提到美国。美国是世界上最强大的国家，但它也存在许多问题，比如贫富差距。中国是发展中国家，应该避免现代化国家走过的弯路。

赵：确实如此，学习西方，要学习优秀文化，先进的科技，摒弃落后的、没落的东西。中国坚持社会主义道路，坚持公正公平，避免出现严重的社会不均现象。问题的解决，要靠发展，在发展中找到解决问题的办法。中国是多种经济并存，公有制占主导地位，特别是涉及能源、交通、金融等关乎国计民生的重要行业。中国的私营企业发展较快，但远远还没有达到形成垄断的程度，尽管我们已经注意到了这个可能发生的问题。国家关注农村贫困人群和城镇困难职工，帮助他们提高就业能力和就业机会，努力为他们提供最低生活保障，提供基本的医疗教育保障。中国还不发达，不可能像欧洲一些高福利国家做得那样好，但还是争取做得更好一些。

坚持和平共处五项原则，反对霸权主义和强权政治

赵：在外交上，中国政府坚持互相尊重主权和领土完整、互不侵犯、互不干涉内政、平等互利、和平共处五项原则，赞成世界多极化，反对在处理国际

事务中的霸权主义和强权政治。欧盟可以起到一种制衡作用，遏制单极世界。

霍：我们赞赏欧盟的作用，也是施密特先生历来倡导的。

这是极智慧的说法

赵：欧盟应该取消对中国的武器禁运，这首先是个政治歧视问题，更不用说中国购买武器不是用来对付欧洲的，更不是用来威胁世界和平的。德国是欧洲国家中同中国的交往最密切的国家之一。德国是伟大的国家，有巴赫、伦琴、黑格尔、马克思。德国的汽车成功地开拓了中国市场。磁悬浮列车的前途还在不确定之中。在中国的成功与失败，可能意味着它在全世界的命运。

霍：德国领导人要说服中国政府引进磁悬浮列车。

赵：我看，首先要说服德国人自己。

霍：这是极智慧的说法。

赵：德国政府要着眼于长远的全局的利益，也就是要有勇气能在中国以较低的成本进行这个项目。

点评：

本篇谈话涉及范围甚广。从中国媒体的监督作用到国务院新闻办公室举办的新闻发布会的特色，从重大国家政策的制定到共同语言和协调发展，从国内到外交，启正坦诚、耐心地回答了来访者每一个问题，侃侃而谈介绍了中国的各项基本国策，宣传起中国来如数家珍，同时还不忘对德国做出恰当的评价，他作为对外宣传领导干部为如何开展外宣作出了极好的示范。

今天，对外宣传中的两个重要主题是构建和谐社会和中国的和平发展。如何让外国人在这两个问题上加深对我们的理解，启正做了清晰的回答。从外国客人的话中也可以发现，赵主任的谈话效果极佳。

（黄友义）

重要的是交换意见

（2003 年 10 月 31 日在北京会见美国道琼斯公司执行副总裁兼首席运营官扎尼诺的谈话）

2003 年 10 月 31 日下午，赵启正主任在国务院新闻办公室会见了美国道琼斯公司执行副总裁兼首席运营管理查德·扎尼诺（Richard F. Zannino）先生及其随行人员。双方就媒体合作、中美经济等共同关心的问题交换了意见。

中国经济网站将是中国经济权威信息的提供者

赵启正（以下简称赵）： 我刚刚访问了耶鲁大学，中国外文局与他们合作出版了有关中国文化与文明的系列书籍，都是颇具学术性的大部头。《中国日报》还与一个美国网络公司建立了良好的合作关系，成立了新型的三维英文中国文化网站。

我们与美国媒体的合作很多，道琼斯公司是其中之一。目前，在中国只有国务院新闻办公室等少数几家用户订阅你们的 Factiva[①] 网站资料，我曾向一些机构推荐你们的网站，由于上网费用太高，他们望而却步。美国《科学》杂志网站的营销策略值得你们参考，他们在中国免费供应，让人们了解之后，再行定价。

扎尼诺（以下简称扎）： 感谢赵主任的介绍和建议。

---

① Factiva：美国道琼斯与英国路透公司共同创办的一个专业数据库，提供来自 9000 余个信息源的各类新闻和专业信息。

赵：中国经济日报社开始建立中国经济网站，但不是该报的电子版或英文版，而将是中国经济权威信息的提供者。希望得到你们的经验和随时告诉他们世界读者对中国经济信息的需求。

关于人民币汇率问题

赵：中国《经济日报》不只向世界提供中国经济信息，同时也注意搜集世界相关信息。最近世界许多人物和机构议论人民币升值的问题，其中也有对人民币升值持反对的意见，也有人不知道，即使只考虑本国利益也不能简单地要求人民币升值。中国的经济在不少情况下被人们高估了，实际上，中国仍是一个发展中国家。另外，中美贸易顺差对美经济负面影响也被高估，正面影响却被忽略了。如果美国不从中国进口这些美国本土并不大量生产的商品，也会从其他国家进口，何况中国商品物美价廉。

关于贸易顺差，美国大报的报道要客观些

扎：您如何看待美国许多大企业把业务发展到中国后再把产品出口到美国以及贸易顺差对美国经济产生的影响？

赵：外国企业为了争取更高的利润，尤其在其本国经济不够景气或成本过高的背景下将生产基地迁往中国是明智的选择。虽然中国受益匪浅，但最大的受益者却是外国的公司。美国波音公司在中国生产门、舱等零部件，而十年前该公司在巴尔的摩的员工认为这样做对他们的就业造成了威胁。公司领导人回答员工们说，试问如果波音飞机不通过这样的手段来降低成本，如何与欧洲的空中客车竞争？另一不争的事实是美国对中国出口的是低技术产品，如计算机，美国计算机分为7个等级，卖给中国的是低技术等级的产品，这也是形成中国对美国顺差的重要原因。美国大报的报道要客观些。

扎：是这样。从经济角度讲，中国对美贸易顺差短期看没什么大不了的，

但长期看，任何国家都会重视这个问题，因为这影响到了美国国内市场，虽然美国愿意为提升世界经济水平作出贡献。

重要的是交换意见

赵：您可以就此题来演讲，我们负责邀请记者、主编参加。中美双方在一些问题上有摩擦、有分歧很正常，重要的是交换意见。最近，德国《时代》杂志说，中国经济模式受美国影响大，受欧洲影响小，美国贫富不均，中国也开始了。中国政府正积极采取措施努力缩小贫富差距。目前，中国还没有城市化，生产效益低。

扎：我同意您的观点。机遇与挑战并存，中国发展快，在发展过程中，有些问题会慢慢浮出水面，也只有通过不断发展来解决存在的问题，总体看，中国还是繁荣的。世界在关注着中国，中国出口的产品物美价廉，颇受人们欢迎。中国人也越来越富有，愿意花钱买好产品。

赵：但是我觉得美对华经济政策还有许多值得改善的地方，道琼斯是一个重要的机构，对中美关系要多作贡献。布隆博格① 和路透社（Reuters）在中国大陆也有成功的业务，中国市场大，舞台广阔，容得下你们的竞争。你们在中国市场的潜力很大，中国的发展有一个较长的过程，既需努力，又需耐心。中国在发展社会主义市场经济的同时，还有许多需要向欧、美、日学习的东西，但要汲取精华。

扎：成功的经验固然重要，也应该接受他们失败的教训。

赵：欧、美、日各有差异，我们应该学习和接受好的一面。有的德国人对我说不要建设摩天大楼，他们认为法兰克福这个城市的美丽因为几幢高层建筑而受影响。

---

① 布隆博格（Bloomberg）是由纽约市市长米高·布隆博格——拥有数十亿美元身价的传媒巨子创办的私人通讯社，目前已经成为世界财经界及传媒获得金融信息的一个重要来源。

扎：您是否见过美国世贸大楼新楼的设计方案？

赵：见过，非常漂亮。去年我看到世贸旁的大教堂周围陈列的"9·11"死难者的遗物时，很是伤感。但我们不能因恐怖主义的存在就不再建高楼。

中美两国处于不同的发展阶段

扎：我知道贵办的工作就是让中国了解世界，让世界了解中国。明年4月份在波士顿有一个研讨会，约有六七十位商界人士，包括联想集团负责人，将应邀出席，我很想听听您对这次活动的建议，也欢迎您参加。

赵：如果以后在中国举办这一活动我一定会参加。我认为题目设计很重要，既然有中国人参加，就应该有他们感兴趣的内容，如美国汽车工业的历史经验、"广场协议"① 对美日经济的影响，有人说"广场协议"致使日本经济十余年不景气，值得研究，还有城市公共交通问题，表面看是个交通和生活环境问题，实质上也是一个经济问题。中美两国处于不同的发展阶段，看法不一，大家可以通过研讨共同提高认识。

点评：

从新闻到经济，从历史到哲学，从互联网到国际金融，启正与外国人的谈话，特别是与外国政要的谈话，涉猎范围历来广泛，这一次也不例外。就是对美国人的批评也显得入情入理，颇有绅士风度。的确，越有人情味的谈话越能深入人心。

（黄友义）

---

① 1985年9月，美国财政部长詹姆斯·贝克（James Baker）、日本财长竹下登、前联邦德国财长杰哈特·斯托登伯格（Gerhard Stoltenberg）、法国财长皮埃尔·贝格伯（Pierre Beregovoy）、英国财长尼格尔·劳森（Nigel Lawson）等五个发达工业国家财政部长及五国中央银行行长在纽约广场饭店（Plaza Hotel）举行会议，达成五国政府联合干预外汇市场，使美元对主要货币有秩序地下调，以解决美国巨额的贸易赤字。这就是有名的"广场协议"（Plaza Accord）。

在亚洲经济走廊中有很多盏路灯

（2003 年 11 月 10 日在北京与基辛格博士等人的谈话）

11 月 10 日，赵启正主任应邀与国际知名人士基辛格博士、美国摩根大通集团董事长兼行政总裁哈里森先生等人在北京共进晚餐，并就双方共同关心的问题广泛、深入地交换了意见。

基辛格博士、赵启正主任都为与老朋友的再次相见感到高兴。赵主任说：这大约是我们的第 15 次见面了，不包括在国际会议上。基辛格回应：应该有这么多次了。

谈话记录如下：

关于《历史的记忆》展览

赵启正（以下简称赵）： 去年中国国务院新闻办公室在美参议院办公大楼举办过《历史的记忆》展览，包括驼峰航线、陈纳德飞虎队的故事，由于展览内容丰富、感人，因此受到了广泛好评。上个月我们又在美国空军博物馆再次主办了该展览，受到了美国空军的热烈欢迎。《历史的记忆》展览中讲述的故事已在中、美间埋没了五六十年。江泽民主席为美军飞行员的铜像题字后，这段历史又重新被挖掘出来，为中美两国人民提供了回忆的机会。

基辛格（以下简称基）： 我在重庆参观有关展览时注意到，中国对驼峰航线的评价是公正的。

哈里森先生对建摩根大楼有兴趣

赵：今天我们特意请来了上海锦江集团管理的北京昆仑饭店的厨师长为各位服务。锦江饭店是上海最有名的酒店，70 年代，尼克松总统和基辛格博士曾在那里下榻过。历史上，上海曾是中国和亚洲的金融较发达的城市。在邓小平时代以前，中国几乎没有现代意义上的金融业，因此，中国的金融家都很年轻，都是近 20 年来成长起来的。浦东前 10 年的发展中，国内外投资为 300 亿美元。基辛格博士对浦东情有独钟，曾带美国投资家参观、考察浦东。基辛格博士曾对我说："对浦东来说，最珍贵的不在于高楼大厦和现代工业，而在于对你们的信任，不然，人们为什么敢在一开始就来浦东投资呢？这种国际公共关系是最珍贵的。"浦东规划中有三座摩天大厦，一座由中国投资建造，一座是日本投资。关于第三座，基辛格博士说，应由美国投资。那样的话，就是世界模式了。如由韩国投资的话，就是亚洲模式了。基辛格博士推荐了一位美国大公司的总裁来考察。但那位总裁一听说需要建 30 万平方米的投资，被吓跑了。

基：浦东刚开发的时候我就去了，并有幸在赵先生陪同下参观了浦东。之后每年都去，变化实在太大了，那里已是一个国际化的大都市了。

赵：哈里森先生对上海有兴趣的话，也可到那去盖个楼。

哈里森（以下简称哈）：那太好了，太需要了，叫摩根大楼。（笑声）

关于中国金融中心

赵：摩根大通集团是著名的金融财团，我们应该谈谈金融方面的事情。

哈：有种说法，金融中心将由香港转到上海。有这种可能吗？

赵：BBC 电台就这个问题曾采访过我，我说，在亚洲经济走廊中有很多盏路灯，如东京、汉城、台北、上海、吉隆坡、新加坡，它们交相辉映。亚洲经济走廊的 GDP 总量占世界 GDP 总量的 27%。

基：香港和上海哪个是主导呢?

赵：欧洲有伦敦、法兰克福。上海像法兰克福，香港像伦敦。可以将香港和伦敦比喻为是"批发的"，上海、法兰克福就是"零售的"，它们的关系是互补的。英国副首相赫塞尔廷很同意我这个比较。中国以前是计划经济，银行总部必须在北京。随着市场经济和中国金融业本身的发展，不排除将来一些银行总部迁到上海的可能。

哈：伦敦和法兰克福的比喻很有意思。我二十几年前去过伦敦。当时的人们都说，伦敦要没落了，完了，觉得那是大势所趋，特别是欧盟成立后。伦敦不使用欧元。但 80 年代起，英国作为金融中心反倒越发地强大了。香港有独到的东西，会继续发展，但它不会影响上海的活力。

赵：结论就是上海、香港都将是中国的金融中心。

北京的汽车

赵：北京人 4 年内买了近 200 万辆汽车。目前，每 100 个北京人拥有 13 辆汽车，而全国的平均数字是 100 人有 1 辆。许多人买车时向银行贷款。

哈：中国信贷方面的法律健全了吗? 贷款买车不还款的话，银行是否有权没收作为抵押的车辆?

赵：当然，有权没收。

基：北京怎么会这么快就有 200 万辆车了呢? 70 年代，我来中国时，几乎看不到车。

哈：我对中国人的富裕程度有了重新认识。可是，中国怎么会有那么多的富人呢?

赵：现在的确富人相对来说越来越多。但贫富差距在某些地方也加大了，政府十分重视这个问题。

基：那么多的车停在哪里呢？

赵：夜间，马路边都是车。在发展汽车产业问题上，政府和企业的看法并不完全一致。

基：这些人买车干什么？

赵：一种是为上班快，一种是为享受。现在，中国的年石油消费总量是2.4亿吨，其中的8000万吨依靠进口。能源问题是挑战中国的一个新问题。

关于俄罗斯和印度

基：今天阴天，北京快下雪了吧？

哈：一位俄罗斯朋友给我讲过一个关于雪的故事，他说，有两个俄罗斯富人租了一架小飞机去西伯利亚打熊。他们打了两只熊。飞机驾驶员说，飞机太小，运不了。富人往驾驶员手里塞了钱，驾驶员同意起飞，不久，飞机在雪地上迫降了。富人问驾驶员，"这是什么地方？"驾驶员说，"就是去年咱们摔下来的地方。"（笑声）看来，人不应该重复自己的错误。

（基辛格询问赵主任对俄罗斯的看法）

赵：俄罗斯国民教育基础好，大学毕业生的比例高。但他们市场经济的完善也还需时日。但俄罗斯经济法律健全了的话，它会很快实现飞跃。

哈：俄罗斯人的市场经济意识不如中国人强？

赵：俄罗斯计划经济历史长于中国。俄罗斯领土横跨欧亚大陆，因此他们需要时间。

基：美国人和俄罗斯人说，有300万中国人在俄罗斯。

赵：有些非法移民在俄罗斯，因为"非法"，总数无法计算，但不会有300万。去了俄罗斯的相当一部分中国人很能干。

基：赵主任对印度怎么看？

赵：印度是亚洲经济的引擎。上个世纪50年代时，印度与中国经济状况相似，都是人口多的发展中国家。但这 20 年中国发展得很快，中国对外开放脚步大。印度比中国在国际交往中有优势，因为他们普遍使用英语。他们的软件研究也有优势。

基：我同意您的观点。的确有人说软件方面印度强于中国。

哈：今天很高兴与赵主任见面。

赵：希望摩根大通在中国的事业发展与中国 GDP 增长同步。

哈：我们很高兴有机会参与中国的经济建设。

点评：

这次谈话是几位中外智者的对话，内容极为丰富，话题涉及金融、汽车制造和国际关系。我们从交谈记录可以看到，越是话题广泛，越是谈话对象水平高超，启正越是善于处处维护国家利益和表明中国观点。

（黄友义）

不能为保留某些文化而拒绝现代化

（2003 年 11 月 14 日在北京会见新西兰自然历史公司董事、总经理史达民① 先生的谈话）

欢迎赵主任访问美丽的南岛

赵启正（以下简称赵）： 我今年访问过新西兰，贵国给我留下了很美好的印象。很多中国留学生在新西兰学习，这是件好事。将来，这些人会成为最理解新西兰的中国人。

史达民（以下简称史）： 您将最好的部分留给了下一次的新西兰之行，新西兰的南岛是一个美丽的地方，NHNZ 公司就在南岛。中国驻新西兰大使陈明明曾去访问过，希望赵主任下次去新西兰时，也能到南岛的 NHNZ 公司访问。

赵： 这次日程不允许，是个遗憾。

史： 在南岛的开发过程中，中国人扮演了很重要的角色。中国人几乎和欧洲人一起到达南岛。陈大使第一次访问南岛时，我们安排他会见了当地很有影响的华人家族，这些家族在南岛生活了 100 多年。

NHNZ 的资源在中国可以得到充分利用

赵： 我很早就知道 NHNZ 公司，并曾经开展过合作。你们有南半球最大

---

① 　新西兰自然历史公司（NHNZ）是南半球最大的纪实类纪录片制作单位，史达民（Michael Stedman）为该公司董事、总经理。

的影片素材库，人们可以从网上获取这些资料吗？

史：从网上只能浏览目录，看不到图片。如果赵主任有兴趣，可以把录像带寄过来。

赵：在中国，NHNZ 的资源可以得到充分利用。中国有近 400 家电视台，每家电视台都有几个频道，他们对你们的资源一定很有兴趣。

中国有无数的拍摄题材

史：5 年前，NHNZ 开始来中国发展业务，与中国许多电视台、纪录片公司、独立制片人以及贵办下属的视点公司都有过合作。我们希望能与中国的公司合作，拍摄关于中国的纪录片，并在海外播放。我们在这方面积累了很多经验，相信会对中国国内的公司有一定帮助。

赵：这是个好想法。NHNZ 的成功让人们对它有信任感。你们提出选题，我们可以在有关方面提供帮助。中国人口多、民族多、故事也多。比如在云南边陲，那里民族多，风景如画，你们去那里一定会大有收获。传说中的香格里拉就在那里。其实理想中的事物才是最美丽的，过于具体化就会有缺点，反而不好。

云南大概有 20 多个民族。他们有各自不同的风俗，有很多有趣的故事。有的村庄在杀牛时，全村要举行一个仪式，像过节一样。50 年前还有一些民族保留着奴隶制残余，当然这与美国的黑人奴隶制不同。

不能为保留某些文化而拒绝进入现代化

赵：有些民族现在面对的一个很重要的问题是语言上的挑战。他们有的有语言无文字，有的文字是上世纪 50 年代创造的，流行范围很窄。他们要学习双语，才能发展。因此，在传统文化和现代化之间，必须兼顾。我在云南访问时，当地有位少数民族人士对我说，他父亲会说会写本民族语言，他只会说不会写本民族语言，他希望他的女儿能讲普通话，还能讲英语。

由于一些民族人口很少，所以他们没有主流报纸，也没有用他们的语言拍摄的电影，他们语言的应用范围小，上了高速公路就不能用了。政府很为难，如果鼓励他们学习自己的语言，会阻碍他们发展的速度，他们会不高兴；如果鼓励他们普及普通话，他们又会遗失自己的语言，因此那边的学校推行双语教育。但当地人自己也说，我们不能为保留某些文化而放弃现代化的生活的机会。这真是两难的选择！

我在新西兰访问时曾看过毛利人跳舞，他们跳舞时穿着自己民族的服装，跳完后换好衣服，就完全变成一个现代人了，就像拥有两面的生活。

史：毛利人的确非常有趣。政府一方面花费精力扶植他们，以保证土著文化的延续；另一方面，他们也可以享受现代化的生活。毛利人曾说过，我有两个大脑，一个是自己的，然后拿出一张软盘说，另一个就是它了。

我觉得纪录片就像是不同国家、不同民族相互理解的一座桥梁。国外对中国的理解有些片面，因此关于中国的纪录片正是促进他们对中国了解的有效途径。

来到中国，就像小孩子进了糖果店

赵：你们如果选定纪录片的主题，我们可以提供帮助。包括翻译和语言方面，当然毛利语恐怕有点困难。（笑声）

史：赵主任说话很风趣。非常感谢您的支持。我们国内同行有些想法，希望可以在节目制作经验上相互借鉴。我们在节目的海外市场发行上比较有经验，可以帮助贵方将影片发行到180多个国家，我们可以给中国同行提供如何更好地走向海外市场的经验。

赵：这正是我们需要的。我们日常可向你们提供素材，你们按照自己的方式进行包装。

赠送您两本画册:《中国》和《中国的世界遗产》,相信它能激发你们的新思路,对你们的拍摄有所启发。我们的共同性有一条:追求真实。中国有很多可以拍摄的题材,你的下半生就在中国度过吧。(众笑)

史:还有我的儿子、孙子恐怕也都要来中国了。(众笑)

我们还可以与中国合作,比如在各省开办研讨会,将我们的经验介绍给中国同行,提高他们在国际市场上的操作水平。

赵:这是个好主意。我建议你可以在我办作演说,邀请我国的同行来讨论。

史:有人曾这样问过我,你们作为一个小国家的小公司,如何在短时间内发展成为世界第二大纪录片供应商。其实我们也经历了很艰难的历程,犯过错,但在总结教训后继续发展,相信这些经历能与中国的同行取得共鸣。我们成功的经验主要有一点:在艺术追求上力争做到最好,在商业上保持艺术与商业的结合。希望你们能给我们一些建议,比如国内同行对哪些方面感兴趣?是如何打入国际市场,还是如何在国际市场上运作?或者说哪种类型的片子更受欢迎?这样的话,我们就能够做到有的放矢。

赵:这些题目都让人感兴趣。下次你们来中国之前,请提前两周告诉我,我会为您安排一场演讲。史先生很有战略眼光,将目光投向中国这个很有潜力的新市场。当前人们关注中国,是因为中国已经成为世界舞台上一个重要的角色,一股不可忽视的力量。世界上很多人需要关于中国的信息,包括你们的纪录片所提供的信息。所以,永远不要发愁找不到关于中国的题目,在政治、经济、自然、文化各个方面,都有许多题目等待我们一起探讨。

史:来到中国,就像一个小孩子进了糖果店,眼花缭乱,到处是好吃的东西,不知道该选择什么好。

赵:这个比喻很精彩,可以用在你的纪录片中的解说词。中国城市很多,差别很大，各有各的风格。希望下次我们可以在中国或新西兰再会。

史：希望将来您能访问新西兰，让我们有机会在那里再见。

点评：

来访者的公司专门拍摄人文题材的电视纪录片，启正对客人说："世界上很多人需要关于中国的信息……所以，永远不要发愁找不到关于中国的题目，在政治、经济、自然、文化各个方面，都有许多题目等待我们一起探讨。"这个判断不仅有助于利用外国人的渠道宣传中国，同样，对从事对外交流的所有中国人员和机构，这句话也是一种鼓励和号召。

（黄友义）

美国对中国的了解比不上中国对美国的了解

（2004 年 2 月 13 日在北京会见美国著名学者约瑟夫·奈的谈话）

2004 年 2 月 13 日下午，赵启正主任会见了来访的美国哈佛大学肯尼迪政府学院院长约瑟夫·奈（Joseph Nye）先生一行。约瑟夫·奈曾任美国国防部负责国际安全事务的助理国防部长，是美国著名的国际关系学者，提出了"三维棋局"、"软实力"等观点，著有《美国霸权的困惑》等。

2004 年 1 月，国务院新闻办公室以赵启正主任名义向哈佛大学肯尼迪政府学院图书馆赠送了关于中国历史、人文、风光以及中美关系、国际政治等方面的书籍约 300 册。奈院长对赵主任赠书表示感谢。

约瑟夫·奈（以下简称奈）：哈佛大学有很多来自中国的学生，赠书对他们一定会起到积极的作用，希望今后哈佛能够迎来更多的中国学生和中国书籍。我写的一本介绍软实力（soft power）的新书将在下个月出版。

赵启正（以下简称赵）：我们对奈院长提出的"软实力"的概念十分熟悉，你的许多书在中国都有流传。我希望你的新书早日出版中文版。

哈佛与耶鲁

赵：基辛格博士当年曾在哈佛工作过，他宁可不到其他学校任教授，宁愿到哈佛任副教授，可见哈佛大学水平之高。我没有去过哈佛，但访问过耶鲁。耶鲁大学校长说他喜欢中国，他说中国领导人应该也去耶鲁作演讲。

奈：耶鲁也是一所很好的学校，与哈佛各有千秋。江泽民主席和温家宝总理访美时都选择在哈佛作演讲，他们的决定无疑是正确的。（笑声）

美国对中国的了解比不上中国对美国的了解

赵：大国关系必对世界格局产生影响，中美关系是最重要的大国关系之一。中美关系应该比目前的状况好，中美之间存在着许多误解，但美国对中国的了解比不上中国对美国的了解。我曾经对基辛格博士说，美国对中国最大的误解有二，一是中国会像前苏联一样对美国构成威胁；二是中国会像日本一样与美国大打贸易战。实际上，中国共产党与前苏联共产党不同。从中国历史和文化来看，中国人比较内向，也比较平和，对外国从来都没有攻击性。从现实看，中国共产党将共产主义视为一个长远的目标，现阶段的努力目标是建设中国特色社会主义。基辛格博士认为，中国与前苏联在政治上，外交政策上很不相同，美国人是现实主义的，对经济竞争看得重。

奈：如果美中关系稳定，对世界是有利的，反之则不利。我在肯尼迪政府学院工作一直都提倡发展美中关系，增进双方的理解。误解的消除要靠各自对对方的研究和学习。美国人对中国的了解的确比不上中国人对美国的了解，所以我要求我的每个中国学生都要教育一个美国同学。我对美中关系的长远发展十分乐观。一些美国人认为中国经济和军事的发展对美国构成威胁。1995年江泽民主席访美时曾问克林顿总统，你希望看到一个强大的中国还是弱小的中国？克林顿总统回答说，美国不愿看到一个弱小的中国。因为中国的发展不仅有利于中国，也有利于美国。

中国对美国的出超是"积极的出超"

赵：就两国贸易而言，中国对美国是出超，但中国出口到美国的产品大都是美国不生产的低端产品，即使是出超也是"积极的出超"，对美国经济没有实质性的侵害，却有实质性的帮助。如果美国调整对中国的出口政策，就能促进中美贸易的平衡。

奈：同意赵主任的经济观点，但中国对美国出口造成一些美国人失业，这就成了一个政治问题了。美国人还抱怨人民币汇率过低，也使得美国人失业。所以，中国应该调整人民币政策，减少美国对中国的批评。

赵：中国政府也在研究完善人民币汇率的更好的形成机制，以便它更适应国内外市场的供需变化。但是各国货币汇率之间如同一个生态平衡系统，如果一个货币的汇率发生重大变化，就会产生连锁反应，最终结果很难预料。美国卡尔顿大学的路易斯院长在中国加入WTO前在本办一次演说中指出，中国加入WTO后，最大的挑战不是关税，而是汇率，他说对了。

奈：从长远看，增加美中贸易将有利于两国人民，但从短期看，美中两国都会有一些人面临失业问题。有人说，经济发展是一种建设性的破坏（creative destruction），没有破坏，就不能建设，但对于遭受破坏的人来说，他们很值得同情。所以，美中应该进一步合作，克服这些短期问题。

希望与哈佛保持长久联系

赵：我去过美国多次，但很遗憾没有去过哈佛。我希望保持我们的长久联系和交流。我还要送你一本介绍中国英文网站的书，这样你在家里就可以了解中国了。

奈：非常感谢，哈佛盼望着与国务院新闻办公室的进一步合作，不光是人与书的交流，希望赵主任本人也能访问哈佛。

点评：

约瑟夫·奈是美国著名学者，他所在的哈佛大学在研究中国方面在美国各大学中占有首屈一指的领先地位。向奈介绍中国的最新发展十分重要。启正不仅是会见他，我们看到他还安排过向哈佛大学赠送中国图书，在会谈结束前，又赠送了一本介绍中国网站的书籍，便于奈在家里研究中国。由此可见启正在对外宣传上的决心、细心和进取心。此外，中国外宣的重要任务是创造一个有利于中国和平发展的国际环境。要达到这个目的，必须化解美国人对中国的两大误解。启正的谈话不长，但可成为破除误解的经典口径。

（黄友义）

巴黎是有魔力的，平遥也是有魔力的

（2004 年 2 月 13 日在北京会见法国桦榭出版集团国际总裁让·保罗一行的谈话）

　　2004 年 2 月 13 日下午，赵启正主任在北京昆仑饭店会见了法国桦榭出版集团国际总裁让·保罗·当佛尔－罗舍洛（*Jean-Paul Denfert-Rochereau*）先生，桦榭集团大中国、东南亚及澳洲首席执行官维克托·威索（*Victor Visot*）先生，中国区董事总经理兼出版人曹伟明先生，中国区战略关系总监蔡荣生先生一行四人，就法国桦榭出版集团与山西平遥国际摄影展加强合作及共同推动中法文化交流等内容进行了会谈。法国桦榭出版集团是世界著名的杂志和画册出版发行公司，曾参与"巴黎中国文化周"活动并和中国国务院新闻办公室合作出版了高质量的介绍中国的画册。

巴黎是有魔力的，平遥也是有魔力的

赵启正（以下简称赵）：首先欢迎让·保罗先生为了洽谈平遥国际摄影展合作事宜应邀专程来访。平遥国际摄影展不仅属于中国，更是属于世界，应与世界上最好的杂志出版社合作。

　　平遥国际摄影展现在仅举办了三次，还只是一棵小苗，希望它能长成大树。山西是中国地面古迹最多的省份。"巴黎是有魔力的，平遥也是有魔力的，"其情形百闻不如一见。现在最关心的是中、法双方设计一个合作方案，将平遥摄影展的成果充分利用好，一年一年办下去。中国有许多摄影杂志，但在世界上有名的不多。

让·保罗（以下简称保罗）：非常感谢赵部长在百忙之中接见。公司总裁要求我转达对部长先生的感谢和问候。这次我本人能应邀访问平遥感到很激动。公司很荣幸参与了中国国务院新闻办公室举行的"巴黎中国文化周"，现在仍清晰地记得赵部长访问公司总部的情景。感谢国务院新闻办公室的推荐和联络，使公司能和山西方面商谈合作事宜。公司今年6月将在北京举行全球管理者峰会，总裁亲自选定北京作为峰会的会址，并将邀请赵部长届时能作为贵宾出席。

我本人对中国很有感情，这次能应邀访问平遥使公司的很多摄影家嫉妒。

相互欣赏对方的文化，是件很愉快的事情

赵：桦榭出版集团选定北京召开董事会是一个很好的决策，我对此表示理解和感谢。国务院新闻办愿意为桦榭会议提供协助，或许山西平遥也可作出贡献。可以为会议提供一些介绍中国风俗、名胜、文化遗产的画册。如果桦榭认为好，可修订出版法文版。

我可在会上作一刻钟演讲，第一句话将是，中华民族和法兰西民族相互欣赏对方的文化，是件很愉快的事，世界上最容易沟通的媒体是什么？画册。桦榭是世界上最大的杂志出版社之一，相信它把中国列入重点题材，一定会增加它的光彩。

保罗：希望公司有此前景。公司峰会的参加者来自世界各地的管理层，选择北京当做会址是希望他们更多地了解中国，通过媒体合作进一步理解"国际"这个词语的含义。发展与中国的关系比做生意更重要，公司中大多数人都理解这一点。中国人和法国人的思维方式确实很相似，双方有许多共同点，这对发展双边关系很重要。

赵：在欧洲的城市中，我们很喜欢巴黎。法国的文学作品在中国的出版发行量也很大。巴尔扎克在中国拥有的读者超过法国读者是正常的，但如果

桦榭出版集团的产品在华读者很少则是不正常的。（笑声）这对保罗先生是个挑战。同样，将平遥介绍给欧洲和世界对山西省也是一个挑战。

任何伟大的行动都起源于一个想法

（说到孔子）

保罗：法国人知道他是一位伟大的思想家、哲学家。

赵：中国山东是孔子的故乡，山东和德国方面合作在柏林树立了一尊孔子雕像。能否也可以考虑在桦榭大楼前的广场安放一尊孔子像，或雕刻一尊体积较小、类似罗丹《思想者》①的孔子像放在大厅内？雕像由我们设计，尺寸和样式由桦榭来选择。

保罗：孔子在法国有影响力，我对此建议非常有兴趣，已经记住这件事情。只是在室外安放雕像需要和当地市政部门协商。如果做一个小的孔子雕像，可以放在公司大楼内。法国可以在中国树立谁的雕像？

赵：可以考虑巴尔扎克，或将一位法国音乐家的雕像安放在即将建成的国家歌剧院。这只是一个想法，变成现实有一个过程。任何伟大的行动都起源于一个想法，与平遥的合作也是如此。中、法两国之间没有大的障碍，文化上的相互理解是友谊的最好基础，经济上的合作加强了这个关系。政治上的严重分歧是国际关系中最令人头痛的，中、法之间没有这个问题。

保罗：同意赵部长的观点。您是雄辩的政治家，希望将来有机会再次听赵部长演讲。

---

① 《思想者》是罗丹为巴黎装饰艺术博物馆大门所作的大型雕刻作品《地狱之门》中位于门顶中央、统帅全局的一个雕塑，为传世名作。2003 年 4 月曾在京首次展出。

点评：

寻找共同点是长期合作的基础，于是我们看到启正说，"巴黎是有魔力的，平遥也是有魔力的"；"中华民族和法兰西民族相互欣赏对方的文化，是件很愉快的事"；"在欧洲的城市中，我们很喜欢巴黎"。从长远外宣角度出发，启正进而提出："能否也可以考虑在桦榭大楼前的广场安放一尊孔子像……可以考虑将巴尔扎克，或将一位法国音乐家的雕像安放在即将建成的国家歌剧院。"建议再好，也要给人家时间考虑和协调，因此启正马上接着说："这只是一个想法，变成现实有一个过程。任何伟大的行动都起源于一个想法。"做到了不强加于人，自己也进退自如。后来桦榭公司派了一个高级代表团参加了平遥国际摄影大展，并出版了画册向全世界发行。一个想法果然成了现实。

（黄友义）

中日关系中，有些事情就不应该发生

（2004 年 4 月 4 日在北京会见日本外相川口顺子一行的谈话）

对中国公民的言论不要简单理解为反日

川口顺子（以下简称川口）：我了解到中国新闻报道日益活跃，中国现有各种报刊、杂志 10000 余种，现有利用互联网的网民也达到 8000 多万，这些网民在形成舆论过程中也发挥着重要的影响和作用。但是，在中国的互联网上存在着一些提倡"爱国主义"的群体，他们利用互联网这个工具，交流和发表反日情绪的言论。特别是近期连续发生的西北大学留学生事件、珠海日本人集体"买春"事件、齐齐哈尔遗留的日本军毒气弹伤人事件等等，严重地影响日中两国的民众感情，造成许多中国民众在互联网上发表反日言论。互联网为所有人提供了平等获取信息的权利，它是有助于促进社会发展的一种科技工具。但是众多的网址对一部分网民构筑了一个封闭的社会，使本身做得不对的珠海事件在网上不断传播并被扩大，给日中两国关系带来了不好的影响。

赵启正（以下简称赵）：互联网确实是反映民众言论的一个窗口。上述各种情况有些事情本身根本就不应该发生。此类事件一旦发生，在网上被传播也是难以避免的。经常在网上发表言论的多是年轻人，他们的意见中有正确的，也有片面的和情绪化的。尽管"珠海事件"在 9 月 17 日发生，但中国政府在表态时并没有简单地接受一些网民观点。同样，在西北大学留学生事件上，中国政府也只是严肃指出其行为是不健康的、下流的。珠海事件发生之后，中国政府也严肃认真地追究了珠海市相关人员的责任。我们希望日方既要重视中国网络和公众舆论的反应，也要多阅读《人民日报》等主流媒体，这样才容易对中国舆论有较全面的了解。

我们对网上文化也给予指导，如前日本驻华大使谷野先生，曾就中国某地的一个网站上的游戏内容提出意见。我了解到确有其事后，向有关地方打了招呼，这个游戏被纠正了。

对中国国民的言论也不能一概视为反日情绪。小泉首相参拜靖国神社的行为严重地伤害了中国人民的感情，网民的言论仅就针对此行为本身作出的反应，不要简单理解为是反日。不喜欢日本的中国人数量增多这一现象的出现，与近年发生的一些事件是有关系的。

"《同一首歌》在日本"演唱会让我十分感动

川口：日本和美国今年建交 150 周年，从 20 世纪 60 年代中期到 80 年代末的约 25 年间，日美贸易摩擦成为比较大的问题。特别是在 80 年代，美国出版了大量的有关批评日本的书籍，反日情绪十分高涨。与此同时，日本也出现了一个新词"厌美"，国民中也出现了反美情绪。当时的问题在于，日本的媒体也好，美国的媒体也好，都在此类问题上大做文章。当然，两国为解决问题作出了努力。我担心在媒体和网络的炒作下，日中关系会被恶化，这样不利于两国长远利益。举日美关系做例子，是想说明，希望日中关系不要再走日美关系的老路。当时日美为了解决贸易摩擦，在媒体领域组织了以专家、学者、记者为核心的合作小组，他们的任务就是对对方的报道进行整理分析，如这些报道的质与量怎样，是双向还是单向流动的。如果我的担忧有成为现实的可能性，我们两国媒体可以加强交流合作。

赵：国务院新闻办公室一贯主张加强中日两国媒体的交往，为此前年我率团赴日，与日本同行召开了中日媒体研讨会，讨论了中日媒体报道的区别及其原因。今后两国媒体的交流工作可以采取民间方式，请报纸、网络的专家参加。

我们已经建立了多个日语网站，为日本方面提供有关中国的信息，也是为了促进双方的了解。

最近，我看到中国中央电视台播放了在日本 NHK 大厅举办的"《同一首歌》在日本"的演唱会节目，两国的歌手共同歌唱，让我十分感动。近期的《人民日报》也就中日两国青年共植友谊林进行了详细报道。不仅如此，中日关系也有实实在在发展的一面，前年人员交往达到了 360 万，今年有可能接近 400 万，人员交流对于增进相互了解发挥着巨大作用。日本在华企业也取得了良好业绩。

一杯水中的"政冷经热"

赵：我曾经就日资企业对华投资问题询问过三菱商事驻华代表武田先生，据武田介绍，三菱商事在中国的投资中，70% 的企业是成功的，15% 的企业由于在投资初期，还在计划亏损中，剩余的 15%，处于亏损状态。中日两国在经济交往上是热的，政治关系由于一些原因目前较冷。（举起手中的茶杯）杯中的水不可能一半是冷的、一半是热的。但社会是复杂的，一半冷一半热的情况可能发生，我们只能期待热的方面能够给冷的方面加温。应该说，这样的影响已经发生。如近期日本舆论主张"中国经济威胁论"的少了，主张"经济互补论"的多了，这是好现象。

这一代解决不了的问题留给下一代

（在回顾上个世纪 90 年代末与已故日本自民党副总裁二阶堂进先生的几

次交往中，二阶堂进先生对钓鱼岛问题的谈话后）

赵：二阶堂进先生曾作为日本官房长官参加了恢复中日邦交正常化的谈判，他清楚地记得，当时首相田中角荣谈到钓鱼岛问题时，周总理表示应把这个问题先搁起来，不要影响解决大的基本问题——两国邦交正常化的问题。田中首相是同意了的。此外，邓小平先生在访日期间，也曾就钓鱼岛问题表示，我们这一代人智慧不够，这个谈不拢，我们下一代会比较聪明，总会找到大家都能接受的好办法来解决问题，大局为重。二阶堂进先生当时还说，现在日本的某些议员和右翼青年团社，不明事理，在岛上建灯塔，这些行为损害了日中关系，令人遗憾。二阶堂进先生认为有必要把20多年前的这段历史记录下来，告诉后人。他还说，因为当年那次谈话没有外务省的人员参加，也不一定有记录。很有必要让日中双方的年轻一代知道这段历史。

中日两国的友好关系来之不易，两国的国民、政府和许多先辈们都对此作出了很多贡献，有些人甚至献出了自己的生命。所以我们应该倍加珍惜。

川口：就日中两国间出现的问题以及解决的方法等，我同温家宝总理、李肇星外交部长也进行了探讨。双方坦率地交换了意见。大家的共识是，日中两国在经济方面是相互依存、互补的关系。在这个大前提下，即使出现了一些小问题，也不会影响大局。政治上的问题，由于各自国家的立场不同，难以解决的问题只能逐一克服。我认为，以史为鉴也应该包括战后60年的友好历史。

点评：

这是一次针锋相对的谈话。谈话题目严肃，双方态度直率，所用的言辞直截了当。双方都想维护中日关系的大局，又都努力坚持本国立场，而就中日关系中的问题与麻烦而言，关键是"有些事情本身根本就不应该发生"，启正在阐述中国立场的基础上回顾了二阶堂进的谈话内容和历史背景，强调"中日两国的友好来之不易，两国的国民、政府和许多先辈们都对此作出了贡献，有些人甚至献出了自己的生命。所以我们应该倍加珍惜。"这番话表明启正站到了一个更高的历史高度。

（黄友义）

全面观察，才能对中国经济有一个比较全面的认识

（2004 年 4 月 19 日在北京会见香港《南华早报》[①] 财经采访主任陈宜宁的谈话）

对中国经济学习越深，越觉得深奥

陈宜宁（以下简称陈）：首先对赵主任接见表示感谢。我有意撰写一篇关于中国经济的分析文章，但感到对中国经济学习越深，越觉得深奥，此次主要是希望听听赵主任对中国经济的看法和认识。

赵启正（以下简称赵）：我也有这样的感觉，虽然一直生活在中国，但仍感需要了解的事情太多；中国太大了，不同地方之间的差异是很大的，中国两个最大的城市北京和上海就有很大不同。上海是观察中国经济在市场上表现的最佳位置，而北京则是观察中国政治和宏观经济政策的最佳位置，全面观察，才能对中国经济有一个比较全面的认识。

关于"国外对中国的看法"

陈：与赵主任第一次见面是在 1994 年，当时您介绍浦东开发的意义，之后在 1998 年又见了面，当时赵主任刚刚接手国务院新闻办公室的工作，通过这些年的工作，现在，国外对中国的看法是否有所改变？

---

① 《南华早报》是香港一份有影响的英文报纸。

赵：外国对中国的观点这些年确实发生了很大变化，比如，日本一些人一直认为中国与之有经济摩擦，并造成了日本国内产业的空洞化，但最近半年这种声音已经变弱了，日本媒体普遍认识到中国的发展有利于日本经济的复苏。2002年，我在日本做客田原总一朗的"对话"节目，他的问题很尖锐，说中国造成了日本经济的空洞化，我回答道：如果没有投资中国，日本经济如何实现资本增值？中国是能实现日本经济增值的良好空间。现在这种观点，日本许多媒体也多次表达了。

决不能发展对人民不利的"民主"

陈：中国近年来在网络方面发展迅速，网络言论促进了中国民主的发展。

赵：网络言论在中国扮演着越来越重要的角色，中国网络言论的发展促进了社会主义民主的发展，但从亚洲一些国家和地区的经验看，民主的发展不仅受到教育程度的影响，而且受多种因素影响。台湾选举"民主"就是我骂你，你骂我，彼此攻击，不择手段，对国计民生反倒无人关心。中国拥有13亿人口，要发展民主，但决不能发展这种对人民不利的"民主"。

新闻报道要在客观的基础上给受众正确的印象

赵：任何国家都既有好消息，也有坏消息，新闻报道要在客观的基础上，给受众以正确的印象。当然，这需要媒体具有高度的责任感和深厚的业务功底。比如证明汽车业的发展对中国社会有利可以找到很多论据，同时也能找到很多证据证明相反的观点。媒体则不能主观地偏向一端。我办的新闻发布会，以前两周一次，现在一周都不止两次，而且每场发布会都有中央台、凤凰台等现场直播。可以说，我办的新闻发布会在全面性、公开性方面都做得不错。就内容而言，除了外交事务，其他重要事务也多在我办发布，可以是中国政策的发布，也可以是突发事件的新闻发布。现在各个省市政府也都有了新闻发布会，我们为此对各个省市的新闻发布官员进行了培训。

中国的各项政策不会有大变化，但会有小调整

陈：请问中国两届政府领导政策有何不同？

赵：新政府领导人都曾长期在中央或地方工作过,这有利于保持重大政策的继承性,在中国的各项政策不会有大变化,但会有小调整,主要是更加侧重以人为本,这使得政府与人民更加亲密。在经济上进一步强调可持续性发展,而不单纯强调 GDP 增长,更注重对教育、环境等领域的投资。另外,中国的贫富差距从某种意义上看是较大的,但消灭贫富差距很难短期内做到。事实上,贫富差距加大也是经济大发展初期的产物,我们将在发展经济的基础上努力缩小贫富差距。

西部大开发战略

陈：请您谈谈关于西部大开发的优势在哪里？

赵：中国东部沿海地区富裕,而西部贫穷,西部大开发战略实施 4 年来,中央对西部给予了很大的财政倾斜,西部在交通、电力等基础建设方面均取得了明显的进步,但全面进步还有待时日。西部劳动力便宜,但现在随着人员自由流动的加大,东部普通劳动力也并不太贵,因此,和劳动力优势相比,西部的优势更在资源。投资西部与资源相关的领域有利可图,以前中国对这些领域的外国投资有些限制,现在限制少了。

香港与上海各有优势，互为补充，缺一不可

陈：SARS 以后香港经济一直不景气，CEPA① 协定的签署对香港的帮助

---

① CEPA 即英文 Closer Economic Partnership Arrangement（更紧密经贸关系安排）的简称。其内涵主要包括三个范畴：一是货物贸易，香港产品可以以零关税形式进入大陆市场；二是提早对香港开放大陆服务业，香港专业人士未来可以在大陆执业；三是投资便利化，减少投资限制。

是巨大的。

赵：事实上，香港人民的生活可能除了住房外，其他都比内地的主要城市强。近几年，国家对香港经济的支持十分尽力，香港说缺什么，国家就支援什么。

陈：上海和香港的发展中的竞争性是不是很大？

赵：香港与上海各有优势，互为补充，就像欧洲的法兰克福和伦敦，都是金融中心，但是缺一不可。"一国两制"，上海、香港各在一制，加之经济结构、地理位置不同，其互补性很强是显而易见的。

陈：我们希望能采访一些分管经济的部长，请予帮助。

赵：我们也希望《南华早报》能对中国的实际情况多加报道。

点评：

如何引导境外媒体客观地报道中国，的确是个难题。所以，我们多次听到启正以"七处鲜花、三处垃圾"的比喻来阐述他的观点。在这篇谈话中，他再次谈到："新闻报道关键要在客观的基础上，给受众以正确的印象。"他总能以出主意的方式对媒体加以引导。

（黄友义）

中国人权取得了明显的进步

（2004 年 5 月 10 日在北京会见第三期拉美和加勒比国家高级外交官访华团的谈话）

2004 年 5 月 10 日下午，赵启正主任在国务院新闻办公室会见了第三期拉美和加勒比国家高级外交官访华团。第三期拉美和加勒比国家高级外交官访华团 22 人均为来自拉美和加勒比 22 国外交部参赞级以上官员，其中未建交国 3 人。

国务院新闻办的工作就是向世界说明中国

赵启正（以下简称赵）：国务院新闻办公室的工作可以用一句话来概括，就是向世界说明中国。包括说明中国的政策、社会、经济、历史和文化的发展。我们的工作主要有：召开新闻发布会，发表政府白皮书，与世界主要媒体集团保持友好工作关系并开展合作，出版十几种文字的报刊和书籍，开办各语种网站，研究中国人权问题等。

中国人权状况取得了明显的进步

某外交官：您对中国人权状况有什么看法？

赵：中国共产党领导中国人民革命和建设的目标就是使中国人民享受平等和自由的权利，享有充分的人权。在历史上，特别是 150 年以来中的前 100 年，中国人民饱受世界列强欺凌和国内黑暗政治的统治，直到 1949 年新中国成立以后才改变命运。中国民主建设严格地说是新中国成立以后才开始的。

中国的民主法制建设也从头开始，像各国都有的《婚姻法》，也是建国以后才有。中国的人权状况在建国以后取得了明显的进步。

中国的人权进步表现在许多方面。如实现了男女平等；实现了教育权平等；实现了56个民族充分平等；形成了保障言论、出版自由和享受政治权利的机制等等。尽管中国为促进和保障人权作出了巨大努力，但是，中国是一个人口众多的发展中国家，受自然、历史和发展水平等多方面的制约，中国的人权状况还存在许多不尽如人意的地方，甚至比较明显的问题。比如，城市与农村差异较大，农村的生活水平较低，医疗条件比城市落后很多。再如，由于自然条件和经济发展不平衡，西部社会发展明显落后于东部。这次你们可以看到中国各地的差距，你们将要去的贵州省是中国的欠发达地区，但又是很有潜力的地区，那里的人均收入低于全国平均水平，城市建设、道路等也比较落后。但你们最后一站到上海，上海的 GDP 是全国平均水平的 4 倍，那里的浦东新区的 GDP 是全国平均水平的 6 倍。北京是发达城市，又是充满文化气息的古城。你们这次来华可以得到比较完整的中国印象。

关于"数字鸿沟"问题

某外交官：国务院新闻办是否参加信息产业建设，怎样解决数字鸿沟问题？

赵：中国的网络建设管理归信息产业部。国务院新闻办只负责网站的新闻栏目注册和内容指导。中国有 60 万个网站，经常性互联网使用者达 8000 万人。本办已经全部实现了网络化办公，这里新闻发布厅的活动就可以通过网络和卫星电视传到国内外。数字鸿沟问题也是中国十分关心的问题，数字鸿沟往往和经济差异连在一起。除了其他政策外，中国也通过网络帮助西部地区消除与东部的地理距离，方便地进行信息沟通，促进西部经济发展。东部的基础设施建设多由地方承担，西部的则由中央政府援助。对西部的普及教育和高等教育中央政府投入的很多，其中也培养了大量数字技术人才。但东、西部差异的解决需要时间。你们的国家气候宜人，中国则有严寒也有酷热的地方。在中国，水是珍贵资源，北京就是缺水城市。解决这些问题是我们可持续发展经济的长期任务。

对中国 GDP 的增长率不要给过高的评价

某外交官：中国和拉美国家一样面临发展这个大问题，中国发展迅速，GDP 增长率很高，但还存在东、西部差距，那么如何一方面保持快速增长，另一方面又同时缩小差距？

赵：从投入产出看，在东部投资效益大，所以，最近 20 多年中国的改革最初在东部建立了多个经济特区，因为东部不强大起来，就没有力量支持西部。但是当我们有了基本能力后就要照顾西部。这就如同一个家庭有许多孩子，应先把钱花在大孩子身上，大孩子挣了钱再帮其他的孩子。如果一开始就平均发展，将导致后劲不足。东部的自然和交通条件比较好，它发展起来，对全国的支持作用显而易见。你们对中国的 GDP 增长率不要给过高的评价。这好比有人有一件衣服，又买了一件衣服，他的衣服增加率是 100%，但如果有 10 件衣服，再买一件衣服，他的增加率就只有 10%。中国的 GDP 增长率较高虽然令人高兴，但总值低，目前大约只占全世界的 4%，而中国人口却占全世界的 21%。

美国士兵虐待伊拉克战俘至少代表美国价值观的一个侧面

牙买加外交官：我们都是来自发展中国家，人权问题常被误解，拉美国家都享有高度民主，中国比较强调经济、社会和文化权利，但美国的《国别人权报告》却指责中国和牙买加。请问，国外对中国的人权状况有哪些臆测？

赵：美国的《国别人权报告》涉及到 100 多个国家，但惟独没有美国自己。各国都受到了这个"待遇"。我在阿根廷遇到了一位旅游部的负责人，他对我说："我最喜欢读中国发表的《美国人权记录》。"《美国人权记录》正是本办发表的。发表它，不是向美国挑衅，而是对美国挑衅的回应。美国好像关心别国人权，其实美国用双重标准：对他国刻薄，对自己宽容。4 天前，布什说美国士兵虐待伊拉克战俘不代表美国的价值观。按这个逻辑，凡是不好的行为都不代表本国，这样，任何国家都是完美的。我认为，美国士兵残酷虐待伊拉克战俘至少代表美国价值观的一个侧面。《美国人权记录》都是根据媒体的公开报道，不是编造的。中国的人权观是全面的。中国比较强调人民的生存权和发展权，因为我们还处于社会主义初级阶段。美国攻击中国没有实行美国那样的选举，实际上，不存在美国民主标准的普适性。中国的社会主义民主建设是长期的任务，目前，中国着重法律体系的建设，防止执行上的偏差，虽然执法偏差很少，但却是不应该的。西方媒体对中国的报道不公道，中国需要发展自己的大的传媒集团，让中国自己的声音向世界表达真实的情况。

中国重视发展经济，同时也重视环境保护

某外交官：如何一方面发展经济，另一方面保护环境？

赵：在发展经济的初期往往会不够重视环境问题，整治、保护环境的能力也有限。实行改革开放政策以来有了许多保护环境的法律和法规。中国过去大多数发电厂烧煤，有的没有废气处理设备，污染严重，以至于有些地方下酸雨。但新建的电厂都有环境保护设备，并都有严格的监测。中国的核电正适度发展，发电能力占总量的 2%。核电没有废气，成本也几乎可以和火电竞争了，重要的是安全性要高度保障。现在，由于高性能计算机的使用和其他设计的改进，使核电的安全性大大提高了，以往的核电事故部分原因是没有好的计算机控制，三浬岛和切尔诺贝利的事故都有人为的责任因素。今年我们将完成西部天然气输向东部的大工程，届时将减少沿途及东部大城市的空气污染。

无论台湾当局怎样，我们对台湾人民的友好亲情不会改变

某外交官：新闻办发表的白皮书是否是公开的？

赵：我们的白皮书是完全公开的，可以通过电视、广播、网络等媒体传播。内容也十分广泛，包括经济、社会发展、西部发展、农村生活和人权等。

某外交官：你们和台湾民众之间的关系如何？

赵：两岸人民往来密切，有大量的台湾人在大陆生活。台湾在大陆有6万家企业。去年我们对台的贸易逆差有300亿美元，是对台湾经济的支持。我们也知道巨大的逆差是大的负担，但我们愿意承担。台湾本地的市场和资源缺乏，对大陆市场很有需求。无论台湾当局的政策怎样，我们对台湾人民的友好亲情不会改变。我们和台湾人民同语言、同文化、同血脉。追求和平、发展稳定的理念也是共同的。

谢谢你们来访。本想送更多的英文、法文和西班牙文书籍，但想到你们还要旅行，只好罢了，希望在中国的访问和旅行愉快。

点评：

启正在介绍中国情况时，客观朴实，不唱高调。他既充分介绍中国取得的成绩，但也坦承中国还有不尽如人意的地方，使谈话客观、真诚。另外，大量引用数字说明观点已经成为当今时代高层谈话的特点。同样，在启正的谈话中，几乎每一段都少不了数字。然而，可能给人印象最深的是用买一件衣服和买10件衣服来比喻中国的发展速度，既生动形象地说明问题，又让听者感到亲切可信，令人印象深刻。

（黄友义）

对不真实的报道，不能完全沉默

（2004 年 7 月 9 日在北京会见第九批非洲高级外交官代表团的谈话）

2004 年 7 月 9 日上午，国务院新闻办公室主任赵启正在新闻发布厅会见了第九批非洲高级外交官代表团。该团一行 22 人，代表团成员系非洲 20 多个法语国家和 1 个地区组织的司局级外交官。

对不真实的报道，不能完全沉默

赵启正（以下简称赵）：我知道大家已经来中国好几天了，见了多个部门的负责人，了解了很多情况。至于今天和大家谈什么还需要和团长先生商量一下，不然我会重复别人的话。（众笑）

何门呢吉尔德·讷库拉巴嘎亚（布隆迪对外关系和合作部部长办公厅顾问、代表团团长）：非常感谢赵主任的会见，来新闻办并没有预期的话题，但代表团的团员多来自各国的外交部，有些人是负责新闻工作的，所以希望了解新闻办工作的运作方式及工作任务。

赵：我们这个部门随时收集各国媒体对中国的反映，及时编写简报，向中国有关的领导机构报告，必要时提出工作建议。我们所注意的焦点问题在不同时期是不一样的：有时关注经济评论，比如有关人民币汇率的问题，有时关注国际问题，如伊拉克战争爆发时，我们就随时收集战争的进展和各国评论。对涉及中国的重大的不准确报道，我们及时增加新闻发布会，予以澄清。我们还与各国驻中国大使馆、外交官、各国重要通讯社保持密切联系。

当然，我们的首要任务，是将一个真实的中国介绍给世界。综上所述可以看出我们是一个忙碌的机构。

下面请大家随便提问，只要是有兴趣和想知道的都可以问，并不只限于新闻工作。

电视、广播在非洲

缪萨·寇亚特（马里外交部国际合作司参赞兼双边合作处处长）：谢谢赵主任，我在信息共享方面提一个疑问。60年代，中国帮助马里建立了电台，可以收到中国的一些信息，可是现在马里只能收到西方电视台播出的节目，却看不到中国的节目，在中国也收不到马里的信息。马里与中国在国际上的利益是一致的，我们很想知道中国对一些重大问题的看法，中国能否改变这种状况呢？

赵：中国应采取一些措施改变这种状况。中国目前还没有一个遍布世界各地的电视传播网络。CCTV－9有英语内容，打算今年内增加法语、西班牙语内容。我们已经建立包括法语等38种语言在内的网站。但遗憾的是网址还没能众所周知，我们认为网络传播成本低，效果好，而传播的地域却是无限的。在60年代建的通讯电台和广播电台可能要改造，它们老了。

托马·阿杜马塞（贝宁外交和非洲一体化部国际组织司司长）：刚才谈到网络是有效的信息传播渠道，而且价格低。但非洲是一个不发达的大陆，文盲高达90%以上。目前来看，最简单有效的还是电视、广播。中国是一个大国，但在这方面却不如法国完善，法国国际广播电台用各种语言，覆盖所有大陆，他们播出法国对全世界大事的看法。中国什么时候能通过卫星方式覆盖所有大陆，让我们也接触到中国的看法呢？

赵：你的建议我们会进一步讨论。用卫星电视覆盖大部分地区，比较容易，事实上我们已经做到了，困难的是如何送入那么多的家庭。另外我们的法语和其他外语的人才也需要进一步培养。谢谢你的意见。

关于建立中国文化中心

何门呢吉尔德·讷库拉巴嘎亚： 世界上很多像中国这样的文化大国都在世界各地设立了文化中心，如德国在非洲设立了歌德文化中心，提供报纸、杂志等。中国经济发展迅猛，是否考虑建立文化中心？我们很多人想学习中文，但却没有机会学习。中文虽然难学，但很重要。以前还有一些到非洲的演出团体，但现在不知为什么少了。

赵： 建立中国文化中心的计划现在已经开始实施，我们在巴黎的文化中心，设有图书馆、展览室，也可以在互联网上看到有关中国的信息。在非洲也要建立文化中心。这项工作属于文化部，我会把您的意见转达给他们。我们负责提供中国出版的外文书刊和中外辞典等等。

到非洲的文化团体少了，这可能与演出团体会越来越注重演出成本有关，解决办法是仍由国家资助到非洲的演出。目前，我建议双方电视台交换节目来弥补文化团体交流的不足。

中国对外表达中国文化的困难

贝尔纳·邦达（中非外交部外事顾问）： 关于教育的问题，实际上现在各国文化交流融合，世界上很多国家都接收外国学生。中国是一个有着千年历史的大国，在我们住的宾馆却没有法文节目。中国是否可以考虑创办法语大学，有利于学生交流及融合。

赵： 用法语进行教学，目前在中国还不具备师资条件，因为我们的教授大多只会英语，北京语言大学的多数班用英语教汉语，也许这个大学用法语教汉语是可能的。刚才说过中国准备建立法语节目，向全世界播送，这可能需要一个过程，可能需要一年才能实现。我们从今年开始向法国推荐中国图书，由法国汉学家翻译，由法国出版发行。我最后一句话是，中国对外表达中国文化的一个困难是，虽然全球说中国话的人最多，但说中国话的国家却很少，汉语译成英语、法语、西班牙语，也比它们之间互译要难得多。这不仅是语言问题，也有文化差异问题。

何门呢吉尔德·讷库拉巴嘎亚：再一次感谢赵主任抽出宝贵时间介绍了新闻办的工作模式和工作内容，祝愿新闻办工作顺利，发挥更大的作用，使中国的信息传递得更远。

赵：感谢各位的来访，祝愿中非友谊地久天长。

点评：

非洲的外交官希望中国增加对非洲的广播电视和文艺演出交流，甚至能像法国那样直接提供法语电视节目，同时由于当地文化不发达，省钱快捷的互联网传播又难以普及。这时，光讲愿望不够，必须坦诚地讲出我们的国情，并点出中非之间文化交流还存在着语言上的特殊障碍，求得理解。这种实事求是的态度比空头许愿更能赢得对方的理解。

（黄友义）

对互联网放弃管理，是对社会不负责任

（2004 年 9 月 6 日在北京会见英国贸工部电子商务部部长腾思文① 的谈话）

对互联网放弃管理，是对社会不负责任

赵启正（以下简称赵）：很高兴再次见面。中国媒体对你们的访问已经有一些报道。因为 IT 企业和互联网企业对您很关心，所以网上有报道，引用了您和大使的讲话。

腾思文（以下简称腾）：非常高兴中方的媒体对我的中国之行感兴趣，非常高兴能有机会再次见到您。我上次来北京是在两年以前。从上次到北京以后，尤其令我满意的是，我们贸工部与中国信息产业部、国务院信息化办公室以及国家广电总局之间都建立了非常良好的关系。相信通过媒体报道，您也看到此次中英两国举办的诸如"中英信息产业（ICT）周"的活动，以共同维护我们双方在这一领域的合作。

去年 12 月我们的雷德威② 先生曾与国务院新闻办公室的刘正荣先生就互联网管理方面进行过会谈。那次会谈是非常有意义的，而且当时也谈到，赵主任如果有机会到英国，就进一步加强互联网管理交换意见，将会非常有意义。

---

① 腾思文（Stephen Timms）：英国贸工部（Department of Trade and Industry）电子商务部部长（贸工部一把手称大臣）。

② 雷德威（David Love）：英国贸工部国际交流政策主任。

我想请您介绍一下，国务院新闻办公室目前最关注和处理的问题是什么？

赵：你所说的信息领域也是我们最感兴趣的，也是最近为之做了很多工作的题目。截止今年6月30日，中国已经有8700万互联网使用者。国际出口带宽约54Gbps。而且以后的发展趋势仍是高速的。

对中国互联网的发展，我们也在积累经验，起初我们不知道它会如何发展，因此也不知道从何着手进行有效的管理。前几年国际流行的论调是："互联网没有国界，没有法规，没有统一管理机构。"这种观点对中国的网络界也有一些影响。最近几年，中国互联网出现了一些负面问题，如：传播假消息，黄色网站，传播病毒、垃圾邮件增加，网上金融犯罪。

基于这些事实，中国政府和中国网络界都认为，加强管理是对社会应有的责任。我们的管理一定要有法律和法规，而不能由执法部门以个案处理。应该避免宽严不一，分寸不准。

比如关于药品广告的发布，关于医疗器械和卫生服务方面已有规定。网上出版物也应该参考纸质出版物的管理，但现在还做不到。网上的出版物不能宣扬暴力和色情的要求也显然是合理的。

腾：非常感谢，您的介绍很有意思。对英国和中国来讲，互联网的发展会给我们两国带来巨大的经济利益。刚才您介绍中国的网民数量这么多，确实让人觉得印象深刻。作为互联网的监管者，我们在进行监管的时候，要避免对潜在的经济利益造成影响。这也就是为什么我们在英国要采取一种比较温和的方式对互联网进行管理。比如说，我们将互联网行业中的不同成员组织到一起，建立一个"互联网监管基金会"，这样他们自己就能够实现行业自律。互联网行业实行自律，可以避免政府监管中一些不足的地方。

管理上的困难的一个原因也是我们知道的，互联网具有跨国际的特性，一个国家的法律规章只能管理国内的互联网内容，而用户可以很容易地从别的国家的互联网上获取内容。

我认为刚才所说的"互联网监管基金会"是一种有希望的方法，可以帮助我们解决一些互联网管理方面的问题。

另外有一个具体建议，想征求一下您的意见。目前人们采取了很多措施对互联网的内容进行过滤、评级。现在有一个"国际互联网内容评级协会"，他们正在全球开展一个对互联网内容进行评级的项目。也就是说，在人们访问到一些互联网内容之前，通过评级，你有可能被事先告知，有一些内容你可能不愿意看到，或者不愿意让你的孩子看到。这就是"国际互联网内容评级协会"所做的工作。中国是否愿意支持这个机构的工作？因为通过他们的工作，一方面可以解决互联网管理方面的一些难题，另一方面可以对互联网用户提供保护。

赵：你谈了两个问题。第一个问题是管理。这方面我们的工作已经开展几年了，有一定的效果。我们也有多种互联网行业的民间组织，他们发布了一些公约，提出了一些自律条款。我刚才说的法律规定，是在自律不起作用的情况下出台的，比如假药信息的传播，当行业协会自己不能有效自律时，法规就起作用。

进行分类研究实在是一个很大、很难的事情。刚才你说到的国际协商分类评级的研究或实施，是哪个国家，哪一个机构牵头的？

腾：是一个非政府的国际组织，不是哪国政府牵头的。

赵：我想各国应该自己有一个研究的基础，才可以进行对话。而且，各国文化会有差异，由于文化的差异，各国观点一定会有所不同。

一定要由各国先行分类，然后再谋求共同点，"求同存异"。应是基本上宣扬先进的、文明的，而反对落后的、暴力的。

我们愿意和这个机构沟通，交换意见。因为是民间形式，所以会更为灵活。

腾： 中国哪些民间网站最受欢迎？

赵： 最受欢迎的民间网站是新浪、搜狐、网易等。它们的页面点击率在全世界都排在前几十名。

新闻网站比较严肃，使用者人群也有不同。《人民日报》的人民网、新华通讯社的新华网、中国外文局的中国网、中国国际广播电台的国际在线，都有较丰富的外文网页。

关于垃圾邮件和垃圾短信的管理

腾： 刚才您说到中国现在也非常关心互联网上垃圾邮件的管理情况。我们也在进行互联网管理方面的一些改进，希望可以应对。比如最近，一些商业网站提出，除非个人用户事先表示他们愿意接收商业上的邮件，否则随便发送这些邮件就是违法的行为。所以我们现在也在加强监管措施，希望能更好地应对垃圾邮件的问题。除了监管的措施以外，我们目前也注重通过一些技术手段，通过开发出一些工具来应对垃圾邮件在网上的泛滥。中英两国的专家，可以坐到一起交流一下，看看技术手段方面，有哪些可以解决垃圾邮件的方法。今天我们能不能就这个问题达成一致意见？

赵： 我很赞成你这个倡议。我们愿意促进这件事情。中国专家大都集中在信息产业部系统，但是我们会予以推动。

腾： 中国有没有进行立法来解决垃圾邮件的问题？

赵： 正在考虑中。现在的复杂性不仅是垃圾邮件，还有手机的垃圾短信。中国平均每天发出的短信数量是 3 亿条。也许中国人特别喜欢用短信，而且中文比英文短，发起来很快。

腾： 根据英国去年 12 月作出的一些监管措施，英国的短信和电子邮件都是一样的，除非个人事先表示愿意接收这些广告，否则随意向个人发送广告短信都是违法的。

赵：我们也许可以参考你们的规定，改善我们的工作。交换意见很重要。单独自己做，成本高，且不一定做得很完美。

腾：我完全同意您的意见。我认为，双方在 IT 界整个领域的合作具有相当重要的价值。对英国来讲，我们也可以从中国不论在移动通信方面还是在互联网方面取得的巨大增长之中，学习到有用的东西。

赵：中国在 IT 技术方面相对落后，但由于使用人数多，容易在比较短的时间内发现应用方面的问题。

腾：用中文怎么发短信？

赵（示范操作，发给在场的一位人士一短信。腾思文觉得很有意思）：中国的手机用户有 3.3 亿，在全球用户中所占比例超过 23%。中国人口占全球 21%，但中国手机用户所占比例却超过 23%。这说明中国人很喜欢新东西。

英国电信的总裁原是上海市政府咨询委员会的咨询顾问。当时他很有兴趣要在中国普遍建立英国式的马路电话，因为手机的迅速普及，计划还没开始就不必做了。我原是上海市副市长，并负责与外资合作。如果当时积极推动他的计划，就要一起失败了。您的前任尼德姆先生知道这件事。

腾：他要我向您转达他的问候。非常感谢您今天与我们再次见面，非常感谢我们很好的对话和交流。我相信我们双方的同事们会把我们商谈的一些事情落到实处。期待着未来能与您再次对话。

点评：

客人在会见中，突然提出了一个问题，要启正就"国际互联网内容评级协会"的工作表态。在阅读启正与英国贸工部官员谈话记录，第一次看到对方的这个问题时，我停下阅读，试图问问自己，如果外国人问到我，我该怎么回答。思考一番，我找不出令自己满意的答复。我惟一的答案是：还是看看启正怎么说的吧！

显然，这是一个西方人发起的组织，自然他们的行为是以西方语言和价值观为标准的。赵主任是怎么轻松地绕过这个暗礁的，看了他的答复，一目了然。他首先向客人追问，将背景了解清楚，然后予以既坚持原则又态度友好的回答。他既强调由于文化差异，各国要以自己研究为基础，但他也不排斥国际合作，保持了一种开放的态度。

启正在对外交往中特别注意诚恳待人。对于客人提出的要求，只要符合我国的利益，他都乐于采取"促"和"帮"的方式予以支持。在这篇谈话中，客人提出中英两国技术专家坐在一起，研究解决垃圾邮件的方法。启正坦诚相告，"中国专家大都集中在信息产业部系统，但是我们会予以推动。"我们看到启正没有开列空头支票或代替其他部门表态，而是交待实情并表示乐意从旁推动。

（黄友义）

我们之间开展网络与出版方面的合作不谋而合

（2004 年 9 月 7 日在北京会见英国《金融时报》亚洲版总裁李尔庭① 先生的谈话）

培生集团② 与中方合作进展顺利，可喜可贺

李尔庭（以下简称李）：我们十分感谢赵主任以往给我们的建议，这些建议对我们报纸和培生集团都非常有益。有两个例证可以说明。一是《金融时报》与北大的合作培训项目进展顺利，11 月开始下一期财经记者培训班。二是推广中国文化，如 1421 项目（1421 年郑和航海开始），与企鹅电视合作在美国播出关于郑和的电视节目，很成功，很快要在英国播出。其他如合作召开国际新闻出版会议等事项也都在积极推进。今年 5 月，《金融时报》总裁欧利华先生拜会了赵主任，我们根据赵主任的建议，加强了与中国《经济日报》的合作。双方已有几轮谈判，建立了很好的合作关系，商讨了共同举办出版会议、互相交换人员和信息等问题。总裁先生昨天在伦敦会见了《经济日报》副总编辑庹震先生，就双方合作作进一步磋商。

赵启正（以下简称赵）：培生集团与中方合作进展顺利，可喜可贺！

---

① 李尔庭（John Ridding）：英国《金融时报》亚洲版总裁。
② 培生集团（PEARSON）是《金融时报》的母公司，拥有英国《金融时报》、法国《回声报》等多家报纸，还有朗文、企鹅等多家出版社。

时间就是金钱

李：《金融时报》总裁欧利华先生在给赵主任的信中对外国报纸在中国国内印刷有限制表示理解。中国国内读者和商务人员得到《金融时报》的时间比香港晚些。我们希望能在中国印刷，使中国读者能尽早读到我们的报纸，请赵主任继续给予帮助。

赵：国务院新闻办在中国各主要报纸与国外合作方面负责给予指导，我们不希望他们经常更换合作对象。《经济日报》与你们的合作已列为长期合作项目，我们鼓励他们与你们的合作。关于欧利华总裁提出的《金融时报》在中国印刷问题，我与我国的新闻出版总署多次沟通，今天会见前不久与石宗源署长又通了电话。我对他说，金融和经济信息要争取时间，有关信息晚得到一天都会对中国的企业造成影响和损失，时间就是金钱。他非常理解你们的要求的理由，但是要更改某些规则需要时间。我建议他将报纸按内容分类区别对待，经济和金融的可以作第一类，其他作第二、第三类。他是我的好朋友，会认真考虑我们的建议。

开展网络和出版方面的的合作不谋而合

赵：我办系统的外文出版发行事业局有 3500 多名员工，有十余家出版社和杂志社，一个规模很大的印刷厂，可以出版多种语言的书刊。与培生集团开展图书出版方面合作，可以使我们更好地了解外国读者对中国图书的需求，有利于中国图书在世界上的发行。英国对推广英语很重视，有很多英语教学节目，我国也有一个庞大的推广汉语教学项目。外文局多年来编辑出版了大量供外国人学汉语的教材，现有打算建立网上汉语学院，用英语、日语、朝鲜语讲课，还有互动式学习。因此，也有与你们开展网络方面合作的可能。合作的内容包括教学方法，不断地更新教材，在英国建立镜像站点等。我们已经有了外国人学汉语考试标准 HSK，是中国的"托福"考试，也可以在伦敦与你们一起开设培训中心。

李：赵主任关于开展网络和出版方面的合作与我们培生集团的目标不谋而合。我们集团是世界上最大的英语培训集团。我同中国驻伦敦的赵大使谈过，中文教育全球化需求在增长，以网络作为第一平台，是未来学习中文的好方式。图书出版是双向合作，培生集团希望扩大在中国的业务，我们也可以把中国的图书推广到海外。我将把上述合作意向分别转达给本集团内负责网络教育的部门以及企鹅、朗文等出版社。

点评：

启正利用一切机会，全面、积极地促进我国媒体与国外大公司的合作，力图通过外方的渠道，将我国的文化产品推广到国际市场。这篇谈话篇幅不长，但却充分反映了他的这种坚定主张。英国《金融时报》是培生集团下属的重要媒体。从几个月之前会见《金融时报》总裁欧利华，推进了我国《经济日报》与其合作，到这次会见《金融时报》亚洲版总裁李尔庭的谈话，启正把报纸、图书、网络全面合作的愿望一一摆在了培生集团这一英国传媒航空母舰的负责人面前，全力推动中国的文化产品借船出海。当然，国际战略性合作不可能是单行道。我们要走出去，也要适度对外开放国内市场，只有双赢，合作才能有生命力。从这篇谈话，我们也可以看到启正同志在真诚地、乐此不疲地铺设一条通往双赢的双行道。

（黄友义）

我们不能忘记历史

（2004 年 11 月 22 日在北京会见日本主流媒体论说委员访华团① 的谈话）

中日之间终于又迈出一步

日方： 今天早上胡锦涛主席和小泉首相的会晤在一定程度上是成功的，您觉得这该作何理解？

赵启正（以下简称赵）： 这次是两国最重要人物相隔 3 年后的第一次会晤，至少非常具有象征意义，中日之间终于又迈出一步，让人感到高兴。实际意义上也一定有所收获。虽然现在不知道双方究竟谈了什么，但一定是双方都感兴趣的问题，肯定表达了对当今存在于两国之间一些问题的最新的见解。我本人也希望由此往后中日两国间的关系能更加协调。

日方： 前不久的中国核潜艇进入日本领海事件，中方没有任何报道，国民甚至不知发生了什么，这样如何使两国国民能够互相理解？

赵： 不是没有报道，中国互联网上相关新闻很多。这是一个非常特殊偶然的事件。

日方： 我有种预感，今天和赵主任将会有一段非常好的对话。刚才谈到核潜艇的问题，中国外交部用到"遗憾"一词，但我认为还是应该说得更明

---

① 日本主流媒体论说委员访华团成员包括：《朝日新闻》、朝日电视台、共同通讯社、《产经新闻》、日本放送、东京放送、《读卖新闻》和《日本经济新闻》。

确一些。另一个是关于靖国神社的问题。战争问题双方已经解决，但中国政府和国民始终不能接受日本首相参拜靖国神社。文化上，日本人又不能同意中国的看法，日本人注重对死者的拜祭和尊敬。中国政府是否能从文化角度上对此予以了解和理解。

赵："遗憾"应看是和什么问题一起谈的，中方潜艇进入日本领海，是由于技术上的失误引起的，本不应该发生，中方认为此事有一定的偶然性，而不是必然事件。"遗憾"在这里表示不该发生的事情发生了，是对此事的态度的表达。

对当代日本人，我们没有追究历史责任的意思

赵：关于第二个问题，我也注意到了两国宗教文化上的差异，日本有多神信仰，人死即成神，不追究生前做了什么。中国也有敬人为神的，人死后为其建立祠堂、神庙，《三国》中刘、关、张都有庙。一般来说，在中国，英雄或有贡献的人才会被敬为神，中国有句话叫"盖棺定论"。人家如去过西湖，会看到两尊像，岳飞和秦桧。岳飞是民族英雄，而秦桧是出卖他的叛徒，因而永世跪在英雄面前。我想你们也许在杭州岳飞墓前看到过一副对联："青山有幸埋忠骨，白铁无辜铸佞臣"[①] （说着写在纸上给大家看。谈话结束后，在场的一位日本记者索要了写有对联的那张纸）。说的就是岳飞和秦桧。中日对于逝者如何评价不同，这是上千年的传统，很难让中国人的观点变成日本人那样，反之也同样不易。禅宗在日本也很流行，"放下屠刀，立地成佛"的意思就是说允许改过。日本也有一些老兵承认杀过人，但他们悔过了，对于这样的人，中国人也给予了宽恕，但东条英机没有放下屠刀。中国人对贵国首相参拜供有甲级战犯的神社表示不满和愤怒，这是明白又单纯的感情。东

---

① 清代松江（今属上海）徐氏女题杭州岳飞墓联。

条英机在中国东北的 731 部队实验室中不用麻醉剂解剖活人。被害人的家属和他们的同胞无论如何也不能接受东条英机被参拜，这是应当容易理解的。

对当代日本人，我们并没有追究历史责任的意思，"江户的账不能让长崎来还"。但不能由此否认历史，日本方面有人一再触动旧伤，中国人是很痛的。

日方：您说如果您去东京肯定不去靖国神社，两年前有位中国演员去过，回国后受到很多的批评，对此日本的看法多种多样，为何中国人对此只有一种看法，一种理解？

我们只是为了警示今天和未来

赵：中国人对那次战争历史记忆犹新，只是为了警示今天和未来。中国人在别的问题上看法也许多样，但在战争历史上的观点应该说是一致的。中国人在战时命运一样，理解也就一样。

日方：我曾在北京常驻了三年半，1995 年中国有段时间兴起了爱国主义教育的高潮，我在香港也看到报道，放映的许多片子所展示的战争是否有必要反复被提起？在日本，很多人都已经忘记了或者希望去忘记那场战争，中国是不是也应该少涉及一些？

赵：中国在近代约有 100 多年的时间在世界上是非常贫穷、虚弱和受欺凌的。1840 年，英国人挑起鸦片战争，中国战败之后被迫签订了南京条约，赔了 2000 万银元（当时在中国流行的一种外国银元）。1894 年被迫签订马关条约，中国赔偿日本 2 亿两白银，相当于中国两年、日本三年多的财政收入。这样，中国人怎么能活下去？日本人用赔款发展了工业，改进了教育，正是日本孩子的教育普及了，中国孩子却失学了。1900 年，中国和八国联军作战，完全失败，赔偿 4.5 亿两白银，中国一时拿不出那么多钱，就一年一年分期付，后来，除日本以外的其他国家提出放弃其中一部分钱，培养中国留学生。

对中国来说，这 100 多年实在是太可怕了，太悲惨了。我们自己要记住历史上人民的贫弱和政府的腐败，不能忘记历史，关于那段历史的影片也是同样的意义。

我相信，日本人民是信仰和平的

日方：今天中国的政治家都很善谈。说日本国民没有以史为鉴，这点我是不能同意的。所谓军国主义的复活，战后 60 年里从未出现，日本对此也非常注意，如果军国主义真的有所抬头，《产经新闻》第一个不同意，日本民众中很少有人有再战的想法，中国能否给予我们更多的信任？

赵：我相信日本人确实是很爱和平的，中国官方没有说过日本国民没有以史为鉴。我参观过广岛和长崎的原子弹纪念馆，里面的一句话让我印象深刻："日本人早晨醒来了，怎么长崎没有了？"最近美国有本叫《飞行员》的书中说，战争中死于燃烧弹的日本人要比死于原子弹的还要多，其中有些照片惨不忍睹。一位 82 岁的日本老妇人回忆：她的妹妹喊"姐姐，等等我"，当她转过头去，她的妹妹已经燃烧起来；一位妇女背着孩子逃跑，孩子烧着了，她还不知道。尽管是日本军国主义发动战争，但日本人民受到如此惩罚，也让人很痛心。所以，我相信，日本人民是信仰和平的。

为了本国的利益，两国也应该友好

日方：今天听您一番话，其中一些是我们过去所不曾了解的，非常感谢您。我想问的是，近期两国间的一些事情甚至影响到日中关系，我认为，优秀的政治家能决定两国关系的走向，周恩来总理"求同存异"、邓小平先生"搁置争议"的思想都让人敬佩，现在中国似乎有不同的政策，您认为如何？

赵：中国的政策是有继承性的，周总理和邓小平先生的理念我们这一代还要理解和坚持。随着时代的发展，有不同的情况出现。1990 年日本出现泡沫经济，相对的，中国发展得顺利一点，但其实比日本还落后很多，这时就出现了中国经济威胁的论调。但小泉首相没有这么说，他说中国的发展对日本来说同样也是机遇，中日经济是互补的。过去的政治家和有识之士为两国的关系作出了很大的贡献。我相信，两国人民一起努力，中日关系一定会往前走。

中日媒体方面的交流也应更广泛。日本记者到中国来的很多，他们对中国采访的热情，就是对中日友好的热情，我们非常欢迎。为了本国的利益，两国也应该友好。

点评：

这场回答日本主流媒体评论员的提问，实际上是一场零距离的直率的对话。在访谈接近结束时，一位日本评论员说："今天听您一番话，其中一些是我们过去所不曾了解的，非常感谢您。"可见，这次访谈是成功的，让日本媒体了解了中国的观点和历史事实，这就达到了目的。为什么能取得这样的效果，相信看了这篇访谈大家会有自己的结论。我觉得，敢于硬碰硬，遇到问题不回避，不绕着走，更不空谈"世世代代友好"的策略是奏效的；善于拿八国联军的不同表现说明问题是有震撼力的；巧妙地比较中国、日本的文化传统含义是深远的。

（黄友义）

目前中日关系"政冷经热"

（2004 年 12 月 9 日在东京与日本 15 位国会议员的谈话）

村芳正（自民党）： 我现在担任日中友好议员联盟事务总长，很高兴有机会与赵主任就未来的日中关系交换意见。我任议员已经 10 年。这些人都是日中友好议员联盟的年轻议员。

赵启正（以下简称赵）： 1992 年天皇、皇后访问上海很成功，日本外务省给上海的接待工作打了 120 分，我当时是上海市负责外事的副市长。天皇、皇后游经南京路时，受到民众的欢迎，很感动。那也许是中日友好的一个好时期吧！目前中日关系在日本被形容为"政冷经热"，这种状况令人担忧。诸位都是在贵国政界举足轻重的人物，希望对中日关系作出贡献。

村芳正： 首先谢谢，今天的议员是超党派的，即使在一个党内也会有不同的意见。你提到目前日中关系"政冷经热"，我本人多次访华，也多次听到，这个词已成固定说法。最近，有一种说法，"政冷"已传染给经济。现在，小泉参拜靖国神社是目前最大的问题，希望进行讨论。

1992 年是日中友好交流的高峰。前辈为日中友好花费了很大心血，如何为今后 30 年作贡献，我们不能躺在前辈的功劳簿上。迄今为止，中国在历史问题上有一些说法，总把日本与德国进行比较，但这些日本普通国民都不了解。我们对日中友好关系发展的历史需要重新认识。

赵： "政冷经热"是难以长期维持的。现在已有了政冷影响经热的信号。日本对华贸易一直居第一，但今年前 10 个月日本对华贸易已退居第三，欧盟、美国已略超过日本。我谈不上是知日派，但我主张中日友好。我们的前辈为中日友好作了很大贡献，我是处于两代之间的人。我会见过很多日本人，印象较深的是 1992 年竹下登先生率领几位年轻议员访问上海，他对我说，饮水不忘挖井人，现在挖井人已没几位了，我一定要把年轻人介绍给你们。二阶堂进先生曾对我详细地说过一个故事：前首相田中角荣先生说，我们先谈钓鱼岛（日本称尖阁群岛）吧；周总理说，还是先谈中日关系正常化吧，这个问题留待后人解决，田中先生同意了，这为日中复交谈判奠定了基础。

赤羽一嘉（公明党）：我是 1987 至 1990 年常驻过北京的销售人员，与中国关系很深。现在存在的问题应妥善解决以利于两国关系。我本人是亲华派，但看到亚洲杯足球赛场景很伤心，还有钓鱼岛问题。有些问题也是令我们忧虑的，如小泉参拜靖国神社。我本人认为首先应避免去供有甲级战犯的靖国神社，并非来自外国的压力能起作用，而是从日本的国家利益出发，小泉应认真考虑。刚才村芳正回忆了前辈为两国关系正常化所作的努力。当年签订的关系正常化协议，有日本坚持一个中国立场的内容，现在需要认真认识。两年前，我们公明党曾去南开大学，他们表达了对日本军国主义的担心，我们认为这种担心有点过了。我觉得应为加强年轻一代的交流投入更多力量。我在党内负责国土交通委员会，长期与中国交通部打交道。日本的新干线是最安全的。

长安丰（民主党）：我是去年 11 月刚当选的新国会议员，在台湾学的汉语，也常驻过北京。日中存在靖国神社问题、经济专属区等问题，这些问题不能解决是因为不能坐到一起谈。前辈们为日中友好作出了贡献，但我们要能构筑前辈未能构筑起来的东西。如教育问题，对国民情绪影响很大。

大村秀章（自民党）：我在自民党中负责自由贸易区（FTA）工作。今早与经团联的一些商社会面，我们谈得最多的是就自由贸易问题要尽量与中国开始谈判，可成立一些研究会。

赵：赤羽先生对足球之事很伤心，我能理解。球迷是一些特殊的人群，欧洲球迷闹事，中国一些球迷亦然，中国国内比赛时也常有人闹事，虽然不能完全以此来解释那次事件。中国人对军国主义是有所担心的。比如，"8·15"有日本老兵穿军装在靖国神社列队走动，中国人看了就会担心。中国对日本人民中反对军国主义、爱好和平的报道也要加强，中国受众才容易理解。关于教育，双方都应进行历史的教育。日本有的人认为中国的教育就是谈日本人不好，这是片面的。FTA问题中国很关心，中国第一个自由贸易区就是在上海浦东新区建立起来的。

小池晃（共产党）：赵先生到底是一个广报大臣，我听了你的话已经十分敬佩了。前几天，日中友好议员联盟访华，我也去了。你对日中关系的担忧，也担心经济会受到影响，我能理解。从亚洲安全考虑，如能把朝核问题、台湾问题解决，这对日中关系也很重要。日本共产党是一个在野党。侵略战争是事实，日本应在承认侵略战争的基础上开展外交。

山本喜代宏（社民党）：我今年两次访问中国。现在日中之间存在"政冷经热"、参拜靖国神社、台湾问题，日中关系也关系到亚洲的和平安全。现在重要的是不做让邻居讨厌的事。现在日本正在修改宪法，建立日美同盟。应多从历史教训中学到东西，做友好的邻居。我去过卢沟桥，对那场战争，加害者不记得，而受害者往往难忘受到的伤害。我本人老家在秋田县，5月还举办了花冈事件华工的纪念会，让我们一起为两国友好努力。

笠浩史（民主党）：当选为议员前，我一直在《朝日新闻》担任政治记者。当记者时，曾随小泉出访过上海APEC。赵主任谈到媒体的作用，现在的时代并非政治家坐在一起就能决定时代方向的时代了。我们建立新的日中友好关系时，应更加注意交流，要互相体谅对方。另外，老一辈政治家为日中友好作了贡献，应受尊敬，我们也应把当时未解决留给下一代的问题认真地加以解决，新一代议员应发挥更大的作用。在不同国家的历史时期，都有光明的一面，也有阴暗的一面，应坦率地交换意见，如实地把这些问题教给下一代。

藤田一枝（民主党）： 我的老家在福冈，很久前就与中国有交流，我也曾多次访华。福冈在经济发展上不能没有中国。应在建立信赖的基础上解决靖国神社等问题，我们应促进在各个层面上与中国的关系。

稻田哲男（民主党）： 我去年11月初次当选议员，今年曾访华。通过访问，看到了浦东的发展出乎人的意料。关于中国，我最关心的政治问题就是地方分权，中国人是如何使基层的意见反映到上面来的？

谷本龙哉（民主党）： 两年前开过一个中日韩三国"未来领导"论坛，当时由三个国家各出5人，在三个国家各住15天，讨论各种问题，我学到了很多东西，15天过完15人成了好朋友。下一代如何建立私人朋友很重要，这能在解决复杂问题上发挥重要作用。今年是论坛第二届，我期待有多种多样的方式开展交流。

杜山政司（自民党）： 我多次访华，现在亚洲和平繁荣，日中两国处于中心位置，一些问题不应往后推了，应着手解决。

伊藤信太郎（自民党）： 我在任议员前，在学术文化上做过一些工作，我想提几点问题。1. 中国在报道方面有多大的自由，媒体写的东西与政府持不同意见的话如何处理？2. 每年"8·15"日本在武道馆都要召开慰灵会，天皇、小泉、执政党、在野党及家属都要出席，你如何看待此事？3. 昨天有一震撼世界的消息，联想集团收购IBM，你如何看？4. 中国市场经济发展了，伴随着市场经济的发展，思想是否也是自由的？此前有苏联垮台的实例，你如何看待一党专政？

赵：刚才山本先生说到受害者与加害者的感受不同，这就理解了中国人的想法，中国人也认为一些日本人既是加害者又是受害者，神风特攻队都是十七八岁的孩子。

中国实行社会主义市场经济，是中国共产党提出的。马克思主义在各国传播就有俄国化、中国化。中国与前苏联不同，中国不是一党专政，除共产党之外，还有 8 个民主党派。中国实行的是共产党领导的多党合作与政治协商，8 个民主党派是参政党、合作党。中国共产党的领导地位，是在近代中国沦为半殖民地半封建社会以来的历史发展过程中，人民经过反复比较之后作出的选择。中国政治制度的成功与否关键在于其实行的政策是否符合国家和人民的利益，在于人民是否满意。试想，如果 13 亿中国人不满意的话，中国共产党就无法进行领导。联想在谈判收购 IBM 的 PC 机部分，只是一个个别案例，似乎不能说明宏观方面的什么意义。

已经超过预定时间很多了，还有不少大家都感兴趣的问题未及讨论，只有留待以后的机会了，谢谢大家应邀出席。

点评：

这是赵启正主任一行 2004 年年底访日期间一次午餐会上的谈话纪要。谈话对象是日中友好议员联盟的 15 位日本年轻国会议员，来自不同党派。这种见面方式比较轻松，但不宜作长篇阔论的展开，最适宜的方式就是拉近距离，抓住要点，找到共同项，灵活有效地说明中国的原则看法。从会谈纪要来看，赵启正主任用个性鲜明的语言，准确、到位地达成了这次见面的谈话目的。

来自不同党派的年轻议员之间有着很大的立场分歧，要保证轻松、友好的谈话气氛，首先要找到一个大家都能接受的话题，拉近彼此的距离。赵主任一开头就看似不经意地回忆起天皇访问上海时的情形，体现了对日本国家元首的尊重，一下子就使气氛融洽了起来。接着话锋一转，直接提及目前令人担忧的"政冷经热"的状况，完成了"议题设置"，牢牢地掌握了谈话的方向和主动权。

当日方提出要建设性地发展中日关系时，赵主任积极应对，并进一步用他一贯主张的"用事实说话"的方法，以数字说明"政冷"使中日贸易也付出了高昂的成本，接着又恰到好处地回忆起老一辈"挖井人"对年轻一代的期待和他们解决两国间遗留问题时所表现出来的政治智慧，言简意赅地给日本的年轻政治家上了易于接受的一课，和风细雨，但非常有针对性。

当日方公明党代表提到中国球迷抗议的问题时，赵主任得体地对此事作了解释，接着马上转换话题，指出对日本国内在历史认识问题上的健康力量中国媒体要加强报道。这事实上是把球踢回给日方。果然，主张正确认识历史的日本共产党代表紧接着就对赵主任的观点作出了积极回应。在这里，我们再次感受到了当年周恩来、廖承志等老一辈外交家所具有的外交智慧和统战技巧。

最后，自民党代表咄咄逼人地提出了"报道自由"、"思想自由"、"一党专政"等一连串具有挑战性的问题，赵主任从容不迫，没有直接回答提问，而是对前面一位社民党代表的话给予应和，表面上看似乎是在谈对加害者和被害者的看法，实质上是在说应当如何换位思考、求同存异的问题。这里，赵主任用这种方式作了一个巧妙的缓冲之后，非常原则地简要介绍了中国共产党领导的多党合作制度的历史合法性和现实合法性。这是整个谈话过程中我们看到的最为原则的部分，但却是绝对必要的部分。

（人民中国杂志社副社长　王众一）

文化差异使我们彼此产生好奇心

（2005 年 3 月 3 日在北京会见国际艾美奖① 主席布鲁斯·派斯纳的谈话）

2005 年 3 月 3 日，国务院新闻办公室主任赵启正在北京会见了国际艾美奖（The Emmy Awards）主席、赫斯特集团副总裁布鲁斯·派斯纳（Bruce L. Paisner）一行。

有了中国的参加，艾美奖评奖活动更具有世界意义

赵启正（以下简称赵）：欢迎您来我小访问。两年前，我曾与贝纳克先生（赫斯特集团总裁）一起参加了电视广播博物馆在中国的活动，并共进了晚餐。希望您回国后能代为转达我对他的问候。

派斯纳（以下简称派）：感谢部长先生的会见。艾美奖主席是我担任的业余工作职务，我正式的职务是赫斯特集团的副总裁。我很高兴向贝纳克先生转达您的问候，相信他会很高兴。不久前，他刚刚结婚。

赵：这是个好消息，请您转达我对贝纳克夫妇来华旅行的邀请。

派：一定。

赵：艾美奖在中国很有名气，我们希望艾美奖能加强与中国联系，接受中国的节目，使其评奖活动更具有世界意义。

---

① 美国一年一度的电视节目最高奖，被誉为"电视界的奥斯卡奖"。

派：我很想听听您对这个问题的看法。我本人担任艾美奖主席已经四年了，四年期间一直在寻求积极的变化，这次来华也有这样的目的。

赵：中国有近10亿电视观众，近400家电视台、2000多个电视频道，每年制作有几千部新节目。这其中有不少优秀电视片没有被世界"发现"，有两个原因：一是这些节目都是中文的，世界上使用中文的人数虽然很多，但国家很少；二是中国的电视台与国际电视网络之间的交流太少。中国应鼓励电视制作人员参加艾美奖，尤其是要选择一些特别的精品节目参加该奖项的评选。

目前，中国制作的一些古装战争片，制作规模很大，场面壮观，千军万马，烟尘滚滚，遮天蔽日，很受观众的欢迎。此外，类似突然消失的玛雅文化，近年中国也发现了三处：一是四川的三星堆，二是西夏王国，三是楼兰。中国制作了相关的纪录片，质量不错，值得一看。总之，中国地方很大、故事很多。

有了中国的参加，相信艾美奖举办的活动会更丰富、更完美。通过参加艾美奖，中国的电视业也能变得更开放。所以，双方的合作应该是战略性的，并且一定是富有成果的。

中国到处都是古迹和文化遗产，它们都可以提供作为举办艾美奖活动的场所。如果艾美奖选择在中国的这些地方举办活动的话，相信一定会取得巨大的成功，中方也会为此提供最大的帮助。

派：艾美奖是国际上最大的电视制作人的组织，该奖项也应是在全球范围内评选的。今后，我们不会仅仅将视野局限在欧美，而要鼓励亚洲，特别是中国送更多的电视节目参加艾美奖评选。

您关于艾美奖与中国加强合作的建议很好。今后，我们准备在四个方面开展与中国的合作：

1．定期邀请中方人士担任艾美奖的评委；2．邀请中国电视机构挑选更多的节目参选；3．2006年在中国举办艾美奖日活动；4．计划不久后在中国举行定期的颁奖仪式。为此，本人希望国务院新闻办能够协助主办一些艾美奖未来在华的活动。

艾美奖定期邀请中国评委是件好事

赵：中国的国家广电总局是专门管理中国广播电视、电影的机构，他们在中国掌握着最多的电视资源，由该机构协助主办艾美奖在华的活动是最佳的选择。国务院新闻办的任务是向世界各国介绍中国的国情，包括中国的文化。若活动需要，我们届时可邀请全国许多媒体，并通过国内41种外语网页、几十种外语杂志以及覆盖全球的中文、英语、法语、西班牙语电视频道，对活动进行报道。

在中国举办艾美日和艾美奖颁奖仪式，是个好主意，这也是艾美奖将来和奥斯卡竞争和比较的特殊之处。财富论坛5年前曾在中国举行，非常成功，它们在世界转了一圈后，觉得中国的确是举行这样的会议的地方，所以决定今年5月再次回到中国在北京举办。艾美奖也应该这样，在世界各地巡回，更多地到中国来，我们有理由相信在中国举办艾美奖的活动一定会大获成功。

艾美奖定期邀请中国评委，这将有助于中国文化能在该奖项中得到更清晰的表达，也会让大家更埋解中国的文化。

至于挑选哪些节目参选，希望您能给我们提一些建议。

派：关于挑选节目参选，我觉得有两类可以考虑。一类是爱情和战争题材的故事片，这在全球都有吸引力，很受观众的欢迎；再一类是历史和文化题材纪录片，非常适合参选。中国拥有悠久的历史和丰厚的文化遗产，完全可以制作很好的历史和文化题材的纪录片，如参选，应该能获得很好的成绩。

赵：在故事片参选方面，我们可能会遇到一些困难。比如，在给故事片特别是家庭片配音时，因为配音员们毕业于不同的学校，有人说澳大利亚英语，有人说美国英语，还有人说英国英语，结果一个家庭的人口音都不一样，外国人看了会觉得很滑稽。

派：就参加评选而言，也许打字幕比配音的效果更好。因为通过字幕，评委在观看节目时能更好地观察演员表情的流露、情感的变化，而再好的配音演员也很难做到与片中人物的情绪保持一致。

赵：谢谢您的建议，那我们就提供有字幕的故事片参选。纪录片方面，我们有不少资源，本办五洲传播公司就有现成的产品，可以提供部分片子给您看看，您可以给我们提一些建议。（赵启正当场送给派斯纳一套《考古中国》系列纪录片）

文化的差异使我们彼此产生好奇心

派：这套片子中好像有关于"兵马俑"的节目。3 年前，我和夫人曾一起访问了西安，亲眼目睹了兵马俑的壮观。丰富多彩、博大精深的中国文化给我们留下了深刻的印象。我真诚希望，通过艾美奖，能让西方更多地了解中国的文化。

部长先生，您担任现在的职务有好几年了，能否请您谈谈现在的情况与您上任之初相比，有什么变化？

赵：与 8 年前相比，外国人对中国的了解逐步多了，但理解深度还不够。2000 年，我们曾请凤凰卫视在纽约街头问一些美国年轻人了解中国什么，发现他们似乎知道得很少。

派：不幸的是，美国年轻人对美国的了解也很少。

赵：要让外国人了解中国，不能只靠中国的媒体，还要依靠外国的机构，比如您的机构，这样表达中国才能比较顺畅。

文化的差异使我们彼此产生好奇心，并继而成为吸引双方互相了解的根源。不过，处理不好的话，差异可能成为障碍，文化差异引起的误会比比皆是。比如，美国人和中国人在接受礼物时表现得就会截然相反。美国人会说，我正需要这样的礼物。中国人会说，我已经有了，就不要了吧。其实都是一种客气，如果互相不了解的话，可能误解。

派：我非常同意您的看法，我一直认为不同文化之间共性的东西要远远多于他们之间差异的东西，共性要多于差异。今天，我跟您的沟通没有障碍，非常的顺畅。这一点从我们的谈话也得到了证明。我本人非常喜欢跟您交流。

赵：美国的亨廷顿先生写过一本有名的书，叫《文化的冲突》，我建议您写一本书，叫《文化的融合》怎么样？

派：（笑）退休以后，我可以考虑写这本书。

赵：中国版的序言由我来写。

派：一定，谢谢。

点评：

恩格斯有一句名言说："我觉得一个人物的性格不仅表现在他做什么，而且表现在他怎样做。"赵启正同志与国际艾美奖主席布鲁斯·派斯纳的谈话，最引人入胜的是其开阔视野下生发出的具有哲理韵味的亮点。

国际艾美奖被喻为美国电视界的"奥斯卡奖"，他们想在中国扩大影响；赵启正同志正筹划着"大外宣"，要将中国的声音更好地传递到国际上去。这就构成了对话的背景与契机。赵启正同志筹划的"大外宣"概念，不仅包含中央外宣单位，还包括各地区在内的整个外宣系统；不仅包含宣传系统，还包含体现当代中国精神风貌、文明形象的各行各业，而且他还思考着要充分利用国际媒体来扩大中国对世界的影响。谈话开始，赵启正并不急于推出自己的政见，而是以主人的姿态善意地请客人介绍他们的需求，表达他们的愿望。如莎士比亚所说，"对于别人的话要善意接纳，你这样做要聪明很多倍"，由此展开了整个谈话的第一个亮点：

要让外国人了解中国，不能只靠中国的媒体，还要依靠外国的机构。赵启正同志以这种具有明快风格的语言，表明中国需要世界，或小而言之，我们需要艾美。艾美奖是在国际上有一定影响力的电视节目奖，它作为娱乐界最重要的年度评选活动，被认为与电影界的奥斯卡奖、音乐界的葛莱美奖齐名。布鲁斯·派斯纳先生此行有着明确的合作目标和合作方案，他们是有备而来。当客人提出四条具体合作意向，并希望国务院新闻办能够协助主办一些艾美奖在华活动时，赵启正同志表示了同意和支持，并对他们的合作意向一一作了热情的回应。首先，赵启正同志向客人清楚地介绍了中国电视、电影事业发展机构的构架。从向世界介绍中国这个国务院新闻办的基本职责出发，同意给予支持。其次，赵启正同志以"财富论坛"将再次在中国举办为例，说明在中国举办艾美日和艾美奖颁奖活动一定会获得成功。第三，他充分肯定艾美奖定期邀请中国评委的计划，这将有助于中国文化得到更清晰的表达，让世界更加理解中国文化。当回答到合作方案的最后一条时，赵启正同志提出挑选哪些节目参选，希望客人能给我们一些建议。

一个谦虚的请教，实际上包含了巧妙而训练有素的谈话技巧：善"断"善"续"。要全面礼貌地回答客人的问题，又不要一个人讲得太长，善于在一个恰当的时候"断"自己的讲话，再在适当的地方"续"起来。中国文论名篇《艺概·文概》说："章法不难于续而难于断"。断续之间，再次加强了此篇谈话的第二个亮点：

中国的参加将使艾美奖更丰富、更完美。又是以一句具有赵启正同志感情色彩的语言，表明世界需要中国，或具体而言，艾美需要中国。艾美奖的管理层将自己定位于"国际上最大的电视制作人的组织"，将艾美奖定位于

"在全球范围内评选"，并开始认识到当前艾美奖的实际活动与其定位还有很大差距，明确表示，今后他们不仅仅将视野局限在欧美。赵启正同志以大量的事实表明，没有中国这样一个电视大国的参与，艾美奖是不"完整"的。

艾美奖的薄弱环节，中国有信心和能力来补充；中国电视业也能通过参加艾美奖促进开放，双方的合作应该是战略性的。差异变成了合作的基础，不足变成了相互吸引的动力。整个谈话中心突出，明确务实，张弛有度，机敏灵活，分寸感强。当这种谈话达到高潮的时候，随着人们心灵和认知图式的升华，自然要过渡到一个更高的层次，一个哲学的层次，由此构成谈话的第三个亮点：

文化的差异，可以产生好奇，成为吸引了解的根源，也可能成为障碍，引起误会。任何有准备的谈话者之间都有着自己的心理定势，有差异，有趋同。在国际交往的层次上更是这样。在各种深思熟虑、精心编织的语言范式交流中，人们原有的某些观念、信仰、哲理、激情会相应地激活，从而构成一种具有解读指向的、具有选择性的理解方向。美国前国务卿基辛格博士曾说过，他与人谈话往往先谈哲学，有了哲学层次的沟通、了解、探询，然后再具体到现实事务。熟悉赵启正同志谈话方式的人都感觉他比较灵活，有时从关切之情入手，有时以哲理开篇，但更多的是从具体走向抽象。事情谈成了，共识随之而生，共识的价值更高。回顾赵启正同志走上对外宣传领导岗位这几年的工作，国内、国际都公认，中国在世界上的声音越来越大了，形象越来越好了。但作为一位决策者，他此时更多地关注差异、融合、冲突、沟通这些更深的哲学层次。共性和差异并存，冲突与融合同在，这种既矛盾又和谐的客观现实从来都召唤、激励、考验着国际上有识之士的战略思维能力。当派斯纳自己得出结论说非常同意赵启正的看法，表示他一直认为不同文化之间共性的东西要多于差异，并愿意呼吁文化融合时，赵启正同志心中一定笑了。结论的范式是我们设定的，结论的走向是我们引导、双方从相辅相成的两个侧面共同探求的，而结论是别人自己得出的。这是一种谈话的境界。正如中国汉字"道"所表示的：捉人之首，为之"道"也。

（黄凤武）

中美之间应"和而不同"

（2005 年 3 月 3 日在北京会见美国驻华大使雷德^① 的谈话）

北京和上海各有千秋

雷德（以下简称雷）：您到北京已经好几年了，您觉得北京和上海这两个中国大城市有什么不同？

赵启正（以下简称赵）：北京和上海各有千秋：北京的优势在于文化遗产丰富，是中国的政治和文化中心；上海商业发达，生活方便，物价相对北京低一些。与美国的城市相比，上海更像纽约。所以，我觉得上海应该也与纽约结为友好城市，但却已经跟旧金山成为友城。不过没关系，能有两个友城也很好。

雷：纽约市长布隆伯格听了一定会非常高兴的。

赵：纽约前市长朱利安尼好像不太喜欢中国。

雷：我觉得他没有很好地理解美中之间的文化差异，他前不久才第一次来华访问。

在人权问题上中国必须作出反应

赵：现在又有一个更尖锐的问题。美国国务院几天前又发表了《国别人

---

① 雷德（Clark Randt）：2001 年 7 月起任美国驻华大使。

权报告》，再次指责中国人权记录仍然很差。这就如同在网球比赛中，美国不向地面打球，而是总往人身上打"追身球"，又是重球，因此中国必须还击。

雷：我们知道中国政府肯定会在这方面有所回应，是猛烈还击吧！

赵：已经还击了，但只是轻还击，不过是个"反手球"（backhand）。昨天，我们在中国的网络 BBS 上收到了两千多件帖子，指出美国又发表《国别人权报告》了，敦请国务院新闻办快发表《美国的人权记录》。

雷：我知道上午十点发表了，他们今天应该满意了，当然，可能我看了会不满意。

美国的对台政策就像一枚透明的硬币

赵：中国人对美国这个国家、对美国人抱有好感。美国人在二战时期对中国的帮助至今感动着我们。但美国在政治方面和中国存在分歧，尤其在台湾问题上，中国对美国就会另有看法了。如果进行民意调查，问喜不喜欢美国，很多人会说喜欢美国人。但若涉及台湾问题，中国人一定会说："我不喜欢美国的对台政策"，我相信你问一百个人，有九十九个人都会这样说，没有这样说的那个人也许认识陈水扁。

雷：美国人也一样对中国怀有好感，所以有很多美国人来中国访问、旅游。美国奉行"一个中国"政策，布什总统也坚持这个政策。您应该注意到，从 2001 年以来，美国没有增加对台军售。总统在坚持这一原则时，在国会受到了很大压力和批评。

赵：虽然这样说，可是你们的政策仍像一枚硬币，是有两面性的。当我们说，你们不应该向台湾出售武器时，你们说，我们有《与台湾关系法》。当我们说，我们反对《与台湾关系法》时，你们说，我们有中美三个联合公报。假如没有美国的军售，陈水扁就不会像现在这样毫无顾忌。现在美国又有一个新的说法叫"双向透明"，因此，你们的硬币似乎不是铜的、镍的了，而是玻璃的了，但依然是双面的。

中国也有像林肯和葛底斯堡勇士那样的英雄

雷：我们的目的是要维持台海地区的和平与稳定，我们的政策在过去30年也做到了这一点。而且和平与稳定对中国也是有好处的，维持现状并不伤害中国。

赵：我把您这句话再解释一下，你们的立场就是"美国利益至上"，这也许符合你们的爱国主义理念，但和我们的爱国主义理念就冲突了。中国决不允许分裂，但如果海峡两岸真发生战争，受损最大的是我们自己，并不是美国。

雷：那样的话，每个人都是输家。战争并不是一个好主意。

赵：输也有轻有重。林肯总统最大的功劳就是维护了美国的统一，在林肯纪念堂写着："他活在人民心中，他拯救了联邦的统一。"（原文为：In this temple, as in the hearts of the people for whom he saved the Union, the memory of Abraham Lincoln is enshrined forever.）当时，美国南方省份已经宣布独立，但林肯没有屈服。为了维护联邦的统一，美国南北战争死亡人数高达50多万人，接近一战、二战期间美国阵亡士兵的总和，因此有了"葛底斯堡演讲"①。如果中国有个省份宣布独立，难道中国就没有像林肯一样的英雄？就没有准备去葛底斯堡安眠的勇士？

雷：我们也这样认为，并且明确地告诉过陈水扁。

---

① 1863年11月19日，在葛底斯堡战役结束四个月之后，美国第十六任总统亚伯拉罕·林肯在葛底斯堡联邦军队阵亡将士公墓落成典礼上发表的演讲。葛底斯堡战役是美国南北战争中最为残酷的一战，是南北战争的转折点。这次战役注定了南方政府和奴隶制度最终的失败，避免了联邦的分裂。林肯在演讲中提出了"民有、民治、民享"的口号。

中美之间应"和而不同"

（在谈到中英文的学习时）

赵：英、美两国向中国输入的英文教学节目非常受欢迎。1982 年，英国摄制的英语教学片"Follow Me"进入中国，后来美国也推出了电视教学片"On We Go"，也非常有名。在进入计算机时代以前，中国人自己也认为中文太难学。但是计算机发明后，发现中文占用的内存很少，并且输入速度不低。

裴孝贤[①]：我们念中学的时候，美国教中文的学校屈指可数，大学里开中文课的也不多，可是现在已有几百个学校开设中文课程。现在有很多美国年轻人，他们的中文水平非常高。所以现在不只是中国有很多人在学英文，美国也有很多人在学中文，这就为我们长远的友谊奠定了基础。

赵：我们今天的谈话很直率，只有这样才能促进我们的关系，做好我们的工作。

雷：朋友之间就应该直截了当。

赵：虽然我们有时见解不同，但依然可以做朋友。中国的孔夫子有句话叫"君子和而不同"（《论语·子路》："君子和而不同，小人同而不和。"），意思是说人们可以友好相处，虽然看法观点不尽相同。中美之间最好也能做到"和而不同"，不要重演朝鲜战争的历史。

关于中国的新闻发布制度

（在谈到正在召开的全国人大和全国政协会议时）

雷：您预计人大代表会向您提问吗？

赵：对我问题不会很多，大家对新闻发布制度还是比较满意的，不满意

---

① 美国驻华使馆参赞。

的地方就是有些信息发布得太晚或者太简单。白宫大概每天举行两次发布会，我们还太少。

雷：现代社会的新闻周期越来越短，假如我们不给媒体提供信息的话，他们还是要写文章，就可能不真实，所以最好的办法就是不断地提供新的信息，满足他们的需求。

赵：多告诉记者真实情况，就能够减少误解和混乱。

点评：

中美两国从社会制度到文化传统差异甚大，惟一的出路就是"和而不同"。但中美之间的"和"不可能是无原则的和。阐明分歧，有利于求和；求和，不等于回避分歧。关键是怎样阐明分歧，通过分析和比较，为求和奠定基础。有理不在声高，但在原则问题上必须敢于针锋相对据理力争。启正通过对我在人权问题上所持立场的阐述和对美国台湾政策的剖析，维护了中国的原则立场。我们看到他措辞严厉，毫不示弱，严正指出美国理亏的地方，同时把握住了"和而不同"的尺度；通过列举建立姊妹城市、人民感情和语言文化上的共同点强调了中美两国和平共处的基础，指出了发展两国关系的前景。所谈的话题是沉重的，态度是严肃的，语言是生动形象的，会谈的气氛紧张而又有理有节，充满君子风度。

（黄友义）

人际传播的成功方式

沈苏儒

在人际传播、组织传播、大众传播三种传播方式中，人际传播是人类社会中进行得最为频繁、传播的信息总量最多、传播的实际影响也可能是最大的，这是因为它具有最大的双向性和产生效果的即时性。在对外传播中，就目前我国的总体国力和所处地位而言，大众传播和组织传播尽管有很大发展，但仍有局限性，所以必须把人际传播放在一个重要的位置上。我国政府各部门、各种组织和团体、各行各业的领导人或发言人同外国人的个别（或小范围的）谈话就是进行人际传播的最好场合。要做好这样的人际传播，对一些成功的范例加以研究、作为借鉴，是最好的办法。本书所收集的赵启正同志的41篇谈话录就是这样的成功范例。

在这41篇谈话中，按谈话对象的国别分，美国、日本共二十篇，占近半数；从对象职业分，媒体二十三篇，占半数以上；从谈话时间分，2001年至2005年（尤其是在"9·11"事件之后）三十二篇，占多数。这三个数字说明这些谈话的分量以及对之进行科学研究的价值。

发言人是现代政治的产物。作为国务院新闻办公室主任，赵启正同志担当着政府发言人的角色，同时他又是政府专职的高级新闻官员，负担着"向世界各国准确地介绍中国和中国的进步"这样一个繁难的任务。政府发言人也好，新闻官员也好，都是介乎政府与传媒之间、官员与新闻工作者之间的人物，这种身份有时候会使他们"左右为难"，但多数情况下又使他们能自由地游走于两者之间，利用各自的有利条件——如果他们具备足够的修养和能力的话。谈话录显示，赵启正同志是具备这一条件，"游刃有余"的。

同外宾谈话是否成功，我以为以下三点可以作为衡量的标准。一是我方是否掌握主动，主导谈话的进程。二是我方所要发布或传达的信息是否均已发布或传达并为对方所接受和理解（但不一定要求接受）。三是对方所提出的问题是否都已给以答复或澄清，疑虑是否有所消减，对方的意见是否受到应有的重视（不一定同意）。按这三条标准，这41篇谈话都不失为成功之作。

为什么能够成功？

首先是由于赵启正同志能够真正做到"内知国情，外知世界"。俗话说，"台上一分钟，台下十年功。"这两"知"不下苦功夫是做不到的。据报道，"他每次与外国人交谈后都用卡片记录下时间、地点、交谈的内容……他每天阅读书籍和资料在四小时以上"[①]。

在这篇点评中不可能多引谈话原文，只能简单举例说明。在"内知国情"方面，我们从他对非洲外交官介绍中国时提纲挈领、简单明了的叙述，就可感到。要知道，"深入"才能"浅出"。在"外知世界"方面，在对《考克斯报告》的批判、对网络技术的介绍中都充分显现出来。值得一提的还有他对英文用词的订正，如他指出我们的"宣传"实质上并非 propaganda，而是 education（教育）；外国人谈我们的 control（控制）实际上是 management（管理）。一字之差，观感顿异。

其次，赵启正同志在谈话中始终掌握以下三条基本原则：一是立场坚定，态度鲜明，同时保持开放的心态，愿意倾听对方的陈述和观点（尽管不一定同意和接受），能设身处地，为对方着想。二是对谈话对象既一视同仁、平等相待，又"外外有别"，有的放矢，也就是我们常说的对外传播的针对性。三是用事实说话，不用外交辞令和空洞概念，不说"官话""套话"。这本来也是一切对外传播的一条基本要求。

传播学的研究结果显示，人际传播要圆满进行并取得效果，必须使之具备五个要素，即：（1）开放性（openness）；（2）移情作用（empathy）；（3）支持性（supportiveness）；（4）积极性（positiveness）；（5）平等（equality）。上面所说的三条原则涵盖了这五个要素。[②] 关于这三条，当谈话对方同我方在一些

---

① 陶岚：《中国第一新闻官——赵启正》。
② 请参阅拙著《对外传播的理论与实践》第四章，五洲传播出版社，2004 年版。

重大问题上立场和观点都相反或相距较远的时候，要做到是不容易的，需要政治修养和政治智慧。在谈话录中不乏这样的例子，如 2002 年同日本新闻界的谈话中，涉及到参拜靖国神社、中国威胁论、亚洲安全保障、沈阳日领馆、朝鲜等敏感问题，日方有人还替小泉参拜靖国神社辩护。赵启正同志一方面明确地表达我们的态度，另一方面始终坚持"摆事实、讲道理"，心平气和，以理服人。

第三，充分运用沟通的技巧和语言的艺术。下面我分条列举，每条引几句原话，作为例子。当然，片言只字，很难给人以完整的印象，不过起一个引导的作用，读者通读全篇，就能真正体会其精妙之处。

（一）针锋相对

【对日本客人】"对中国国民的言论也不能一概视为反日情绪。小泉首相参拜靖国神社的行为严重地伤害了中国人民的感情，网民的言论仅就针对此行为本身作出的反应，不要简单理解为是反日。不喜欢日本的中国人数量增多这一现象的出现，与近年发生的一些事件是有关系的。"

（二）求同存异

【对"美国之音"】"在中美之间如果找友好的理由比较容易，它是客观存在的。如果找不友好的理由，我总觉得比较牵强。""人权问题，中国有中国的人权观，美国有美国的人权观，这可以交流，但不能以此作为干涉中国的一个借口。""中美之间不怕存在着什么重大的问题，关键是双方要有决心互相了解，能够加强共识，能够着眼未来。"

（三）互助合作

【对非洲客人】"如果我们编辑一本法文杂志《中国经济》或《中国改革》，赠送或出售，前途如何？能否成功？""你们认为《北京周报》还有哪些需要改进的地方？

【对法新社社长】"你如果以后直接去西藏看看，也许能出个好主意。"

（四）动之以情

【对德国传媒】"德国是欧洲对中国最友好的国家之一。德国是伟大的国家，令人骄傲的国家。德国有巴赫、伦琴、黑格尔、马克思。德国的汽车成功地开拓了中国市场。"

【对美国企业家】"去年我看到美国纽约世贸大楼旁的大教堂周围陈列的'9·11'死难者遗物时，很是伤感。但我们不能因恐怖主义的存在就不再建高楼。""（世贸大楼新楼设计方案）见过，非常漂亮。"

【对印度记者】"印度是中国的近邻，中国人很喜欢印度，很喜欢印度人，也很钦佩印度人……如果这两个国家友好相处，那力量会有多大，让我们都为中印友好作出努力。"

【对阿拉伯国家外交官】"我从心里热爱阿拉伯人民，从儿童时读《天方夜谭》起，我就喜欢阿拉伯了，梦想着有一张神毯飞到阿拉伯去。"

（五）说之以理

【对日本朝日电视主播】（关于中国威胁论）"中国现在大体上相当于日本70年代初期的水平……不要说 GDP，就是说工业产值，中国只占全世界的5％，日本15％以上，美国20％。但是大家谁也没有害怕美国和日本。何况中国的生产大量地使用日本材料……所以中国出口越多，购买日本产品越多。大约中国进口的一半是购买了原材料……至于说中国的经济是不是威胁，我认为目前中国的经济大体是日本的四分之一，按人均来说，只有四十分之一，人均 GDP 追上日本，50 年的时间都不够。"

（六）襟怀坦诚，实话实说

【对"美国之音"】（对方说美国议员批评中国的人权问题是出于好意）"恐怕我不能够完全同意你对美国国会议员的评价，说他们都希望中国享有民主、自由。我觉得对他们要有所区分，有的议员并非抱着善意，有时甚至是先有了一个不好的结论，然后勉强地用政治观点来证明他对中国的错误论断。对于这样的议员，我们仍旧欢迎他到中国来，这样就可以克服他们的一些偏见。"

（七）有褒有贬，褒贬得当

【对日本媒体】"中国人对（供奉日本甲级战犯的）靖国神社是有反感的。小泉首相曾经去过中国的卢沟桥抗日战争纪念馆，讲了很好的话，中国人也是非常理解的。此后，在海南的博鳌论坛上，他也谈到，中国经济发展和日本经济是互补的，并不是对日本构成威胁。当时我也在场，他是这个会议上外国首脑中风头最足、最受掌声欢迎的人物。但是，没有想到，十天后他突然去参拜靖国神社。因此，我们觉得，言行要一致的话，中国人才能理解。"

"中国民众对日本也有友好的表示，这一点却被日本方面忽视了。比如，要求日方赔偿的中国民间诉讼、（日军遗留的）化学武器致人死伤案、福冈事件等等，得到了日本友好人士的声援。中国中央电视台作了采访报道，引起了积极反响，中国民众对日本民族的尊重感便自然增加。这些日本人士是爱国者，也是国际正义的声援者。""日本政府给中国政府提供了约 1480 万美元的援助，帮助中国人民战胜'非典'，居各国援助之首。这些，中国媒体都广泛报道了。"

（八）深入浅出，举重若轻

【在世界报业发展论坛上】"中国的文化发展这么悠久，也结合了不同文化，如信仰伊斯兰教的穆斯林在中国有 1200 多万人，天主教、基督教教徒也很多，但最多的信众信仰佛教。各种文化的精华所在，我们都欢迎。美国驻上海总领事对我说，他发现中国人跳国际交谊舞跳得比美国人好，我看西方文化的某些方面在中国发展得还不错。中国是海纳百川的国家，其他国家文化进入中国，我们的态度是：欢迎、鉴别，吸收我们喜欢的，排斥我们不喜欢的。把 13 亿人完全西化恐怕是不容易的。"

（九）开门见山，抓住要害

【对世界报业协会英籍秘书长】"西方媒体对'中国新闻不自由'的攻击，不是针对中国的新闻制度，而是针对中国政治制度的。中国是中国共产党领导的多党合作制国家，外国人一般不知道，知道的也不赞成，因为这种制度与他国家的制度不一样。上帝并没有要求世界各国的政治制度必须一样！中国的制度是由于中国本身的国情决定的（人口众多、多民族、经济和教育水平低、与 15 个邻国接壤、百年国耻）。中国的现行制度是中国人民自己作出的选择，中国共产党的领导得到中国人民的拥护。像中国这样一个文化悠久的国家的人民，是不会接受一个'不讲人权'的'独裁'的政府的，这是很明白的道理。"

（十）釜底抽薪，转移重点

【对朝日电视主播】（关于 2002 年中国民调结果，讨厌日本的百分比高于 1997 年）"我注意到这个调查是说，喜欢不喜欢日本，而不是说喜欢不喜欢日本人，这有很大的区别。我觉得中国人对日本人的多数是喜欢的。他们喜欢日本的产品，对日本人在中国投资的工厂都很欢迎。两国朋友之间的交往在增多……这个民意调查要看是什么时候做的。如果是在小泉参拜靖国神社后，或是教科书一类事情发生之后做的，就对日本印象坏一些，但这不表明那么讨厌日本人……我觉得中国媒体也需要注意，在报道日本问题时，应该把极少数人的思维方法和大多数人的思维方法分别开来。我希望下次（调查）能够大大改变，把百分比降下来，这也是我的愿望。"

（十一）就近取譬，言简意赅

【对美国企业家】"多数美国人对中国只是一知半解。不久前，美国的一个芭蕾舞团来华演出，预订宾馆时，他们说，要订带洗手间的客房。要了解中国，就要全面地看中国。中国现在一方面有高速公路、有宽带互联网；另一方面，中国还在使用马车和牛车。有一位美国作家说过，中国有 30 多个省、市、自治区，在这样辽阔的国土上，有豪华的车厢，也有漏雨的破车，对火车头来说，要用同一个速度前进，这是多么困难的事情。"

（十二）亦庄亦谐，谈笑风生

【对阿拉伯国家使节】"我同时会见 18 国大使这还是第一次。能够作为一个阿拉伯大家庭的成员，哪怕仅仅是一个下午，也是我最大的荣幸。"（笑声）

【柏林亚太周记者会】"德国人在文化上是很挑剔的，不好伺候。我们的交响乐队就不能来，因为德国人的耳朵早已被（德国的乐队）惯坏了。"（笑声）

【世界报业发展论坛"问答"】"方女士刚才谈到她致力于海峡两岸和平统一，我是带头鼓掌的，不是第一个就是第二个。您表达了我的态度，您 74 岁，不算老，现在医疗条件好，您好好地吃人参、吃灵芝，综合保养一下，就可以看到（和平统一）了。"（掌声、叫好声）